会展专业核心课系列教材

会议型饭店管理

MANAGEMENT OF CONFERENCE HOTEL

主　编　王济明　王　晶
副主编　胡　俊　卢樱华

复旦大学 出版社

前 言

会议型饭店是随着经济发展,特别是商业、贸易、文化、科技、外交等,国内外交流高度发展而出现的新饭店类型,被作为饭店新兴业态为众人所关注。饭店业走过客栈、旅社、招待所、宾馆、星级饭店"五步骤"的发展,持续了一个很长的历史进程;而从小礼堂到宴会厅,再到多功能会场,直到最终的会议型饭店,却仅用了十年时间。可以说,会议型饭店的出现已成为旅游饭店大发展的产物,是现代服务业社会化大分工的结果,也注定成为饭店业态发展与时俱进的里程碑。

从概念上来定义,会议中心往往被认为是具备多种功能的会场组合,其设备愈加智能化、高科技化、人性化,且与高星级饭店融合后,重组了饭店服务的功能,这种类型的服务实体一般可称为会议型饭店。值得一提的是,此类饭店往往还有部分展览功能。因此,它与度假休闲饭店、商务旅游饭店就有着不同的管理方式和运营策略。

会议型饭店的出现,是一个国家(地区)与其他国家(地区)政治、经济、文化、科技等方面交流的迫切需求所引起的,是所在国家(地区)社会经济发达、投资环境开放的象征,有助于吸引国内外众多机构来举办商务会议、学术研讨、产品推介等活动。

在星级饭店中,国际化管理理念要求以客人需求为第一目标,追求"卖舒适、卖满意、卖特色",使客人从满足基本需求过渡到收获超值享受。但就会议型饭店而言,不仅仅牵涉到以上几点,更是对多种模式进行叠加和组合。当它增加了会议(展览)的功能后,其服务技能和设施设备的科技含量大大提高,现代化程度增强,饭店的服务流程及方式,帮助客人实现的目标和要求也会与传统星级或非星级饭店大不一样,这些都给会议型饭店提出新的要求,带来新的挑战。

今天,中国饭店业和会议业的经营环境及运营管理等已然发生了巨大的变化,曾经预测的行业趋势已成为现实,国家和社会资本对会议产业和会议旅游的期盼也越来越强烈,大量的会议中心在全国范围内兴建,会议型饭店鳞次栉比,以星火燎原之势发展起来。会议型饭店的经营与一般旅游饭店有共同点,更具有差异性。怎样审时度势,做到经济效益与社会效益共赢,通过精细化管理的理念、模式、措施,使会议型饭店创效益、出成果,将成为目前业界、学界及行业管理部门进一步探讨的新课题。

十年前,正逢是上海国际会议中心正式运营十周年,也是迎接上海世博会倒计时的关键一年,受邀编著了《会议型饭店精细化管理》一书。十年来笔者根据对会议型饭店管理的研究实践和更多外资饭店管理的经验,以及出席ICCA(国际大会及会议协会)年会时与其他专家学者的交流,深感中国会议型饭店业发展速度惊人,再重新审视原书,为此有不少需要改进完善之处。邀请有着十五年会展中心、会议和展览运营经验的胡俊先生一同加入,他是国际展览业协会(UFI)中国精英会的总干事,苏州金鸡湖国际会议中心上海代表,也是国际大会与会议协会(ICCA)会员;另外两位合作者分别是有扎实理论功底的上海应用技术大学会展专业主任王晶老师和二十载从事饭店管理工作,对餐饮、国宴服务、峰会接待和行政管理有着丰富经验的卢樱华女士一同修订。于是,新版《会议型饭店管理》问世。

新书一方面在2010年出版的《会议型酒店精细化管理》基础上与时俱进的一次修订,是又一个十年来对会议型饭店的建设和经营管理的认识,更是与写作团队一起注入了更广阔的视野和在国际奢华品牌饭店工作六年的经验,更能赋予读者理论与实践相结合的实践能力。

新版对原书的结构体系进行了重构。一方面,新增会议型饭店规划与设计,重新编写了饭店市场营销,着重介绍了峰会运营管理,原世博会场馆运营管理一章删除,不在本书的研究之中。另一方面,对具体内容进行了大量的改动。第一,对于一些名词用语进行了简化和精确。第二,更新了一些数据。第三,梳理具有时效性的案例。第四,互联网+思维、场景化、服务创新与体验等理念贯穿本书。第五,更新和增减了一些图片。第六,增加了一些国际化的实例,都是新书的亮点。

经过本次修改,笔者从会议型饭店的精细化管理,向经营方向做了新拓展,相信本书的理论与实用性更强,希望这对于学习和实践会议型饭店运营管理的同仁有所帮助,对于在校生掌握会议型饭店知识面有广泛和更深入的了解。在本书编写过程中,参阅了不少有关著作、报刊及网上资料,对案例和资料的原作者,在此深表感谢。尚有不足之处,也热诚希望大家不吝赐教。

  此书出版之际,正遇全球新型冠状病毒肺炎疫情的大流行,我国饭店行业遇到前所未有的困境:商务往来减少,会议业务受限,餐饮规模缩小等,让行业遭受了巨大损失。笔者认为,疫情下,经济衰退后复苏缓慢,国际旅游业受到重创,在这形势下会议型饭店成本控制的精细化、互联网＋饭店产品的运营、云技术应用以及国际商务活动转向国内等情况,将成为中国会议型饭店和会议行业如何破茧发展所面临的新挑战、新变革和新机遇。

  我们也相信业内精英们一定会突破困境,重铸辉煌!

王济明
2021 年 12 月 18 日
于上海

目 录

第一章　饭店、会议型饭店与会议产业 ·············· 001
　　第一节　饭店与会议型饭店的定义与功能 ·············· 003
　　第二节　饭店与会议型饭店的类型 ·············· 004
　　第三节　会议、会议产业和会议型饭店 ·············· 016

第二章　会议型饭店的选址与规划设计 ·············· 027
　　第一节　会议型饭店选址与总体规划 ·············· 029
　　第二节　会议型饭店客房规划设计 ·············· 034
　　第三节　会议型饭店会议区域设计 ·············· 040
　　第四节　会议型饭店公共区域设计 ·············· 048
　　第五节　会议型饭店行政及后勤区域设计 ·············· 056

第三章　会议型饭店的市场营销 ·············· 063
　　第一节　会议型饭店的市场营销理念与市场营销部 ·············· 065
　　第二节　会议型饭店的产品、定价和销售渠道 ·············· 069
　　第三节　会议型饭店的公共关系管理 ·············· 090
　　第四节　会议型饭店的销售管理 ·············· 095
　　第五节　项目谈判与任务书确认 ·············· 099

第四章　会议型饭店的会议接待与会务管理 ·············· 107
　　第一节　会议型饭店的会议部 ·············· 109
　　第二节　会议型饭店提供的专业会议服务 ·············· 114
　　第三节　会议、展览的申办与会场搭建管理 ·············· 124
　　第四节　会议型饭店的专业设施设备 ·············· 129
　　第五节　会议服务工作流程 ·············· 150

第五章　会议型饭店的房务管理 ·············· 163
　　第一节　会议型饭店的前厅服务管理 ·············· 165
　　第二节　会议型饭店的客房服务管理 ·············· 172
　　第三节　会议型饭店的公共区域清洁管理 ·············· 177

第六章　会议型饭店的餐饮宴会与厨房管理 ·············· 179
　　第一节　会议型饭店的餐饮服务 ·············· 181

第二节　大型宴会的操作流程及服务管理 …………………… 188
　　第三节　餐饮服务的操作流程标准 …………………………… 200
　　第四节　会议型饭店厨房管理的特殊要求 …………………… 209

第七章　从峰会的接待看会议型饭店的管理 ……………………… 217
　　第一节　峰会的接待筹备 ……………………………………… 219
　　第二节　峰会期间的接待服务 ………………………………… 233
　　第三节　峰会案例精选 ………………………………………… 238

第八章　会议型饭店的人力资源管理与行政管理 ……………… 259
　　第一节　会议型饭店的组织结构 ……………………………… 261
　　第二节　会议型饭店员工的定员与招聘 ……………………… 264
　　第三节　人力资源的合理配备 ………………………………… 266
　　第四节　会议型饭店的行政管理 ……………………………… 268

第九章　会议型饭店的财务管理 …………………………………… 273
　　第一节　会议型饭店的财务管理 ……………………………… 275
　　第二节　采供供应的任务和作用 ……………………………… 278

第十章　会议型饭店的日常安保与应急管理 ……………………… 281
　　第一节　会议型饭店的安保管理概述 ………………………… 283
　　第二节　会议型饭店的日常安保 ……………………………… 286
　　第三节　会议型饭店的应急管理 ……………………………… 288

第十一章　会议型饭店的工程服务与节能降耗管理 …………… 297
　　第一节　会议型饭店的工程服务管理 ………………………… 299
　　第二节　会议型饭店的绿色环保和节能降耗 ………………… 303

第十二章　案例精选 ………………………………………………… 313

附录 ……………………………………………………………………… 321

参考文献 ………………………………………………………………… 322

后记 ……………………………………………………………………… 323

第一章

饭店、会议型饭店与会议产业

上海浦东香格里拉大酒店

本章导读

　　随着我国经济的持续快速发展,旅游业已成为第三产业发展的重要支柱之一,饭店业的蓬勃发展更给我国现代服务业增添了无穷生机。与此同时,数十家外资饭店管理公司进入中国,管理着上千家高星级饭店。外来思想和本土文化的碰撞对国内饭店业管理提出了挑战,也带来了诸多创新的启示与国际化经验。值得一提的是,近年来,由于国内会议产业的兴起,专业会议型饭店已初现端倪并初具规模,虽然发展历史只有短短20年,但国内外方兴未艾的会议市场使这股热潮得以顺利持续下去。本章作为全书的引子,从定义入手,阐述了饭店与会议型饭店的功能、种类及发展趋势,分析会议和会议产业的现状和愿景,使读者了解会议型饭店与传统饭店的相同点和不同点,从而对会议产业带动下的专业会议型饭店有进一步的认识。

第一节　饭店与会议型饭店的定义与功能

一、饭店与会议型饭店的定义

（一）饭店的定义

"饭店"一词源于法语，原指法国贵族接待来宾的处所，英语中称为 hotel。其定义有多种，一般来说，饭店是为客人提供住宿、餐饮、娱乐及各种其他服务且拥有建筑物和设施的公共场所。

我国对饭店有各种称谓，古代称作亭驿、逆旅、私馆、客舍、客栈，现代常称饭店、酒店、宾馆、国宾馆、迎宾馆、旅馆、旅社、大厦、会所、招待所、度假村、培训中心、会议中心、国际俱乐部等。虽然称谓多样，但其性质基本相同。

《美利坚百科全书》把饭店定义为能提供食品、酒水和其他服务的公共住宿设施。《大不列颠百科全书》对饭店的解说则是：一幢在商业性的基础上向公众提供住宿和膳食的建筑物。美国《饭店法》则将饭店诠释为一个为社会公众提供住宿的场所，它提供餐厅、客房、大厅、电话、洗衣以及家具等设备的使用服务。

综合上述定义，现代饭店应当具备两个条件：首先，应当拥有一座或多座经国家批准的建筑物和住宿设施；其次，能够为客人和社会公众提供住宿、餐饮及其他相关服务。

（二）会议型饭店的定义

随着世界经济的复苏和迅猛增长，尤其是全球化浪潮的推动，国内外交流日益频繁，国际性社会活动日益增多，各类会议的规模不断扩大，频率不断加快，逐渐形成庞大的会议市场。同时，我国经济多年来的高速增长，国内政务、商务交流蓬勃发展，会议已然成为我国饭店业最重要的市场之一，也对饭店设计建造和运营管理提出了新的要求。会议型饭店在这个历史发展阶段应运而生，各地兴起了建造会议型饭店的热潮。

国内目前尚未有对会议型饭店的准确和权威定义。本书定义：所谓会议型饭店，通常是指以会议作为主要市场定位，拥有一定规模的专业化、多样化会议场地和设备设施，并能提供住宿、餐饮等相关会议服务，其收入构成中约有30%以上的份额由会议业务所贡献的饭店统称。这里重点要阐明的是：会议型饭店通常客房数量大于商务型饭店（400间以上），会场总面是饭店客房数量的5—10倍以上，两者需匹配；以出席、参加一个或多个会议、展览或其他活动为主要目标的客源为其重要服务对象；有专业的会议服务团队向其提供全面的会议服务；可举办会议附带展览，开展商务洽谈活动等。

首先，近些年我国星级饭店建设蓬勃发展，规划拥有1 000平方米会议场地设施的饭店已属常态，同时会议业务会给饭店带来可观的综合收益，因此，对会议型饭店的定位也提出了更高的要求，若再以向客户提供一定的会场或一定的服务来衡量显然不妥，而应量化会场规模和配套设施在饭店空间的占比以及凸显提供会议服务的综合能力。

其次，会议型饭店应具备接待国内外会议所要求的硬件和软件上的功能要素，具有与会场面积相配套的餐饮、客房设施,例如国外会议型饭店普遍拥有 1 000 间以上客房,多则 2 000 间,以此来满足大型会议的需要;熟识国内外相关法律法规、行业规定、擅长接待大型会议活动的服务团队和具有直播转换、AV 音响等设备;能为会议提供专业化服务,包括会务人员、礼仪人员、直播技术人员、公关人员和市场营销人员等。

最后,随着我国国际地位的提高和经济的蓬勃发展,对于国际性事务的参与程度越来越高,各种国际峰会越来越频繁。在这个过程中,会议型饭店扮演的角色也愈加重要,往往更加容易彰显出一个城市和地区的综合影响力和总体吸引力。

二、饭店与会议型饭店的功能

(一)饭店的功能

住宿、餐饮、康乐是传统饭店的三大功能。饭店促进了当地投资环境的改善,其本身也构成该环境的一部分。在很多城市,高档饭店都是当地最醒目的建筑之一,往往成为城市的标志性建筑物。一个饭店群有时可从根本上改变街区乃至行政区域的风貌。饭店的大规模建设对城市道路、供水、供电、供气、电信等各项基础设施的改善通常起到直接推动作用。

人们在不同的城市间往来,需要一定的设施和服务以解决食宿等各种问题,饭店是满足这些需求的场所。可以说,出行客人的餐饮、住宿、购物、康乐等要求均能在店内得到解决。同时,饭店还有另外一个重要功能,就是为文化、科学、技术交流和社会交往提供优良场所。在饭店可以举办新闻发布会、产品推介会、颁授仪式、学术讲座等活动。

(二)会议型饭店的功能

我国会议产业近年来蓬勃发展,年增速高达 20%,远超其他领域,从而逐步受到各方重视。突出的表现就是各地纷纷投资兴建高档饭店、会议中心、会展场馆,其中的很大一部分饭店定位为会议型饭店。

会议型饭店除有传统饭店的食、宿、购、娱类基本功能外,还应具有相当完备的会议接待服务功能和设施设备,满足国际国内会议的高标准要求。比如各类会议场地、网络信息系统、各类多媒体音频装置、多语种的同声传译系统、大型演出和影视系统、视频会议系统等。

第二节 饭店与会议型饭店的类型

一、饭店的类型

(一)根据国际标准分类

1. 贵族饭店(Palace Hotel)

贵族饭店的主要客源是贵族消费群体。位于上海外滩地段的和平饭店就是典型的贵族饭店，其南楼建于 1906 年，成为当时远东地区最豪华、最奢侈的饭店消费场所，专门接待中外贵族和社会名流。和平饭店北楼始建于 1926 年，楼高 77 米，共 12 层，是当时远东最高建筑，曾荣获世界最著名饭店的称号。2007 年年初，锦江酒店集团宣布将和平饭店南楼与瑞士 SWATH 集团合作，建成为全球性的奢华艺术展示中心，将和平饭店北楼与加拿大费尔蒙酒店管理集团合作，本着保护文化遗产的宗旨进行改造，其建筑外墙和结构都将保持原来的风格，修旧如旧，2010 年初，整修后和平饭店成为上海高房价的饭店之一。天津的利顺德大饭店、上海的礼查饭店也是属于这种类型的老品牌饭店。

2. 皇家饭店（Royal Hotel）

目前在若干君主立宪制国家还保留着皇家饭店，以便君主履行仪式。饭店庭院内有豪华的皇家马车、高大英俊的侍前卫兵、列队出操的仪仗队及乐队、鼓号手准备随时为皇室提供服务。该类饭店多为皇家自建，也有的是相关政权和机构兴建提供给皇室使用。皇家饭店侧重于为皇室服务，更注重皇家礼仪和文化，近年来，欧美国家掀起一阵兴建仿皇家风格饭店的复古风潮，成为饭店业投资中的一个亮点。

3. 私密花园饭店（Garden Retreat）

这类饭店一般位于城郊相对偏僻处，私密性较强，是寻求浪漫、放松身心的好去处。其建筑特点是绿化面积较大，小栋和独幢别墅客房相间，更有曲径通幽之意境笼罩，是情侣喜欢的地方。

4. 高层饭店（Tower）

超过 100 米的高楼层饭店一般定位为商务型饭店，往往用"Tower"命名，以此向潜在客户表达其构造和外形特点。20 世纪 80 年代末，我国第一座以"Tower"命名的饭店新锦江大酒店建成，称为 Jinjiang Tower，以其 45 层楼的高度雄踞整个上海滩，一时间成为中外客商趋之若鹜的下榻处所。

5. 度假胜地饭店（Resort Hotel）

这类饭店遍布全球，但主要分布于著名旅游区，其客源定位为休闲度假的个人、家庭或团体。客人根据饭店名字即可迅速快捷地分辨出其大致的地理方位和饭店类型。在印度尼西亚的旅游胜地巴厘岛，大部分饭店不开通长途电话，在这里游客可以尽情休闲，完全不必受外界繁杂商务活动的干扰。海南三亚海滨和巴西亚马孙流域的热带雨林度假区中也有诸多类似饭店。

6. 度假村（Holiday Village）

度假村一般集中在郊区和景点中温泉、森林、河流等自然资源较丰富的地方，为人们近距离地接触大自然提供便利的住宿和餐饮条件。这类饭店通常消费不高，适合散客、家庭和旅游团队在节假日游憩休闲。美国黄石国家森林公园内有不少 Holiday Village。笔者于迈阿密出差期间，在园内一家度假村逗留，发现其服务基本上为自助式，员工数量极少。客人连打电话、洗衣服和取饮料都须照着入住手册的提示投币解决。有些饭店没有专门餐厅，公用厨房内有电子灶，是专门为有烹饪需求的客人准备的。

7. 分时度假饭店（Timeshare Hotel）

分时度假饭店的名字来源于信息技术产业的资源共享，"分时"是通过 2—4 周内分享海滩或山上住宅来削减家庭度假开销的简单经济手段。20世纪90年代，不少饭店集团重新规范化、市场化、设计和管理后，"分时度假"成为备受欢迎的度假产品。分时度假饭店一般选址在度假胜地、与商业或度假项目联合开发，通常都以家庭、朋友选择入住，房间设计得像公寓。迪士尼将分时度假作为开发战略的一项重要组成部分。

8. 城市饭店(City Inn)

在英文中，客栈和旅馆称为Inn，在城市中心地带的客栈和旅馆则叫作City Inn。美国的戴斯饭店(Days Inn)和速8连锁旅馆(Super Inn)就是典型的City Inn，这两家饭店都进入我国开拓业务，并在一些城市开出旗舰店。国内许多商家也看到了城市经济型饭店在市场需求方面的潜力。

随着国内经济越来越活跃，各城市和地区间经济文化交流愈加频繁。诸多中小企业主和参加各种商品展览、文化研讨、教育交流的民众急需经济型住宿场地。他们要求不高，只要安全、舒适、快捷、清洁即可。这种大规模实际需求催生了国内经济型饭店迅猛发展。锦江之星、如家、莫泰以及蓬勃发展的汉庭连锁、全季酒店、格林豪泰、7天连锁酒店、岭南佳园、布丁酒店等均已在国内经济型饭店领域占据一定的市场份额。

9. 假日饭店(Holiday Inn)

假日饭店一般位于城乡结合部，即在高速公路离市中心较远的地方，比较注重全年所有节日的庆祝，在环境布置、菜点品种、礼仪接待上均有明显侧重。人们喜欢在感恩节、情人节、万圣节等重要节庆入住假日饭店。

10. 汽车旅馆(Motel)

美国和欧洲的motel一般位于高速公路驶离市区和进入市区的地段口，客人可直接驾车到motel门口办理登记住宿。由于针对汽车旅客设计建造，motel对于他们来说是相当便利和快捷的，所以在这些国家motel分布很普遍。目前国内尚未出现真正意义上的motel。但是随着私家车数量的猛增，国内自驾游成为越来越普遍的出游方式，汽车旅馆也在从无到有地发展。

11. 快捷饭店(Express Hotel)

快捷饭店是近年来新崛起的饭店类型，它并非经济型饭店，而是介于经济型饭店和全服务饭店之间的饭店，房价一般要比经济型饭店高出30%—40%。

快捷饭店通常只提供住宿和房包早餐，中午饭和晚餐只能选择在饭店之外，客房有冲淋房和网线，其他商务项目可在商务中心进行。洲际饭店管理集团旗下的Holiday Inn Express假日快捷饭店已经在中国开出连锁店。

12. 带有商业办公场所的饭店(Plaza)

国际上对Plaza的流行定义是底层经营餐饮，中部是商场及办公楼，顶部建为饭店。但Plaza概念被引入国内时却被泛化为商场，部分开发商为了从概念上推广开发项目，勉为其难地用"广场"作为Plaza的中文流行翻译，使Plaza实际上变成购物商场的代名词，混淆了Shopping Mall和Plaza的概念和内涵。

目前，国内大部分的Plaza只有购物和餐饮功能，已等同于Shopping Mall，这种名不副实的称谓容易引发误会和曲解。国外客人到了国内一些城市，看到地图或指示牌上标有Plaza就去投宿，结果可想而知。因为他们走进的不是饭店而是大商场。这就是概念混淆之后出现的与国际惯例不符的缺漏。

13. 文化艺术饭店(Cultural Centre Hotel)

这种饭店文化独特，艺术氛围浓，哲人学者、艺术家和科学家经常光顾，相当有情调。如巴黎香榭丽舍大街饭店就相当于一个艺术品宝库和博物馆，北京东方饭店是一座以民国主题文化为特色的老饭店，上海的锦江饭店则是新中国成立后上海政治、经济诸多历史大事的见证者。始建于1912年的法国南部尼斯小城的奈格司哥大饭店(Negresco Hotel)既是一座外观华丽的历史建筑，又是颇具艺术风格的文化宫殿和尼斯的地理标志。她俯瞰闻名世界的尼斯天使湾，深受法国全盛时期艺术和历史的影响，收藏了包括毕加索、米纳等著名画家的真品，每间客房都陈设大量的古董家具，并分别被命名为路易十六套房、蓬巴杜侯爵夫人套房、茶花女套房等。由于饭店有着丰富的历史积淀并与法国革命历史发展脉络共成长，1974年其被列为国家级历史文化遗产，成为欧洲仅有的几家荣膺此称号的饭店。

14. 精品饭店(Boutique Hotel)

"精品饭店"一词源于开发商伊恩·施拉德将一个小楼摩根斯改建成一个高档饭店时得来。是指那种建筑装修、设施设备具有豪华性，产品与服务精致、优质，具有文化个性，价格明显高于同区域饭店产品的饭店。一般在50间/套以下，大部分选择有特色的、交通方便的建筑物，如花园大别墅、城市中心区的老式洋房等。它们不评星级，一般能体现历史文化的点滴脉络，贯穿着独到的设计理念，不仅在装潢上精雕细刻，而且在家居摆设、室内布置、整体氛围营造上独具匠心，主题鲜明。这类饭店价格昂贵，专做高端商务客源市场，私密性极好，如位于上海淮海路附近的首席公馆就是国内较早营业的典型精品饭店之一，腾冲玛御谷悦榕庄是具有温泉养生特色的精品饭店。

15. 设计饭店(Design Hotel)

设计饭店备受年轻一族的喜爱。一般在城市的中心位置，设计饭店的重点在创新性，个性时尚现代派设计，喜欢与当代艺术结合，市场定位灵活，既可以是经济饭店，也可以是豪华饭店。如：原喜达屋饭店集团旗下的W酒店，洲际饭店集团旗下的英迪格酒店。还有一些设计饭店由历史建筑设计改建而成，如美国洛杉矶蒙德里安酒店、西班牙巴塞罗那欧姆酒店、泰国芭堤雅暹罗设计酒店。

16. 主题饭店(Theme Hotel)

主题饭店是以某一特定的主题，来体现饭店的建筑风格和装饰艺术以及特定的文化氛围，让顾客获得有个性的文化感受，同时将服务项目融入主题，以个性化的服务取代一般化的服务，让顾客获得欢乐、知识和刺激。历史、文化、城市、自然、卡通形象等都可以成为饭店借以发挥的主题。如：以卡通形象为主题的上海迪士尼玩具总动员酒店，以动物为主题的珠海长隆企鹅酒店，以摇滚元素为主题的国内第一家深圳硬石酒店(Hard Rock Hotel)，以潮州城市文化为主题的汕头宜华国际大酒店，可谓各具特色。

17. 博彩饭店(Hotel and Casino)

这类饭店一般被列入商务旅游饭店，在欧美国家和我国澳门特区都有。最知名的是美国拉斯维加斯的米拉奇赌场饭店(Mirage Hotel & Casino)，坐拥6 000间客房，主要以博彩业带动博彩爱好者为客源，辅以少量的观光旅游者。这类饭店往往周末生意集聚上升。

18. 服务式公寓（Service Apartment）

服务式公寓是指为中长期商住客人提供一个完整、独立、具有自助式服务功能的住宿设施，其公寓客房由一个或多个卧室组成，并带有独立的起居室以及装备齐全的厨房和就餐区域。服务式公寓的本质是酒店性质的物业，但却融合了酒店设施与家庭特色为一体，并提供低于酒店价格的中长期住宿服务。由于普通的酒店不会提供洗衣机、厨具等居家必备的电器，因此，居家特色是服务式公寓与酒店的最大区别之一。由于开发商的推动，Service Apartment 概念导入我国时被宣传成 Apartment Hotel，实际上已失去中档经济型公寓的概念，演变成实际意义上的产权式饭店。目前在我国，往往是房产开发商把服务式公寓分散卖给小业主后，再由小业主租赁给实际经营者作多种经营，市场定位不明朗，常常与传统饭店争夺客源市场，容易造成恶性价格竞争的不利局面。

19. 民宿（Homestay）

民宿是指利用当地闲置资源以及另行打造的符合当地风土人情的住宿业，民宿主人参与接待或由将物业集约化后委托专业公司经营管理的住宿业，也是为游客提供体验当地自然、文化与生产生活方式的小型住宿设施。民宿不同于传统的饭店旅馆，除了应有的客房设施外，它能让人体验当地风情，感受民宿主人的热情与服务，并体验有别于以往的生活。如苏州黎里古镇水岸寒舍精品酒店，将典型苏式老宅修旧如旧，营造出一种隐于古镇的水乡风情，共 4 种房型，十余间客房。

20. 会议型饭店（Convention Center and Hotel）

在我国，会议型饭店是一个新兴的饭店产业，它不同于商务型饭店，也不同于度假型饭店。首先，它必须具备高星级饭店水平的接待能力和服务标准规格，设置专业的服务部门和灵活的服务模式；其次，它应该是会议场馆和餐饮客房区域的联合体，具备接待国内外会议所要求的硬件功能，并由同一个经营者来管理；再次，它是综合性销售，不但销售会议设施设备，还有客房、餐饮等关联产品；最后，会议型饭店的服务对象除了会议组织者之外，还要服务好每一位参会客人。上海浦东陆家嘴的上海国际会议中心、济南山东大厦、广州南丰朗豪酒店、杭州洲际酒店、昆明云安会都等都属于这类饭店。

（二）根据客房数量分类

根据客房数量对饭店进行分类，有利于潜在客户和现实客户对需求进行甄别和比较，从而进行有针对性的选择，不至于盲目；也有利于饭店经营管理方第一时间确定细分市场的意向，从而有的放矢地去做营销推广工作。这种分类方法并非意味着对饭店服务质量体系和水平作评价。

1. 大型饭店

一般而言，在我国有 500 间以上客房的饭店可称为大型饭店，主要集中在北京、上海、广州、深圳等一线商务城市，如北京中国大饭店、上海浦东香格里拉酒店、上海波特曼丽兹卡尔顿饭店、南京金陵饭店、广州花园饭店等。

2. 中型饭店

拥有 200—500 间客房的饭店可划分为中型饭店，此类饭店占我国饭店总数的

75%,此种规模数量的客房有益于整个饭店的经营达到最佳控制状态,不至于因为体量太大而不便于把握淡旺季的统筹以及硬件软件的管理。比如供暖和供冷系统的机组容量选型可在 200—500 间客房规模内能达到最佳的做功效果,电话程控机则可以选择类似配置,不至于造成不必要的浪费。

3. 小型饭店

如果饭店客房少于 200 间,其要求的配套设施规模要求相对就较低,整个饭店的硬件软件运营就比较灵活机动。在我国,这类饭店大部分为经济型饭店,也有部分精品酒店。

(三) 根据客源市场和接待对象分类

1. 商务型饭店

商务型饭店市场主要接待商务客人下榻,定位较高,客源较稳定,客人在饭店内活动较多,有利于饭店综合营收水平的提高。服务要求和标准也较高,一般会要求提供机场接机服务,饭店一般设有专门的行政楼层便于客人进行商务活动,提供行政管家式服务。

2. 旅游型饭店

旅游型饭店以接待旅游客人为主,既有散客,也有团队。团队一般由旅行社或者相关的代理机构组织来饭店消费;散客则是通过各种渠道来到饭店入住。

3. 会议型饭店

会议型饭店以接待会议客人和由会议带来的餐饮、住宿客人为主,商务市场也是其很重要的补充也有少部分的旅游和相关的团队客人。会议型饭店一般规模较大,不少饭店具有政府背景,接待规格较高,服务的要求和标准也较高。

4. 度假型饭店

度假型饭店侧重于接待短途或者长途休闲游憩的客人,便于他们消除疲劳、放松身心、减轻压力、恢复精力。此类客人的接待与上述三种类型的饭店均不同,他们更加需要隐私性和静适度,不喜欢大量客人喧嚣入住饭店和退房所造成的干扰,对饭店周边的景区景点比较关注。

(四) 根据建筑投资费用分类

1. 经济型饭店

根据国际饭店建筑投资费用标准,经济型饭店每个标准间的建筑投资(包括建筑材料、室内装饰、各种设备、用具、陈设、技术、人员训练费用等)为 2 万—4 万美元,在我国略有调低。该类饭店基本上只需满足客人的住宿要求,投资总量较少,客房较少,公共配套简洁,房价也较便宜。

2. 舒适型饭店

根据国际饭店建筑投资费用标准,舒适型饭店每个标准间的建筑投资(包括建筑材料、室内装饰、各种设备、用具、陈设、技术、人员训练费用等)为 4 万—6 万美元,在我国略有调低。舒适型饭店很多是商务型饭店,地理位置较好,服务以人为本,环境幽静雅致,房价适中。

3. 豪华型饭店

根据国际饭店建筑投资费用标准,高端的豪华型饭店每个标准间的建筑投资(包括建筑材料、室内装饰、各种设备、用具、陈设、技术、人员训练费用等)为8万—10万美元,在我国略有调低。豪华型饭店设计考究、装饰豪华、用料精致、材质优良,主题突出,体现出豪华高档的层次感,房价较贵。

4. 奢华型饭店

根据国际饭店建筑投资费用标准,顶级的奢华型饭店每个标准间的建筑投资(包括建筑材料、室内装饰、各种设备、用具、陈设、技术、人员训练费用等)为10万美元以上。奢华型饭店的建筑和装饰往往不惜工本,一切从超高标准出发,建筑常给人眼前一亮的惊讶感觉。阿联酋的迪拜帆船酒店就是奢华型饭店中的典范之作,既是一座高科技含量的现代大气建筑,又是一个涵括建筑文化、科技文化、奢侈文化、品牌文化于一体的阿拉伯世界地标性综合体。香港半岛酒店、上海外滩华尔道夫酒店、北京励骏酒店也是我国知名的奢华饭店。目前,不少精品酒店也都列入豪华和奢华型酒店行列。

上述划分以投资规模、用材档次、设施设备齐全程度、管理水平和员工整体素质为标准,同时也考核客源市场和消费水平。国际通行的标准是,建造一所饭店主要目的是出租房间,饭店客房收入占饭店总收入的50%—60%,所以,投资总费用与建造一所饭店的客房总数有着重要关系,直接影响和决定建造饭店的等级标准,也决定饭店客房的出租价格。

(五)根据地理位置分类

1. 城市饭店

城市饭店一般坐落在城区,交通便利,距离机场、火车站、码头较近,适合商务客人入住。

2. 城郊饭店

城郊饭店一般位于城乡结合部,以假日饭店、经济型饭店为主,建设成本较低,房价较便宜,节假日城区市民往往会选择此类饭店进行聚会、庆祝等活动。

3. 乡村饭店

乡村饭店目前有两种类型:一种是度假村形式,远离城市,有沙滩、海洋、温泉、森林等自然资源作为休闲游憩的载体;另外一种是近年来兴起的农家乐,这是一种入乡随俗的远郊休闲、住宿、餐饮、娱乐的度假方式,游客往往入住由政府批准营业的农民家里。

4. 景区饭店

景区饭店兴建在著名的风景名胜地,依托优质的旅游资源,主要为旅游观光客人提供住宿餐饮娱乐服务,这类饭店一般以团队旅游客人为主。

5. 公路饭店

公路饭店建造在公路附近,方便路过的巴士旅游团和自驾车旅客休憩。有的公路饭店简称为汽车旅馆,底层是停车库,上方是客房区域,更加便于自驾车游客入住。此类饭店在欧洲和美国、加拿大等国家较多。

6. 机场饭店

顾名思义,机场饭店建造在机场附近,便于乘坐飞机从事差旅活动和误机转机的旅客休息。在我国,很多机场饭店都由航空公司或者机场管理机构修建,不少机场饭店还承担着航空食品的制作加工任务和航班机组人员的换航住宿。

（六）根据经营管理方式分类

1. 单体饭店

单体饭店通常指独立经营的饭店，是由企业、组织或个人拥有并经营，不加入任何形式的联盟，也不属于任何饭店集团的饭店。长期以来，单体饭店作为我国饭店业的主体，散落于各城市和地区，独立进行营销活动和管理活动。

此类饭店一般都是老牌或经营规模小的饭店，数量约占我国星级饭店的80%—90%。而现今，集团化、网络化、品牌化等优势明显的连锁饭店蓬勃发展，逐渐主宰了整个饭店行业，像锦江之星、汉庭酒店、如家快捷等连锁经营模式已然成大势所趋。在此情形下，若干单体饭店联合起来，采取自保措施，组建单体饭店联盟，进行联合与合作，将资源进行整合，尽可能地实现不以资产为纽带的网络化和品牌化，以增强单体饭店的市场竞争力。比较知名的有中国名酒店组织、中国会议酒店联盟、中国特色文化主题酒店联盟等。

2. 联号集团经营饭店

建立饭店管理集团，实行集团联号饭店管理，将各个相对独立的饭店通过一定的方式联合，实现优势互补，形成规模经营，达到良好的规模经济效益。处于集团经营下的饭店，可以享受到整体的国际订房网络、强大的呼叫中心系统带来的大量优质客源。目前，联号集团饭店管理不仅在区域上实现了跨国经营，在经营方式、管理手段上也越来越科学和完善，大致有如下五种方式。

（1）直接经营。联号饭店集团既是旗下饭店的经营者，又通过直接投资建造饭店并经营、购买现成饭店并经营、控股经营这三种方式实现不同程度的拥有，自主经营，自担风险。例如，香格里拉酒店集团均采用自建自主经营方式。

（2）租赁经营。联号饭店集团向饭店业主交付租金，取得经营权进行经营。

（3）委托管理。也叫合同管理，由业主（开发商）建造饭店，委托联号饭店集团经营管理，并签订合同，明确各自的责、权、利。目前，国内大部分联号集团经营的饭店都采用该种方式。另外，在国内出现了一种业主参与式管理的现象，不少业主方自行成立酒店管理公司，并参与到委托方的经营管理中，且不说该方式的利与弊，但在多年的参与管理中渐渐掌握主动并转变为直接经营，甚至自创新品牌。

（4）特许经营权转让。也叫协助管理，饭店的拥有者无须出让饭店的拥有权或经营权，而是交给一定的品牌特许费用，向联号集团购买特许经营权。

（5）顾问式的经营。联号饭店管理公司担任饭店业主的顾问，参与制定计划决策、业务检查和质量监督，收取一定的顾问指导费。

目前著名的国际饭店集团主要有希尔顿饭店集团、万豪饭店集团、IHG洲际酒店集团、温德姆酒店集团、精选国际酒店集团、雅高饭店集团、最佳西方饭店集团、凯悦酒店集团、香格里拉酒店集团、美高梅国际酒店集团等。国内知名的饭店集团有锦江酒店集团、铂涛集团、金陵酒店集团、华住酒店集团、首旅建国酒店集团、开元旅业集团、如家酒店集团、东呈酒店集团、衡山集团、岭南集团、住友酒店集团等。

3. 联合经营饭店

联合经营饭店是指由业主和管理公司、订房呼叫中心、旅行社、航空公司、会议公司等联合出资成立的由专业饭店管理公司管理的饭店,这类饭店更容易发挥其资源优势和对市场的适应程度,易于在竞争中脱颖而出。

(七)根据价格形式分类

1. 欧式报价饭店

指饭店客房价格仅包括房租,不含食品、饮料等其他费用。世界各地的绝大多数饭店均属此类。

2. 美式报价饭店

客房价格包括房租以及一日三餐的费用。目前,尚有一些地处偏远的度假型饭店仍属此类。

3. 修正美式报价饭店

此类饭店的客房价格包括房租和早餐以及午餐或晚餐的费用,以便宾客有较大的自由安排白天活动。

4. 欧陆式报价饭店

房价包括房租及一份简单的欧陆式早餐,即咖啡、面包和果汁。此类饭店一般不设其他餐厅。

5. 百慕大式计价饭店

此类饭店的房价包括房租及美式早餐的费用。

(八)根据等级分类

根据《中华人民共和国旅游饭店星级的划分与评定》(GB/T14308—2010),目前国内旅游饭店分为五个星级(含白金五星)标准,即一星级到五星级。

一星级:除其他要素外,至少有可供出租的15间(套)客房。

二星级:除其他比一星级更好的要素外,至少有可供出租的20间(套)客房。一星级和二星级可称为经济型饭店。

三星级:至少有可供出租的30间(套)客房,要有满足客人在店内活动的基本配套设施,如餐厅、康乐等。三星级饭店可以称为普通型饭店。

四星级:至少有40间(套)可供出租的客房,70%以上的客房面积(不含卫生间)不小于20平方米。除了规定必备项目外,还要有一定的自选项目。四星级及四星级以上的饭店属于高星级饭店。

五星级:饭店至少有50间(套)可供出租的客房,70%以上的客房面积(不含卫生间和门廊)不小于20平方米,有规定的必备项目和自选的选择项目。五星级饭店属高星级饭店,在硬件标准上要求豪华,在配套设施上要求齐全先进,在管理系统上要求标准高、系统灵、操作准、运行快,在软件服务上要求业务精、技术优、专业强。五星级(包括白金五星级)饭店标准目前是我国旅游饭店评定的最高标准,因此,除了满足客人的清洁卫生、方便舒适、安全快捷的住店要求和享受环境优美、情趣横生的感觉之外,还要让客人享受个性化服务的满足加惊喜。

白金五星级饭店必须是具备两年以上五星级资格的饭店,无论在硬件、软件和管理上都有很特别的要求和必备的条件,它不是第六个星级,而是五星级中的最高标准。2007年8月16日,北京中国大饭店、上海波特曼丽嘉酒店、广州花园酒店三家饭店通过国家旅游局全国旅游星级饭店评定委员会专家组的验收，成为国内首批白金五星级饭店。

对于以住宿为主营业务，建筑与装修风格独特，拥有独特客户群体，管理和服务特色鲜明的小型精品饭店，若其自身条件虽与五星级饭店标准的条件有差异，但其平均房价连续两年居当地五星级饭店前列，且市场广泛认同，可申请评定五星级饭店。

2010年版《中华人民共和国旅游饭店星级的划分与评定标准》有以下几大特点：突出强调了必备项目的严肃性和不可缺失性，将必备项目制作成检查表的形式，逐项打钩，只要有一项未达标，评定就不能通过；强调住宿核心产品，将客房产品作为饭店核心产品中的核心；强调绿色环保，在必备项目中要求：五星级饭店均要制订相应的节能减排方案并付诸实施，三星级以上饭店还要求节能减排符合《绿色旅游饭店》(LB/T007—2006)中的相关要求(详见本书附录二和附录三)；强调突发事件的应急管理(可参考国家旅游局2008年年底颁布的《中国饭店行业突发事件应急规范》)。

会议型饭店是特定概念的星级饭店，在评定星级标准的时候是以饭店标准评定的，而会议场馆、展览大厅以及影视AV系统则是星级标准外的叠加。目前，中国旅游饭店业协会已编制出针对全国会议型饭店规模、专业能力等进行划分和评定的《会议饭店建设与运营导引标准》。

二、会议型饭店的类型和样式

(一) 根据地理位置分类

1. 城市中心会议型饭店

这类会议型饭店位于城市的核心位置或者交通方便的地方，由于受到土地限制，更应合理规划垂直发展，将会议设施集中于某一层，可位于城市文化中心、大型商业区、城市滨江地带等。城市会议型饭店更适合中等规模的会议市场客源。如，泰国曼谷圣塔娜格兰酒店、杭州黄龙饭店、济南山东大厦、上海浦东香格里拉酒店。

2. 会议总部饭店

会议总部饭店是指主办方将临时办公总部设在该饭店内，大会主席、秘书长、组委会工作人员、参会人员都下榻的饭店。会议总部饭店一般与会议中心(会展中心)相连，同属一个建筑群，可步行可达，饭店客房数量多，配有一定的会议功能区域，客源往往来自周边会议中心(会展中心)，有些会议总部饭店还是展览中心会议功能不足的补充。例如，丹麦贝拉天空酒店是丹麦贝拉会展中心的扩展建筑，是欧洲具有代表性的会议总部饭店，拥有814间客房，30间会议室，双塔高度为76.5米，朝各自的方向倾斜15度，也是根本哈根的标志性建筑。南京国际青年会议酒店、国家会展中心(上海)洲际酒店、北京国家会议中心北辰洲际酒店都紧靠会展中心，凡遇展会或大型会议，都会给酒店带来大量业务，其优势非常凸显。

3. 度假会议型饭店

度假会议型饭店对会议业务有着很大的吸引力，这类饭店既具有度假饭店的功能，又具备完善的会议设施，往往占地面积大，配套服务设施(如会场、住宿、餐饮、娱乐等)

需要在饭店内解决;与会者还会携带家属参会并在会后一同度假,能为饭店带来更多收益。澳大利亚黄金海岸的木星酒店位于黄金海岸的中心位置,离海滩只有数分钟的路程,酒店拥有容纳2 300人的会议设施和一家592间客房的五星级度假村。海南三亚海棠湾红树林度假酒店不但具有艺术型的外观和星梦奇缘的套房,同时具有3 200平方米的会议场地,是国内知名的度假会议饭店。

4. 高校会议型饭店

位于综合性的高等学府内,一般可提供中小型会议场地设施、少量客房和餐饮服务,自行管理供校内外使用,适合举办学术性会议,也称为学术交流中心或培训中心。如苏州的西交利物浦大学的国际会议中心和华东师范大学内的学术交流中心,像中国台湾大学和中国台北科技大学的会议场所还委托了集思会议公司来运营。

(二) 根据规模分类

1. 大型会议型饭店

(1) 会议设施完善,具备多种功能,会议厅室不少于30间,且配套齐全。

(2) 能够承接1 000人以上规模的会议。

(3) 客源以企业客户为主。

(4) 会议经营符合国际标准和国际惯例。

(5) 具备休闲、娱乐、健身等全面配套设施。

2. 中型会议型饭店

(1) 会议设施较为完善,具备多种功能,有相应的配套设施。

(2) 能够承接500—999人规模的会议。

(3) 具有针对目标市场的会议功能,可提供相应的会议活动场所。

3. 小型会议型饭店

(1) 具有基本会议功能。

(2) 能够承接500人以下规模的会议。

(3) 有相应的市场细分和市场形象。

(4) 有个性化的服务配套。

(三) 根据投资修建方分类

1. 政府投资的会议型饭店

这类饭店由政府直接投资兴建,应在完成重大活动接待的同时紧抓经济效益,用市场经济手段考虑投入产出。这类饭店在投资建造过程中,对场地设计、设备设施配置的考虑较周到,使得开业后的服务接待工作相对容易组织与协调。

2. 受国有资产管理监督委员会委托管理的会议型饭店

这类饭店一般在省、市立项,由国有企业投资兴建,除了服从政府重要会议的接待安排,还要完成董事会或上级企业集团下达的经济任务指标。因此,其在日常运营中以市场为机制,以经济效益和社会效益相统一为目的。

3. 商业行为投资的会议型饭店

商业行为投资是指民营或国外资本的投资。这类饭店是以经济效益和投资回报率为主要目标的市场化运营企业。

（四）根据构造样式分类

1. 独立型：饭店与会展中心无连接

会展中心与饭店相隔一定的距离，无天桥连接，但一般步行可到达。这类饭店的代表有上海的光大会展中心和光大会议酒店、珠海国际会展中心和珠海华发喜来登酒店、海南博鳌亚洲论坛会议中心和其周围的索菲特饭店。

2. 独立连接型：饭店与会展中心通过连廊相连

为方便客人、增加收入、提高效率，有的饭店和会展中心在建造之初便设计好了连接通道，有的饭店与相邻的会展中心进行协商，通过后期改造架设连廊互通，便于会展客人通行。连廊可分为地下通道或廊桥，地下通道通常在建设初期就整体规划设计，造价也远高于廊桥。北京国家会议中心是个经典案例，其展区地下连接的是国家会议中心大酒店，会议区地上连廊连接的是北京北辰洲际酒店。此外，南非开普敦喜来登大饭店、美国莱辛顿会议中心和凯悦丽晶饭店、宾夕法尼亚会议中心和万豪酒店、厦门国际会议中心和会议中心酒店均属于这种类型。

3. 多方连接型：多座饭店毗邻会展中心，中间均由天桥相连

香港国际会展中心于1997年香港回归之际开业，所在地段有君悦和海景两座大饭店。为整合资源，全面发挥功效，最大程度上方便客人，该会展中心与这两家饭店达成协议，允许部分或全部住店客人通过VIP天桥通道进入会场。值得注意的是，君悦属于豪华高档型饭店，因此会展中心和君悦大饭店之间的天桥被设置成VIP通道，执君悦VIP卡通行，这就意味着并非所有客人都能走这个入口。海景则为中档饭店，会展中心与其之间的天桥是开放式的，所有参会者均可从此通过。美国印第安纳波利斯会议中心则更加巧妙，它用四座天桥与周边的四座五星级酒店进行连接，组成一个巨大的天体场馆，即使天气非常恶劣，也不影响会议的流量。

4. 同一单体建筑型：会展中心与饭店建在同一建筑物内

这种构造的优点是便于参会者，散会后客人去往所住房间仅一步之遥，免去了辗转劳顿。然而这种结构也使管理变得混杂，客人流动缺乏有效控制，易导致安全方面的问题。在这种建筑结构中，饭店区域的安保工作需要特别加强。

此类饭店的典型代表是1999年正式开业的上海国际会议中心。这是一幢融会议、中小型展览及五星级饭店为一体的11万平方米的建筑实体，其中有6万平方米为会议区域，5万平方米为饭店区域。在中国，如此大体量会议中心与饭店同体经营的单位为数不多。德国柏林伊斯特雷尔酒店和会议中心、北京九华山庄、苏州金鸡湖国际会议中心与文博诺富特酒店、杭州国际会议中心洲际酒店也属于这种类型。

（五）根据市场定位分类

1. 政务接待会议型饭店

这类饭店侧重于为国际组织、政府、事业单位及相关公共管理机构提供接待服务，政治上可靠，人员结构组成较简单，党、政、工、团管理架构严密，大部分属于传统意义上的国有机构。如分布各地的国宾馆、迎宾馆以及各地驻京、驻沪办事处大厦（接待中心）等。由于设施设备先进、环境舒适，各地不少新建的会议中心也被主要用于政务接待和大型政府会议，如一年一度的"两会"举办地。博鳌亚洲论坛会议中心及其附近的饭店群落也是典型的政务型接待场所,一年一度的"博鳌亚洲论坛"成为维持其主要经营的重要支撑点,其他时间主要用于接待各种各样不同的政务、商务、协会会议。

2. 商务接待会议型饭店

商务接待会议型饭店的主要客源来自大型企业集团和诸多商务机构,举办产品发布会、区域性销售会议、企业年会、董事会、监事会、股东会等,这些会议倾向于选择政府色彩较淡、商务气氛浓厚的饭店来举行,与会客人有一定的保密和隐私的要求。

3. 协会接待会议型饭店

当今世界,协会组织的力量日益强大,在各行各业的作用愈加明显。在我国,随着政府机构改革和部分职能的剥离,协会获得了原本没有的权限和更加宽松的发展环境,资源优势得到凸显,自身也需要对外进行各种活动展示的平台和场所。会议型饭店成为最合适的备选对象。专题研讨会、技术交流会、理事会、委员会、执委会、会员大会、选举大会等密集举办,催生了大批协会接待会议型饭店的崛起。中国科技协会下属的中国科技会议中心、交通运输部的交通宾馆、外交部的国际交流中心、文化部的文化交流中心、外宾接待中心、教育部的学术交流中心等,都接待了大量的科技、文化、学术等方面的国内外的交流会议,成为这类饭店的主要赢利来源。

第三节 会议、会议产业和会议型饭店

随着社会经济发展,商务活动越来越频繁,会议相关产业迅速发展,各行各业的人们为了交流和沟通,越来越倾向于在不同的城市间转换住所和歇息站。这就给饭店等住宿业的发展带来良好的发展机遇。根据国际会议与大会协会(International Congress and Convention Association,ICCA)[①]的权威统计,每年全世界各地举办的参加国超过3个、参加外宾50人以上的各种会议超过50万次,会议收入在3 500亿美元左右。会议出席者每参加一场会议消费,便可带动住宿业、餐饮业、零售业、航空运输业、旅行业等消费,也就是说,会议业和相关产业具有联动效应,有些会议还能拉动举办城市的产业发展或者招商引资。国际会议协会的一位负责人曾经说,在一个城市举办国际会议,就像是用飞机往这个城市大把撒钱。这句话生动形象地表达了会议产业的辐射和发散效应。

全球会议业在以每年7%—9%的速度增长。近年来,我国会议业经历了空前的发展,尤其体现在北京、上海、广州等国际性大都市。近10年以来,我国会议产业以每年超过20%的速度递增。在北京、上海等一线城市,几乎天天有各种各样类型的会议举办。据ICCA的统计,2014—2019年的5年内,中国平均每年举办300个以上国际会议,中国正在迅速崛起成为新的"亚洲会议之都",并成为世界会议业加速发展的强大

---

① 国际大会及会议协会(International Congress and Convention Association,ICCA)是目前国际会议行业具有影响力的协会,创建于1963年,总部位于荷兰阿姆斯特丹,在马来西亚、美国、乌拉圭、阿联酋、南非设有办事处,现拥有100多个国家的1 000多名机构会员。截至2018年,中国已成为ICCA亚洲最大的会员国。

引擎。

会议产业扩展了饭店业的服务内容和渠道,但也使得饭店对迅猛发展的市场产生了依赖感,"等客上门""守株待兔"的心态蔓延,很少主动营销,甚至打价格战。某些会议公司互相倾轧、恶性竞争、瓜分市场、分流利润、扰乱市场,使得会议型饭店面临的竞争也愈加激烈。在此形势下,如何拓展盈利空间,成为会议型饭店市场营销的一个重要课题。

一、会议的类型划分

(一) 根据会议内容所属的专业分类

国际上通行的做法是按照会议所属专业的范围来划分会议类型,如商业类、社会科学类、国防军事类、文化艺术类、生态环境类、银行金融类、政府类、教育类、运输通信类、建筑类、制造业类、医学类、农业类、化工类、矿业类、自然科学类、其他类。

(二) 根据会议举办机构的不同分类

1. 公司类会议

公司每年召开许多会议,有行政务虚会,有业务研讨会,更多的是产品推介会。随着公司规模和范围的拓展,召开的会议也愈加频繁和高端。

(1) 销售会议。根据公司规模的大小,有全球性的销售大会、中国销售大会、区域销售大会。由于市场竞争愈加激烈,各个层次的销售人员定期或不定期地进行交流和讨论,有助于加深和增强对整个市场的认识,并且这些大会往往伴随着公司新产品的上市,所以,这类会议是会议型饭店最需要关注的市场之一。

(2) 管理层会议。和销售部门一样,企业管理层也需要经常性地进行碰头,讨论人事、投资、产品等相关事务,如董事会、监事会等。大型集团公司的董事会议级别很高,内容也比较敏感,饭店在接待中要注意规格,更要注重保密。

(3) 培训会议。培训会议的规模一般不大,根据公司的情况,每年会有2—3次给予员工的外出培训机会,其中还有奖励旅游的元素。

(4) 新产品推介会、路演。公司新产品出来后,通常会用多种方式进行推广,以促进销售。其中最主要的是举办各种各样的推介会或路演(road show,一种创新性的产品推介方式,具有极大的互动性和感官刺激度)。产品推介会往往还附带有会中会或会中展。

(5) 技术研讨交流会。随着技术更新换代越来越迅速,现在的公司愈加注重研发,甚至不惜血本地组织各类技术研讨和交流,避免企业在硬件上落后。这类会议是饭店应非常重视的市场,因为企业一般对这类会议的预算较大,经常请专家、顾问、学者参加他们花费巨资筹办的专业技术研讨。

(6) 股东大会。随着现代企业制度的发展,越来越多的公司进入资本证券市场融资,大量的上市公司每年会举办数次各类股东大会,虽然大多数会议的会议只有一天,但是由于股民的数量众多,所以也是一笔可观的消费。

(7) 奖励大会。公司在年末、年初都会举办类似会议来嘉奖销售明星、技术骨干、管理精英,这些会议往往安排在风景名胜地或者时尚旅游城市,以彰显对获奖者的鼓励。还有些奖励大会是感恩会、答谢会,是针对客户、经销商、代理商的公关会议活动,也是为了促进公司下一年度的发展而举办的。

2. 国际组织和政府类会议

全球一体化已是大势所趋,各类国际组织或地区组织也日益增多,联合国教科文组织、世界卫生组织、世界休闲组织、亚洲太平洋旅游组织等不胜枚举,他们每年也会举办各种主题的国际大会、区域论坛、专题研讨,各国各地政府机构每年也举办大量的信息发布、权威调研、政策咨询等会议。这些会议往往具备较高的权威性,很容易受到新闻媒体和所在地民众的关注。会议型饭店如果能够接待该类会议,对提高自身的知名度和社会美誉度也大有裨益。

3. 协会类会议

顾名思义,协会就是志同道合的、有共同利益与关注方向的专业人员组成的团队,目的是协商、研讨本行业存在问题、市场战略和策略、发展方向和愿景。

协会的会议活动市场非常庞大,它依赖行业需求生存,具有很强的生命力,应该作为会议型饭店市场营销的主攻方向之一。

(1) 年会。不管是国际协会还是国内协会,每年至少举办一次会议已经成了惯例。比如中华医学会骨科分会每年举办年会时参会人数超过 10 000 人。

(2) 地区会议。很多全国性的协会在各个省、自治区、直辖市都有分会,分会每年都会议根据工作的需要和总部的安排召开各种主题的会议。地区性会议参会成本相对较低,并且由于距离较近,协会成员进行实际合作的可能性也大。这在一定程度上也促进了地区区域性协会的发展。如上海旅游饭店业协会每年召开一次大型的五星级饭店的代表大会,进行经营和管理上的交流与合作。

(3) 专题研讨会。专业性的协会常常会就一个或几个主题组织一定范围的探讨和交流,这种会议规模不大,但是场次多,如果是全国性甚至国际性的协会,这种专题研讨会就很可能在各地巡回进行,这有利于更多的饭店获得接待的机会。

(4) 理事会和委员会。所有的协会都成立了理事会或者委员会,用来对协会的重要事宜进行决策和商议。全国性协会的理事会成员分布在各地,每次理事会都会选择在不同的城市举行,采取轮流举办的形式。如中国会议型饭店联盟的理事会就属于这种类型。这种会议的规模一般为 10—200 人,虽然人数不多,但是消费能力高、社会地位高,有助于宣传和推广所在饭店的口碑。

(三) 根据形式分类

1. 论坛(Forum)

一般指有专题讲演者、分类讨论、专职主持人的会议,其特点是有诸多反复深入的讨论。博鳌亚洲论坛(Boao Asia Forum)就是最典型的论坛。

2. 大型会议(Convention)

Convention 是会议产业中最常用的词汇之一,是一种就特殊事件采取行动的代表大会,这个事件可以是政治的、商贸的,也可以是科技的。通常由一般性大会和补充性的小型会议组成,一般每年一次。中国互联网大会就属于 Convention 的范畴。

3. 专业性协商会、正式会议(Conference)

Conference 往往用于科技类的会议,除此之外,和 Convention 的含义相差不大,但是不限规模,可以是少数人参加,也可以是大型的会议。如中国地理学会每年一度的"全国地理大会"就属于 conference。

4. 代表大会(Congress)

这个词常用于国际性会议活动中,在我国使用得很少,主要用来称呼专业人员代表大会,美国国会用的就是 congress。

5. 专题研讨会(Symposium)

专题研讨会通常指科学家或专家就某个领域中的某些具体专题进行研讨,广泛应用于自然科学领域中的研讨会议。倾向于封闭性受邀观众参加的会议,不像 forum 那样有轻松的氛围。

6. 讲座(Lecture)

讲座流行于各行各业,一般是邀请专家在某个场所进行演讲和报告,结束前留有 30—60 分钟的互动交流时间听众可以向专家提问。

7. 研讨会、专家讨论会(Seminar)

seminar 是在专人主持下的相对小范围的交换意见、交流知识和经验的会议活动,如果范围扩大到一定程度,就演变成为 symposium 和 forum 了。

8. 专题研讨(Workshop)

指为了处理某个专门问题或特殊分配任务而进行的小组会议,它的特点是面对面,参与性很强。通常在 conference、convention 前期或期间穿插进行。

9. 培训会(Training Courses)

在培训活动中较多地用到这种会议形式,它能够为特殊的课题提供训练和指导,但是范围比较狭小,有时候甚至是秘密性、不公开的。

10. 专题研讨会(Panel)

要求有两位甚至更多的发言人讲述其观点,发言人和与会者一起进行充分的讨论。

11. 会议(Meeting)

如果想不到更好的词来称呼某次会议时,你完全可以直呼其为 meeting,因为 meeting 是一个比较泛化的关于会议的词。规模可大可小,层次可高可低,通常情况下,meeting 还是用来表达小型会议。

12. 展览会(Exhibition)、交易会(Trade Show)

在很多会议活动中,伴随着以展览展示某些物品和商品为目的的活动,一般称为 exhibition 或 trade show。随着经济的蓬勃发展,博览会、交易会越来越多,和人们的日常生活关系愈加密切。2018 年中国国际进口博览会就是一次世界范围类的展览会,展会期间配套了各种形式的会议活动与论坛。

(四) 根据会议参加者的国别分类

1. 国际会议

国际会议是指由来自不同国家或地区的人们所参加的会议,来自非会议目的地国家或地区的与会者要占到一定的比例才能称为国际会议。关于国际会议的界定,目前全球尚无统一标准,主要参考 ICCA、UIA① 等国际组织的标准。因为我国加入 ICCA 组织的成员较多,国内对 ICCA 统计的国际会议关注度较高。

根据我国有关文件,我国对国际会议的标准是来自 3 个或 3 个以上的国家和地区(不含港、澳、台地区)的代表参加、以交流为主要目的的研讨会、报告会、交流会、论坛以及国际组织的行政会议,对参加会议的国外代表人数和时间的长短没有具体的要求。

国际会议还可分为公司主办和境外协会主办的两大类。若是境外协会在我国境内举办的国际协会会议,要根据我国政府规定按会议性质逐级申报审批,批准后才能举办。接待国际会议要有懂外语的专业服务人员,对会议型饭店的策划能力、市场营销、服务接待、沟通水平、财务筹划以及价格谈判能力都是一种考验。

2. 国内会议

凡参加国家或地区数或来自国外的参会者人数占出席会议总数的比例达不到国际会议标准的会议,均称作国内会议。我国国内会议的市场庞大,是会议型饭店的主要目标市场,有些会议由政府主导,这类会议可能有政府财政拨款,接待此类会议要注意社会效益和经济效益妥善结合,不能过于追逐赢利,要考虑到大型会议成功举办后给饭店带来的良好声誉和正面宣传。

二、会议型饭店的发展趋势和综合经营

曾几何时,人们把在饭店开会当成游玩娱乐和度假休闲的一种形式,然而随着全球化趋势正浓,各行各业的前瞻人士意识到了交流融汇、聚会商讨的重要性,因为这是发现问题并解决问题最佳方式之一。现在很多行业和组织都通过举办会议来听取业内外的各种反馈和众人关心的事宜。参会者们聚集在饭店参观考察讨论。通过诸多的类似会议,他们更加深刻地体会到行业的经营现状和未来目标以及发展愿景。

那么,会议的大量召开对于饭店而言意味着什么呢?答案是不难发现的。提前预订的与会者批量入住,填满了空置的客房,尤其在淡季更能让饭店减少担忧;随之带来的餐饮消费、商场购物、娱乐健身、洗熨服务也有助于营收分支的平衡。同时,通过这次会议,参会者加强了对饭店的了解,在其他的时候,他们都可能是饭店的回头客和潜在客源以及口碑传播者。诸多利好表明,会议产业的蓬勃发展与否,直接影响到饭店的外围市场环境以及营业收入。

(一)国内市场的蓬勃发展

改革开放 40 多年来,我国经济蓬勃发展,沿海地区和部分省会城市已逐步显现高度工业化时代的社会特征。近年来我国经济年均增速达 7%—8%,人均国内生产总值(GDP)接近 10 000 美元,综合国力显著增强,按照国际上旅游业的发展规律,人均 GDP 达 3 000 美元时,将进入大众旅游消费快速发展的阶段。世界旅游组织预测,未来中国将成为世界上第一大入境旅游接待国和第四大出境旅游客源型国。届时,我国年入境

---

① 国际社团组织联盟(Union of International Association,UIA),创建于 1907 年,是全球国际社团组织最主要的机构组织。

旅游人数和出境旅游人数均将达2亿人次,国内旅游人数将超过60亿人次,旅游消费总量将超过6万亿元。我国经济社会发展正在进入旅游消费需求快速增长的新阶段,社会经济的发展对旅游消费市场的影响必将推动饭店业朝更加多元化的方向发展。

（二）国际市场的需求

随着经济的快速增长,我国在国际上倍受重视,影响力不断扩大。全球经济一体化浪潮的到来,也使得国际环境逐渐趋向资源共享、市场共有的全新发展模式,我国与外界的联系更加紧密,国际社团组织纷纷加快了发展中国会员市场,从而催生了更多国际交流会议在我国的召开。与此同时,每年都在增长的入境人数对我国积极参与国际会议市场的竞争也起到了重大促进作用。当然,所有这些都离不开日渐崛起的中国自身的市场诉求和财富创造。

（三）旅游和会展业的带动

近年来,主要大中城市的国内旅游市场和入境旅游市场均大幅增长。2008年北京奥运会和2010年的上海世博会成功举办后,我国的国际影响力大幅度提升,来华旅游的外国人日益增多,更多人开始了解和接触中国,并积极来华从事商务会议活动,我国已初显亚洲会展中心的领先地位。近5年来,我国举办了一系列的国际峰会,如2016 G20杭州峰会、2017厦门"金砖五国"领导人会晤、2018青岛上合组织峰会、2018中国国际进口博览会等,大大提升了我国的国际地位,国际目光开始聚焦我国非一线城市,给非一线城市的旅游和会展业带来了契机。

（四）国外会议型饭店的发展现状

欧美国家的会议产业发展领先于我国30年,早在20世纪80年代,欧美各地就开始大量兴建会议中心和会议型饭店等场馆,并充分考虑到与会者的方便性,增加了最新的视听和通信技术装备,并配套有住宿、餐饮、商务、娱乐设施。丹麦根本哈根贝拉会展中心、美国肯塔基州莱辛顿会议中心、费城宾夕法尼亚会议中心、新奥尔良摩尼尔会议中心、明尼阿波利斯会议中心、拉斯维加斯海市蜃楼Mirage会议中心、华盛顿会议中心、新加坡金沙会展中心相继落成。尤为重要的是,这些会议中心修建时,都在旁边建造了相配套的几家高星级的大饭店。2006年9月,专门为商务和度假客人设计的欧洲最大饭店之一的罗马万豪公园饭店在意大利开业迎宾。这家巨型豪华饭店和欧洲大型会议中心拥有601间客房（其中包括316间豪华套房、126间双人豪华客房、90间商务套房、38间普通套房、28间小套房和3间总统套房）,6家餐厅酒吧及一个占地7.5公顷的地中海公园,总面积为11 000平方米的41间会议室和7 000平方米的展览区域,1 500平方米的健身运动及SPA美容中心和1 000个停车位。其中的帝卡诺厅可同时容纳3万人,而可接待3 500人的米开朗基罗厅则被设计成精致考究的罗马大剧院风格。饭店有举行会议和研讨会所需的先进技术设备,可无限量地使用电话服务。尤其值得一提的是,饭店大堂悬挂了由梵蒂冈女画家创作的意大利最大尺寸的古罗马帝国油画,凸显了历史文化氛围。

随着社会的进步和人们交流的逐渐频繁和日趋国际化,大型会议中心的兴建在一定程度上反映了该国家（地区）的经济社会发展的成熟状况。罗马万豪公园饭店的建设就反映了人们渴望进一步交流的诉求。当然,不能简单地把饭店的规模、档次和其经营效益挂钩,是否具备优越的地理位置、是否毗邻旅游胜地、是否位于较高商务价值的目的城市等因素和合理的内容组合,才是会议型饭店经营的关键所在。

成立于1981年4月的国际会议中心协会(International Association of Convention Center,IACC)在欧美国家会议产业中有非常卓著的影响力,它涵括了诸多会议中心、会议型饭店、会展公司和产业链中各种各样的供应商,每年向各地会议策划人提供免费的会员名录,促进了会议产业的发展。由于该组织要求饭店必须有六成的营业收入与会议直接有关,并且审批手续繁杂,目前国内的会议中心少有单位加入该组织。

(五)我国会议型饭店的发展

近年来,在我国举办的大型国际会议有亚洲相互协作与信任措施会议、G20杭州峰会、"金砖国家"领导人厦门会晤、上海合作组织青岛峰会、世界牙科大会、世界心脏病大会、亚太眼科大会、世界天然气大会、世界猪病大会等国际会议。按照ICCA的统计口径,2019年我国接待了539个国际会议,在全世界中排名第7位,近5年来,在我国举办的国际会议数量平均每年在300个以上,全世界排名保持在前10左右。①

随着会议展览市场的兴起,会议中心和会议型饭店的兴建也如火如荼地展开了。会议中心是以举办各类会议为主体功能,并辅之以展览、住宿、餐饮及其他相关功能的建筑群体。会议型饭店则是以会议作为主要市场定位,并具有相配套的住宿、餐饮、会议、展览及相关服务等功能的单体饭店建筑。最近10年来,我国涌现了大量新建或扩建的会议中心和会议型饭店。一线城市中的北京、上海、广州、深圳、天津扩建了原来的会议场馆,二线城市中的长沙、杭州、西安、厦门、青岛、苏州、南昌、郑州、武汉、珠海、南京、昆明、贵阳则新建了大规模的会议中心,并已投入使用,还有不少地市级城市的大型会议场馆也在立项和审核当中。

由于会议市场较好,全国各类饭店都在增加或改造会议设施以补充经营能力。此外,有不少会展场馆在过去建设中无配套饭店或正在考虑配套饭店,如上海新国际博览中心旁配套了嘉里中心酒店,这样就给参会参展的客人带来方便。

(六)会议型饭店的综合经营

在很多城市,会议型饭店常以会议中心的名义展现,往往包括会议展览中心和高星级饭店两个部分。建筑体量和投资规模的庞大,给会议型饭店的经营带来较大风险,民间商业资本很少单独兴建会议型饭店,所以,我国的会议型饭店以半政府和纯政府投资经营为多。会议型饭店的经济效益主要靠会议来带动,包括会场、客房、餐饮以及综合服务(如接送机、会后旅游、会务纪念品等方面)的收入,大致比例为20%会场收入、30%客房收入、45%餐饮收入和5%其他收入。会议型饭店常作为所在城市的标志性建筑物被人们所熟识。例如,上海国际会议中心(东方滨江大酒店)就是以"大珠小珠落玉盘"的姣好外观形象被人们牢牢记住,同东方明珠电视塔一样声名远播。大型会议召开期间,各种媒体往往会对会议所在饭店进行大规模的宣传和报道,有关部门会比较注重会议所在饭店周围的环境建设,著名商业机构高管、明星等知名人士乃至政府高层会议期间在饭店合影留念,相关纪念品、会议宣传片的推介也能凸显饭店的品牌价值,这

---

① 数据来源于国际大会及会议协会ICCA Statistics 2019 Top 20 Country & City Rankings。

些都有助于饭店的营销推广。

会议型饭店要注重品牌的提升与无形资产的增值,做好国内外会议尤其是大型、特大型高端会议的接待,使其能圆满成功地召开,让主办方和参会者都满意。要开展大量的计划、协调、落实、检查、征求意见、总结汇报和回访客户工作,特别是关于会议时间节点、地点、人物、规格要求等方面,不能有半点疏漏。保证会议成功召开,就是免费向全体参会人员进行口碑宣传。

(七) 会议型饭店的经营模式选择

在全球一体化的发展背景下,世界经济增长迅猛,社会活动日益增多,各种类型的会议频繁召开、规模不断扩大,由此形成了庞大的会议市场,无论是国际会议市场,还是国内会议市场,都在高速增长。会议已经成为饭店业的一个重要市场,成长前景良好。会议市场在为饭店带来机遇的同时,也对饭店的开发建设、经营管理提出了挑战。前文谈到饭店的经营管理模式多种多样,有自主经营,委托第三方经营,特许经营等,什么样的经营模式有利于会议型饭店的发展?这里提出一些常见的经营模式供饭店业主方选择。

1. 自主经营

会议型饭店业主方不同外部公司产生任何关系,采用自己经营管理的方式运营饭店,也就是选择单体饭店的存在方式。这种单体饭店的经营方式在我国会议型饭店中较为常见,目前大量的国有饭店和房地产商开发的饭店都采用了这种方式。如上海国际会议中心隶属于上海东方明珠新媒体股份有限公司,南昌绿地国博城铂瑞酒店由上海绿地集团投资,武汉欧亚会展酒店由广东欧亚企业管理集团有限公司投资建设与运营,是中部地区知名的会议型饭店。

会议型饭店自主经营节约了高昂的管理费,并且拥有对饭店的管理权和控制权,减少了许多业主方和管理集团之间的矛盾摩擦甚至法律纠纷。会议客户往往都是团队业务,对于房价非常敏感,一方面,自主经营在房价上可根据会议项目的具体贡献来调节;另一方面,国内饭店比较擅长做宴会餐饮,也是其自主经营的优势。但是,这种方式也有缺点,单体饭店无法获得通过网络化经营实现规模经济,在提高饭店品牌知名度和扩大营销渠道方面存在一定的困难。

在我国,高星级饭店由于投资额较大、回报率较低且回报周期也较长,大部分处于微利状态,有的乃至亏损。对于投资风险较大、投资回报率较慢、赢利较少的会议型饭店来说,饭店业主方当下选择自主经营、自己招聘管理团队管理饭店,无疑是一种务实的选择。

2. 特许经营

有些会议型饭店的业主方既要挂国际酒店品牌,又希望饭店的管理权仍在自己手中,特许经营模式是一种选择。和委托管理相比,业主方可得到酒店管理集团的品牌、培训和订房系统,无须向酒店管理集团缴纳高额的管理费和付给管理团队大笔的人员工资福利费,这样能够节约一大笔费用。这种经营模式往往适合以客房为主、会议空间较少的会议总部饭店,既可在旺季满足参会者与参展商的需求,也可在平时吸引商务客人。

3. 委托经营

会议型饭店委托管理是非股权式的一种饭店经营方式,通过饭店业主与饭店管理公司签署饭店管理合同来约定双方的权利、义务和责任。业主雇佣饭店管理公司作为自己的代理人,承担饭店经营管理职责。规模大、档次高的会议型饭店可以选择国际一线饭店管理品牌。但是,这类饭店的业主方必须具备较强的经济实力,且饭店的预期效益能支撑高额的管理费和外聘人员的工资福利待遇。

会议型饭店委托经营的优点除了品牌、全球预订系统使用等,更关键的是国际饭店管理公司对品质的坚持,国内管理公司在这方面仍有一定的不足。但会议型饭店选择委托经营的不足也容易暴露,比如当饭店遇到大型会议活动时各部门之间的利益协调就是一件棘手的事情。笔者曾遇到过一个大型会议计划在某一会议中心举办,而属同一个业主方的某国际品牌饭店却不愿意降低房价,导致最后会议主办方不得不另择他处。从此案例中可以发现,会议中心主要通过会场出租和餐饮服务来获取收益,而饭店主要靠客房收入,每年业主方对其有营收考核,从其收益角度出发饭店是不愿降价的,那么业主方应从中协调,既能发挥品牌效应,又可共同赢得会议生意。

近几年,随着国内饭店管理集团的发展,也有不少会议型饭店开始选择国内饭店品牌,一方面国内收取的管理费比国际一线品牌低,另一方面了解国情,便于沟通协调。

4. 双品牌管理(多品牌管理)

在一些城市由于高昂的地价,新建一家会议型饭店,如何尽快地收回投资成本和建完后能创造可观的规模经济,带来市场和运营的巨大优势成为业主投资方必须思考的问题。在国外有不少城市黄金地段的饭店都选用了多品牌饭店经营管理模式,该模式指在一块地基上有两家或两家以上不同的饭店品牌,它们可同属一家集团,也可各自独立,它们可分置于不同大厦里,也可在同一栋建筑或楼群中,往往品牌和产品之间有差异,这种管理方式可对市场细分起到多种选择。

对于会议型饭店而言,这是一种比较新颖的管理模式,其优点为:① 分享公共空间、会议空间、娱乐设施,节省成本;② 多元化产品可以给不同客人更多的选择,这一点很适合参会者,他们可以根据自己的预算来选择入住的品牌;③ 差异化的产品可以捕捉多元化的市场;④ 降低业主方的风险,通过不同品牌来培养客户忠诚度;⑤ 既可自主经营,也可委托管理,模式灵活,有可控权。

在国外多品牌管理模式已经常见,笔者于2019年考察的美国洛杉矶JW万豪酒店和丽兹卡尔顿酒店是著名的双品牌饭店。饭店坐落于超大的L型楼群内,洛杉矶会议中心就在其旁,879间客房的JW万豪酒店位于4—21层,123间客房的丽兹卡尔顿酒店位于22—26层,27—52层的224间客房则是丽兹卡尔顿公寓(见图1.1)。我们发现这家万豪集团旗下的双品牌饭店不但服务了商务客、会议客,还服务了长住客源市场。在国内,南京国际青年文化中心——时尚新潮酒店综合体也是一家拥有双品牌的会议型饭店,经营模式兼具国内外的运作特点,其采用了自主经营与委托管理并驾齐驱的模式,即由南京金帆酒店管理公司自主经营南塔楼近1 000间客房和酒店式公寓,北塔楼则委托给卓美亚酒店管理集团来经营,拥有261间客房。同时,南京金帆酒店管理公司又运营20 000平方米的会议中心,这种双品牌、国际本土化、多元化产品经营模式在会议型饭店经营模式中是一种新的探索与创新。

中国会议型饭店的发展尚处于探索阶段,饭店经营模式的选择还可以通过业主自

图 1.1　美国洛杉矶 JW 万豪和丽兹卡尔顿双品牌饭店外观

身特点和所需作调整，但只有以市场需求为导向，完善会议相关设施设备，提供专业化会议服务，调整经营管理思路，培育饭店的核心竞争力，才能在这一市场有所成就。

思　考　题

1. 请简要说出中国饭店星级划分评定的主要标准。
2. 请说出你所居住的城市的五星级饭店名称，并谈谈对其的第一印象。
3. 会议有几种分类方法？请就其中一种分类方法说出五种具体会议类型。
4. 你参与过什么协会？如果你是一家会议型饭店的销售经理，你怎么扩展当地的协会会议资源？
5. 学习完本章，你对会议型饭店的定义有什么印象？请举出你所了解的能划入会议型饭店范畴的饭店的名字。

第二章

会议型饭店的选址与规划设计

南京国际青年会议酒店

本章导读

目前,国内兴起了一股投资建设会议型饭店的热潮,饭店的选址成为未来饭店经营成功的首要因素,市区、城郊、度假区等都会成为会议型饭店的选址所在。除了选址,不少饭店在规划设计阶段就应该从结构与功能上考虑到各类会议市场接待的普遍性和特殊性,业主、饭店管理集团和饭店设计方应该充分考虑会议型饭店的会议区、客房、餐饮布局、功能面积分配以及后勤区域的规划设计,以此来满足今后客人的需求和为饭店的运营创造更多的价值。

第一节　会议型饭店选址与总体规划

一、选址

对于一家饭店来说，选址是建造和管理饭店的第一步。饭店的地址一旦选择不当，它所带来的弊端不是通过建成后的加强和完善管理等其他措施所能弥补。因此，在进行选址时，必须充分考虑到多方面因素的影响，慎重决策。

（一）饭店选址定义与意义

1. 饭店选址的定义

饭店选址是指在选定某一地区（城市、区域）之后，在已选定的地区内选定一片土地作为饭店的具体建设位置，即在合适的城市、合适的地点建造饭店。实际上，选址包括两个层次的问题：第一是选位，即选择什么地区（区域）；第二是定址，即具体选择在该地区的什么位置，也就是说，在已选定的地区内选定一片土地作为该饭店的具体位置。例如，市内商务休闲饭店选址主要考虑是否在城市的核心地区，如是否靠近商业区、办公楼集群，交通是否便利，是否能让商务客更方便地到达；设计饭店选址可能会考虑周边是否有足够的艺术氛围；度假饭店更看重的是自然环境。因此，在实施饭店投资战略过程中，首要和最迫切的任务是选择合适的城市、在合适的地点建造饭店。

2. 饭店选址的意义

首先，饭店选址是一项长期性投资，相对于其他因素来说，它具有长期性与固定性，不会随着外部环境改变而发生变化，选址一经确定就难以变动，选择得好，投资企业可以长期受益；其次，选址是影响饭店经济效益的重要因素，由于饭店所处的位置不同，尽管在饭店品牌、硬件设施、服务水平方面基本相同，也可能会导致经济效益的差距；最后，选址是制定经营目标和经营战略的重要依据，也是定位饭店类型的依据，并在此基础上分析细分市场结构与需求特点，规划设计出开发者满意的饭店。

（二）饭店选址的考察因素

地理位置的选取是现代商业饭店成功运营的关键因素之一，香格里拉酒店集团董事长郭鹤年投资饭店的成功之道就是"选址"第一。归纳饭店选址需要考虑的各种因素，对于指导饭店投资具有重要的意义。一般，饭店选址需要调查因素的主要有以下五个方面。

1. 经济供需因素

需要调查当地居民收入状况和居民消费状况，即所处区域的总人口数、人口密度、人均年可支配收入、商品零售总额、工业经济效益指数、交通流量；当地未来的经济发展速度，意味着它与外界经济交往的加强，各种经济成分流动加快，商务会议客人的往来增强，外来流动人口量增加等，这些供需因素都是饭店投资的首要因素。

2. 竞争因素

调查包括拟投资地与最近的星级饭店之间的距离、与拟投资地距离最近的星级饭店的平均房价、与拟投资地距离最近的星级饭店的客房数、3千米以内的饭店数量和客房总数。

3. 交通地段因素

交通便捷是饭店选址的重要因素,往往车站、码头、航空港周边聚集了各种类型的饭店;市中心是城市的商业、政治、文化中心,也是饭店中心;环境安静、具有一定私密性也是不可忽视的因素。商务型饭店趋向于建在市中心的繁华地段以及城市的商业金融区,便于商务与会议客人入住。度假型饭店是指高档次的趋向于奢侈性的豪华饭店,客人可以远离日常的生活模式,得到全身心的放松。这类饭店应避开都市的喧哗和骚扰,在相对隐蔽、远离市中心的地区。这一类的饭店往往选址于海岸线附近独立的岛屿、市郊的林区,客人大多拥有自己的交通工具,饭店也具有比较强的交通设施配置,地形、交通条件的影响不大。还有一些多市场定位的饭店,住店客人复杂,多为观光游客或普通的差旅客人。饭店应处在交通条件好,靠近铁路、公路和景区景点外围的地方,有利于客人做出选择。

4. 生态环境因素

饭店选址时要调查所选地是否处在自然环境保护地带或重要的风景保护区范围内,是否会对周围的生态环境造成一定的负面影响或环境污染。

5. 规模因素

在确定了饭店供需关系之后,需要重点考虑拟投资饭店的规模。一般而言,饭店建筑规模首先决定于投资地的土地规模,其次为市场前景,再次是投资资金。最后,通过调查来判断拟建饭店的星级水平、客房数、投入成本、平均房价、预期规模收益。

(三)会议型饭店选址的考察因素

随着全球会议业的发展,世界专业社团的发展壮大,越来越多的国际会议来华召开。同时,我国会议产业在蓬勃发展,社团、公司、教育等会议市场数量增多与规模不断扩大。据ICCA统计,2019年全球举办了13 254场国际会议,其中,有539场在中国举办,国内500人以上的会议也比比皆是,对于大型会议饭店的需求也急剧增加。过去的会议市场常被看作饭店淡季、平季的补充市场,而在我国一线城市,会议、宴会市场全年火爆。随着一线城市开会及消费成本的提升,目的地吸引力的减弱以及二线城市政府对会议产业的重视,开发商和饭店集团纷纷开始向我国二、三线城市兴建会议型饭店,笔者认为鉴于会议型饭店的自身特点,如饭店体量大,会议设施投入大及服务团队运营成本高,选址上更应考察详细。会议型饭店的选址除了一般饭店选址要考虑的因素外,需要把以下四个因素考虑进去。

1. 紧邻城市会展中心

不少会议型饭店会选在城市会展中心旁边,通常可与会展中心相连或者就是其配套饭店,建议建在离开会展中心1千米范围内较为合适,最好能步行到达。这样的会议型饭店可以接待大量的会展中心客人,用来配套会展中心的住房、餐饮和娱乐设施,因此饭店本身的宴会厅、会议室和其他设施相对较小,客房、餐饮和娱乐设施的功能需要凸显。但也有一些会展中心建设初期就只规划了展览场地设施,周边配套的会议型饭店更应该突出会议功能,以此承接更多的展览同期所配套的会议,如上海浦东新国际博览中心旁的上海浦东嘉里大酒店。

2. 选择城市地标地段

会议型饭店作为一个城市吸引会议前来举办的重要设施，应该体现这个城市的活力与人文景观。因此，选择建设地点时，首先应该选择能够传递上述内涵的地点；其次，繁华的商业或金融圈是绝不可忽视的地段，大量的跨国企业总部都在这个商圈中，会为饭店带来大量生意；最后，临江、临湖等位置也是会议型饭店的选择，这里往往能成为城市的标志性建筑，如上海国际会议中心东方滨江大酒店就是一个典型。

3. 市区首选

国内外的会议型饭店主要建在市区，参会者也主要来自本地，而且市场重点是公司会议市场，因此，饭店可选择建在市区商业环境成熟的地方，商场、餐厅、酒吧、剧院最好都在步行范围内，会议主办机构为了招徕更多的参会者而选择市区的会议地点。也有一些会议型饭店选址在郊区或者风景区，那种带度假功能的会议型饭店无疑是主办方为了吸引参会者的卖点，参会者及其配偶都喜欢这种会后可以观光和度假的地方。

4. 交通必须便利

会议型饭店的交通便利不但方便了外地、境外客人，也极大地方便了本地参会者。饭店应该选址在多条道路、有地铁线处，这样利于客人抵达与疏散、物资及搭建车辆的进出、出租车与客人自驾车的抵离。总而言之，交通便利不但是针对人的便利，也是对物流、车辆的便利。交通便利还指到机场和高铁站的便捷，否则，外地、境外商务客人会感到很不方便。

二、总体规划

会议型饭店的服务接待流程的需要，决定了饭店在建筑设计大楼内部结构布局与商务型饭店的不同点。会议型饭店除了与商务型饭店相同的部分之外，还要更多考虑的是会议区域的设置、数量、配套、集散、安全、搭建、空悬、垂直运输、横向运输、大件物品运输等因素，包括人流、车流、物流的分流规划。另外，对于公共区域、行政及后勤区域也应根据会议客人的需求和特点来规划设计，在总体规划时就考虑到今后管理的需要，以免产生后遗症，从而影响饭店运营。因此，在饭店建造规划时就应该有管理方的专家参与，不能照搬一般商务饭店的设计模式。

（一）会议型饭店规划的原则

会议型饭店是服务性企业，服务的宗旨是尽力满足会议与其他客人的需要。饭店的一切经营活动都要围绕客人服务这个中心来进行。饭店服务的对象是人，接待的对象是人，尽管人的要求不同，但都有基本的需求规律和消费需要。

1. 功能布局需符合管理与服务需求原则

功能设计是饭店设计的基础，不同类型的饭店，设计重点和要求也不同。商务饭店讲究建筑外观和高效的商务服务布局；度假饭店以接待游乐、度假的客人为主，应配有较为齐全的度假休闲设施和休闲空间；会议型饭店的主要接待对象是各类会议客人，应配备大量的客房、大型的会议场所、大型餐厅和专为会议准备的饭店出入口。

（1）从布局规划角度。会议型饭店需适应不断变化的会议市场需求，建筑设计必须留有余地，向国际知名饭店的标准看齐，规划设计向今后看10年以上。根据饭店市场定位和市场细分，确定饭店中会议室、客房、餐饮、娱乐、购物等项目的选择，以及各个功能区块的比例和相互衔接关系。在饭店外围，要把人流、车流的行走线路区分开；在大堂内，应尽量避免电梯厅与大堂之间有台阶，或大堂之内设有自动扶梯等商场设施，如果会议客人集中办理登记手续，设计时则应考虑另设服务台，避免客流集中滞留于大堂；会议型饭店独立的会议报到区，应布局合理。应根据饭店会议设施的功能定位，相应地设置服务梯、厨房、库房和垂直交通工具等辅助功能设施。会议区洗手间厕位充足，挂钩坚实，宜设物品临时放置台架。会议型饭店应该将管理设施的布局和一线管理人员的管理用房便捷性考虑在内，让一线管理人员的办公室尽可能靠近其负责管辖的区域，以便对部门进行走动式管理，便于与客人沟通，提高对客服务的品质。

（2）从设备设施规划角度。大型会议、宴会场所应设立动力电源，并有不间断供电系统、应急供电设施以满足会议相关设施正常用电，大型会议室应保证两路供电，一路用于灯光照明，一路用于音响设备，以防干扰；应配备服务梯，位置隐蔽，数量适中。根据不同楼层要求设置垂直运输工具，例如：布草槽直通洗衣房或收集地。应分区分功能设置库房，与会议展览等各种功能相配套。优化客房本身的结构和布局方式，楼层房间类型宜多样，以方便会议客人入住。

2. 投资与效益回报原则

现在判断饭店经济效益高低主要把建造后的经营活动和经营者的水平作为衡量标准，一般由业主方与管理方共同结合实际情况制定。但是，很多情况下管理方会因诸多原因无法完成，其中不少归责于饭店设计不合理。很多饭店在设计和建造时，只考虑星级档次、奢华美观或城市地标等因素，造成饭店设计的失误和日后经营的困难。因此，会议型饭店设计时，需要认真考虑会议区域与其他功能、后勤区域的面积配比，扩大能产生效益的空间，压缩不产生效益的空间，以减少投资；另外，会议型饭店也是一个多市场的饭店，往往在市区的会议型饭店还接待商务、政府、旅游等客人，而郊区的会议型饭店还带有度假功能，应该在功能合理的基础上，提高饭店的整体效能、空间效益和资源利用率。

3. 兼顾绿色生态环境原则

生态、节能、环保、循环利用是当今饭店设计中非常关注的理念，会议型饭店的生态环境源于生态设计。生态设计需考虑饭店所处的生态环境、环境对饭店客人的生态影响。从饭店的环境生态设计角度看，饭店应着重考虑建筑物的朝向、布局、地形地貌、场地气候条件、植被和景观轮廓线的结合，需要与周边道路、建筑相协调；饭店建筑应减少环境污染，如饭店在选材时应尽可能采用无污染、易降解、可再生的建筑材料；应注重饭店建筑能源系统的节能减排，利用可再生能源太阳能，利用生态工程技术处理饭店垃圾和生活污水，利用锅炉房多余热能加热后于热水循环系统用。

从会议型饭店内部环境生态设计角度看，饭店设计时应尽可能采用自然方法创造宜人的温度、湿度环境；应注意合理的房间进深和良好的照明系统，应尽可能采用自然光，减少人工照明，以节约能源；会议场所应采取能遮挡自然光线的措施，使会议场所具备足够的舒适度；饭店的隔音系统非常重要，既要注意外部环境隔音，还要避免内部噪声影响，应采用软包装饰或其他吸音材料，以控制噪声的可能，保证音响效果。通过设计的合理搭配，为客人创造视觉、触觉、听觉、嗅觉的良好体验。

4. 文化设计原则

笔者在多年会议型饭店的经营管理中，深切感受到文化设计对饭店发展起举足轻重的作用。一方面，优秀的饭店建筑本身是一道风景；另一方面随着会奖旅游成为城市发展的新名片，各地政府纷纷举办和引进各种会议来宣传城市文化，因此，会议型饭店更需要专注于提供高品位的文化休闲产品，在饭店文化设计上做好精准主题的文章。会议型饭店的文化设计可将国际化与本土化相结合，传统与现代相结合，自身建筑与周边文化相结合，创造饭店建筑的新形式、产品的特色化，这对于竞争日益激烈的饭店市场来说意义十分重大。

（二）区域功能设置

1. 大堂区

总台、商务中心、封闭式电话亭、代办服务、商场、饼屋、花店、大堂吧、客人休息等候区、礼宾柜、结账柜、行李房、贵重物品寄存、前厅部办公室、团队行李及客人通道等。

2. 客房区

标准房、豪华单人房、二间套房、三间套房、四间套房、相连房、儿童房、残疾人房、楼层工作间、储藏室、电话总机房、房务中心、布草间、洗衣房、客房部办公室、花房、PA工具房等。

3. 餐饮区

宴会小包房、宴会中包房、大宴会厅或500人以上的多功能厅、中餐零点餐厅、自助餐厅、独立酒吧或咖啡厅、西餐厅、风味餐厅（特色餐厅）、雪茄屋、宴会及婚宴预定展示区、餐饮部办公室及后台储物区等。

4. 厨房区

中餐厨房含切配区、炉灶区、蒸发区、熬汤区、烧烤区、冷菜间、中式点心间、冷库区；西餐厨房含热菜加工区、冷菜加工区、鲜汁水果加工区、冰激凌房、西式点心房、自助餐厨房、行政总厨办公室等。

5. 管事部区

洗碗房、储藏柜、器皿周转仓库、酒水周转仓库、物品备用仓库等。

6. 大仓区

物料用品仓库、低值易耗品仓库、瓷器类仓库、酒仓库、采购部办公室、验收处、食品粗加工区、食品冻品仓库、干货仓库、食品周转仓库、工程五金仓库。

7. 会议区

中小型会议室若干个、董事会会议室、阶梯形会议厅、新闻发布厅，适用于宴会的可分割式多功能厅、贵宾休息室、候场区域、小型展厅、足够的集散门厅和通道、宴会厅天花设计和吊点预留、顶部工作通用马道、同传室、AV机房、会议部工作间、仓库（用于布件用品、饮料水、器具、桌椅周转）、相关会议厅配有衣帽间或物品寄存处、与会议区匹配的自动扶梯区域和电梯配套及门厅等。

8. 工程设备区

工程部办公室、报修中心、工程维修工作间、高压配电间、低压配电间、泵房、热水交换藏存区、锅炉房、消防泵、进水蓄水池、BA控制室、冷冻机房、污水处理池、中水处理系统、设备层、高层避难层、发电机房、UPS系统用房、电脑房（信息中心）、程控交换机房、闭路电视转播室、卫星天线接收器地面接收器机位、光缆进口接口交换室等。

9. 安保设备区

监控中心、消防控制系统、安保部办公室等。

10. 行政办公区

总经理室、驻店经理室、会客室、秘书处、人力资源部（医务室、培训室）、财务部（信用部）、档案室、餐饮部、房务部、市场营销部门（预订部、市场部、销售部）、文印室、其他办公室。

11. 员工生活区

男女更衣室、浴室、活动室、员工餐厅（厨房）、管理人员餐厅、员工倒班房、医务室、员工车辆停放处、员工通道等。

12. 健身娱乐区

游泳池区域、网球/壁球、桌球、乒乓球、跳操房、健身房、美容院、SPA、男女桑拿房、歌舞厅、KTV包房、游乐项目等。

13. 其他区

停车库、生活垃圾分类处理处（房）、废品库、建材库、与各区域配套的员工、客人用卫生间等。

第二节　会议型饭店客房规划设计

饭店客房的规划是饭店设计中的核心板块，所有参与饭店的开发和后期运营者都会关注客房规划设计的合理性，并提出不同的要求，因为它将影响今后饭店业务发展的成败。几乎每一位客人花费在客房的时间是最多的，所以，要努力提高客房的质量和功能给客人留下深刻的影响。对于饭店固定资产的投资来说，客房通常占据饭店总建筑面积的65%左右，任何在客房的建造和装饰方面的节约都不是一笔小数目。因此，任何饭店项目的主要规划目标都应该是将可售客房空间最大化并尽量缩小垂直型芯、水平流通空间和必要的支持区域。另外，规划设计者必须仔细考虑每一个单独房间的家具或装饰物品的功能、美学价值和费用，以检验其是否为客房和客人的体验添加了价值。

会议型饭店的客房规划设计与室内布局虽有其特点，但仍需参照一般星级饭店客房规划设计的理念与要求进行。在国外，大型会议型饭店一般拥有1 000间客房以上，而我国会议型饭店客房数量普遍不多，出于运营成本的考虑，一般客房数控制在400间左右。笔者认为400—500间客房的会议型饭店经营现状值得研究，而随着我国会议产业的发展，上千间客房体量的大型会议型饭店将成为发展趋势。

一、客房规划设计要素

规划设计者应尽可能地把客房楼层设计成流畅空间,由于饭店类型和所处的位置不同,其客房规划设计也各有特点,比如机场饭店,高度限制通常影响着其客房规划的选择,房间通常设置在低矮平铺的建筑结构中。饭店客房规划设计时应注意以下要素。

(一)客房选址和朝向要素

(1)评估各种不同客房整合方案的视觉效果与建筑成本。

(2)客房的朝向是否影响客人视野。

(3)考虑采光,我国南北朝向优于东西朝向。

(二)客房楼层规划设计要素

(1)饭店客房和套间数量,至少占据总建筑面积的65%。

(2)走廊宽度至少要1.5米,应该提供足够的存储间、工作间、消防设备、电器设备间等。

(3)将客房浴室设计成背靠背结构,可节约水暖能耗和便于维修。

(4)客房间数以12—14的倍数进行设置,每层客房24—36间最为实用(当然应根据建筑体量确定)。

(5)会议型饭店客房最好将客房考虑在主楼体的上部,会议室、餐饮、娱乐、休闲等功能区考虑放在裙楼部分,尤其是易带来巨大震动源的迪吧等,必须与客房区域严格分离,不得放置在客房所处的主楼范围内;如无法避免,应做好相应的楼板、墙体的隔音处理。

(6)餐饮厨房的排烟管道的位置在设计时要考虑隐僻处,避免油烟排出后飘向客房。

(7)客房柱网设计尺寸是:一般有长9.9米×宽4.2米(轴线),建筑楼层高做到3.5—3.8米,客房内装修后净高2.9—3.1米,长方形;面积最少不要小于36平方米,能增加到42平方米就更好,将卫生间的使用面积做到8平方米以上,以满足星级评定的硬件要求,同时提高舒适感。

(三)客房流线要素

1. 电梯的位置

(1)客梯。应集中放置在楼层的中间位置,减少客人到达最远处房间的距离。

(2)观光电梯。根据楼梯结构考虑放置在楼体的端侧。

(3)员工电梯(兼货梯)。尽可能考虑放置在方便员工使用的后侧位置,不与客人流线交叉,远离客梯。

2. 电梯的数量

(1)主要承载客梯。电梯数量与客房总数之比为1∶70。

(2)观光电梯。千万不能作为主要承载的客梯,在高层建筑的饭店中,必须要有足够的主要承载封闭式客梯,观光电梯只能作为附加的客梯出现,数量控制在1—2部。

(3)员工电梯。可考虑设2—3部。

电梯设置应在建筑的中间三分之一处,可减少房客和保洁员的行走距离,疏散楼梯必须满足建筑和消防安全法规的要求,所以,巧妙的规划对客房面积的效率能产生实质性的影响。

会议型饭店的客房在楼层规划设计上应注意以下两点。

(1) 将公共区域和支持区域安排在低于客房区的楼层。

(2) 若要将无柱多功能宴会厅、其他会议室和公共区域的设计为最佳方位,通常要改变客房的结构和形状,加长饭店跨度,或者将会议区设置在裙楼或附楼。

最后,客房规划设计类型的选择是平衡考虑场地、环境和项目要求的结果,设计者必须意识到独特的整合方式和实际项目的造价状况,以此提出最佳的设计方案。

二、会议型饭店的客房布局

会议型饭店的客房楼层规划设计可以参照星级饭店的理念规划设计,一旦确认客房楼层规划设计后,就需要开始对客房类型进行分配组合(大床房、双人间或套房的数量),对客房内布局进行设计(主要的整体尺寸和浴室、走廊、卧房大小)。总的来说,短居商务人士寻求的是单人间,会议和团队市场需要双人间,休闲市场要求家庭房,有时还需要多张床或邻近的房间。所以,要调研不同客人市场份额的需求,也要考虑饭店管理方的意见与经验,如此才能合理精准地判断客房的布局。

(一) 会议型饭店客房组合

1. 饭店客房术语

在对会议型饭店客房组合之前,先要了解一些关于饭店客房的术语。

(1) 房间数。独立的可出租单元。

(2) 开间。指客房的宽度,即客房两面隔墙中线到中线的距离。

(3) 客房开间。典型的客房模板。

(4) 进深。指客房的长度,即客房前、后墙中线到中线的距离。

(5) 客房单元面积。指客房开间与进深之积,是客房门内的所有面积,包括小过道、卫生间、壁橱和客房面积。

(6) 客房净面积。指客房开间与进深之积减去小过道、卫生间、壁橱和客房面积。

(7) 套房。起居室和一间或两间以上卧室的组合。

通常,会议型饭店管理方以"客房数"来管理客房,因为它代表了可供销售的独立客房单元。如果一个客厅连着两间卧室的套房,且卧室能独立带锁,算三间套客房;如果客厅和一间客房是连接一起的,则只能算两间套客房。大型套房通常以客房开间的数量进行描述,因此,饭店的四开间套房包括双开间的客厅连接两间卧室。设计师通常运用独立房间和结构开间来进行描述,前者是可销售的基础,后者是对饭店客房比例进行成本估算的主要因素。

2. 会议型饭店客房类型配比

饭店客房类型多样,可分为标准房(两张单人床)、大床房(一张双人床)、无障碍房、连通房(两间房或左右三间房之间有正反双门可打开或关闭)、行政套房、豪华套房、总统套房等。饭店客房类型配比往往要考虑多种因素,如饭店所在的位置、饭店的星级等级和饭店的市场定位,客户的特征往往影响了客房类型配比。按照我国星级饭店的评定标准,客房类型按照标准间70%、单人间20%、套房10%的分配比例。位于市区的商务型饭店可以适当降低标准间的比例,增大大床房与套房的比例。

会议型饭店客房类型配比首先要了解会议客人的特征:① 会议客人一般会提前一天到达注册,往往需入住2—4晚;② 会议客人因为预算问题会同意拼房,多使用标准房;③ 公司会议客人只有中高层才会安排单人间;④ 会议客人有时会带家属参会;⑤ 千禧一代会议客人喜欢私密的客房空间;⑥ 政府高官与行业高层管理者的客房需要高档与私密。其次是所处的位置,一般总部会议型饭店(会展中心配套饭店)往往双人间多于单人间,因为开会参展的客人成群结队而来,从差旅成本考虑他们会选择双人间;市内会议型饭店可以将单人间的比重高于双人间,会议团队在房间不足的情况下,还能安排在周边其他饭店;度假会议型饭店需要多设双人间与套房,以此吸引参会者携带家属;最后,还要考虑其他市场客人的需求。表2.1是不同类型饭店客房配比参考表。

表2.1　不同类型饭店客房配比参考表

饭店类型	客房百分比(%)			
	双床	大床	超大床	套房
市内饭店(商务)	30	60	3	7
郊区/机场饭店	50	40	5	5
度假饭店	75	10	10	5
奢华饭店	20	70	0	10
会议型饭店	60	30	0	10
经济饭店	80	20	0	0
大型饭店	50	40	5	5
精品饭店	10	75	3	12
博彩饭店	50	40	0	10

(二)会议型饭店客房布局设计

1. 客房面积设置

城市饭店平均单元面积为36平方米,中档商务型饭店平均单元面积为33平方米,度假型饭店平均单元面积为40平方米,"星评标准"要求四星级客房含走廊,五星级客房不含走廊面积在20平方米以上,如今新建饭店都大大超过此面积。会议型饭店根据其客人档次与特点,平均单元面积可参考四星级以上标准及中档商务饭店的平均单元面积。

2. 客房布局设计

饭店客房功能决定家具的布局与配备,会议型饭店客房除了睡眠、休闲、娱乐、更衣空间要求外,尤其需要突出工作区域。会议型饭店客房布局规划分成三个区域:① 浴室及更衣区,衣柜,邻近走廊入口;② 睡眠区,在客房空间中央;③ 工作区域和沙发,位于窗口(见图2.1、图2.2)。随着客房装饰费用的增加以及饭店品牌之间竞争的加剧,如何开发创新的客房格局变得越来越重要,基本方法包括减少使用独立的家具,通过重组功能区或者减小家具尺寸来突出房间的空间感。会议型饭店也在积极改进,常用的方法有以下六种。

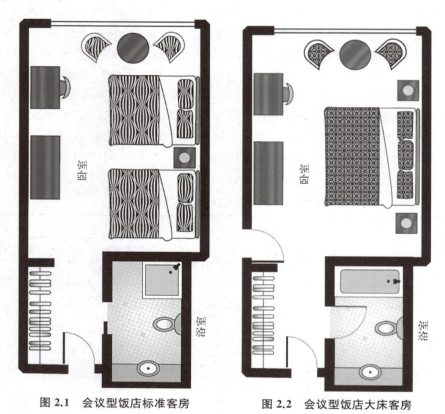

图2.1　会议型饭店标准客房　　　　图2.2　会议型饭店大床客房

(1) 减小床的宽度,营造更大的开阔空间。

(2) 在部分客房设置折叠沙发床或壁床,提供了更广阔的空间和灵活性,弥补双人房的不足。

(3) 客房要有充足的行李和衣物空间,行李架和壁橱可以隐藏会议客人的私人物品(他们住的时间比一般散客久)。

(4) 书桌高度要适合客户放置笔记本电脑,可提供额外的工作台。

(5) 可以在房间内重组活动区域,凸显沙发休息区,供会议客人会晤交流。

(6) 设计应该增强灯光并扩大台面和镜子面积;浴室内可划分坐便和浴缸或淋浴的干湿分离。

在整个房间中,设计要从功能、安全、保养、舒适、艺术美感和预算等方面达到平衡,还要考虑饭店希望吸引的不同客户市场的各种需求。

(三) 会议型饭店套房布局设计

会议型饭店应该提供不同档次的客房服务,在规划客房配置中包含数量不等的套房。所谓套房，通常是一间起居室连接一间或多间卧房（见图 2.3）。另外，会议型饭店还提供不同档次的套房，一般可以分为小型套房、豪华套房、会议套房、行政总裁套房和总统套房（从单开间的客厅连接一间超大卧室到两开间客厅连接两间超大床卧室，并配有储藏室、化妆间、超大浴室、会议室、书房、酒吧台与厨房等）。不同类型饭店套房的比例也有所不同，多数饭店套房数不超过总客房数的 5%；奢华饭店和会议饭店的套房数略高，可达到总客房数的 8%—10%。饭店套房多数都安置于建筑的顶层或者是高楼层的拐角两侧，一方面是环境安静、景观更美，另一方面是开间组合方便。在有些饭店，套房常用于调整客房层的巨大结构开间，这样的套房设计房型比较特殊。会议型饭店可以设计独有的会议套房，需要 4 间客房以上的规模，并设有私人会议室，对于一些公司总裁会晤、社团领导会议有着很大的吸引力。

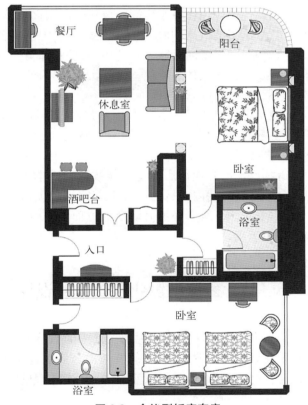

图 2.3　会议型饭店套房

（四）会议型饭店客房技术

近年来，随着科学技术的革新发展，很多都被用于饭店的客房。从电子房卡到当今的人工智能技术，再到智能手机的问世，客房的需求有了新的变化，饭店客房技术已经进入了智能化时代。会议型饭店客房在技术应用上也不断创新，越来越多的饭店客房引入了客房控制系统，以此提高客房的管理质量，给客户更好的体验。所谓饭店客房控制系统（简称客房控制系统，客控系统），是利用计算机控制、通信、管理等技术，基于客房内的

RCU（客房智能控制器）构成的专用网络，对饭店客房的安防系统、门禁系统、中央空调系统、智能灯光系统、服务系统、背景音乐系统等进行智能化管理与控制，实时反映客房状态、客人需求、服务状况以及设备情况等，协助饭店对客房设备及内部资源进行实时控制。

WIFI是饭店实施客房智能化的基础功能，现在几乎所有的饭店都已经完成了WIFI全覆盖。客人可将自己的智能设备与饭店系统进行连接，下载饭店App后，便可在智能设备上控制客房的温度、电视、窗帘、灯光、音乐甚至是客房门锁（走廊"请勿打扰"和"客房服务"的标识）。会议型饭店客房可以利用客房系统自行开发带有会议服务功能的App，供会议组织者或者参会者使用，如会议时间提醒、电视上议程及会议室布局提示、让客人将自己的笔记本电脑或智能设备连接到LED高清晰电视上使用，这一切都可以事前与会议组织者沟通导入相关会议内容，通过客房智能系统来实现会议服务特色。新加坡泛太平洋饭店在客房内提供平板电脑，主要用于预订客房其他服务和预订水疗项目，平板电脑取代了曾经在每个房间内放置的印刷宣传单。

OTA渠道商"飞猪"推出了的饭店刷脸入住，从一定程度上解决了饭店前台的认证问题，客人携带的证件与"刷脸"设备的关联方式处理，减少解释及安抚客人所花费的时间，更减少了资料传送公安局备案入住的麻烦。另外，在房间内的一键通知递送物品也避免了递送高峰期因电话较多导致的客人投诉。

尽管如此，人工智能是否适应所有饭店还有待考究，例如，以贴心服务著称的奢华饭店，如果完全采用人工智能，反而会失去一些原有的味道，贴身的管家变成机器则多了一些冷冰冰的感觉。再如果同行人中又不了解使用方法或不适应智能产品的客人，入住智能饭店反而适得其反。已开业饭店进行智能改造的成本造价我们暂无法得知，如果不法高科技犯罪分子通过房间内的智能产品套取客人相关信息，会对饭店造成一定的负面影响，这也是需要我们严筑壁垒加固防范的方面。随着5G时代的来临，想必有更多新技术会在饭店中运用。

第三节 会议型饭店会议区域设计

会议多功能区的面积大小是会议型饭店规划设计中的敏感问题，既要考虑到会议服务对象以及竞争对手在市场上的取向不同，又要考虑今后在运用中的成本因素。所以，成功的会议型饭店会在其宴会厅面积的大小、中小会议室数量的多少、会议室的装饰及设备配置等问题上反复斟酌。

一、会议区设计原则

（一）硬件先进原则

会议客户对场地硬件非常挑剔，常常喜欢更换和使用新场地。会议型饭店在规划设计时要充分意识到自己的硬件设施需领先竞争对手5年，以此来争夺市场。因为5年后设施将出现老化需要维修，同时将会有新的会议型饭店出现。

(二)灵活好用原则

会议市场多种多样,要满足不同市场的客户需求才能招徕更多的生意。会议型饭店在规划设计会议室时应考虑其灵活性,如会议室是否可以分割或多重分割,最大会场是否可以多功能使用,投影、桌子是否可以随意组合;还应考虑好用性,如会议室是否无柱,天花板上是否有吊点,后场是否有厨房配套,承重大小,当饭店同时接待数档会议时,是否可以更容易地将其区分服务。

(三)服务流畅原则

几乎所有的会议都是集中在会议综合区举办,所以,对会议型饭店的服务能力具有很大的挑战。会议型饭店在规划设计会议区时,多功能厅与会议室建议规划在同一层楼面,这样便于参会者达到任何会议室,也节省饭店工作者提供服务的时间。如果建筑结构不允许,其他会议室也应与最大会场保持上下楼层的距离,不宜过多分散。应考虑工作人员的流线畅通与隐蔽,合理配置厨房、备餐间、家具周转库房等会议配套设施,便于工作人员快速反应,满足客人的需求。

二、多功能宴会厅、会议室的规划设计

会议型饭店的会议区可分为多功能宴会厅、中、小会议室、多功能宴会厅序厅、贵宾室、化妆间、衣帽间、厨房备餐间、工作间等。通常,饭店的会议区域规划设计在裙楼或者附楼:一方面,可以不受客房结构设计上的影响,避开柱子;另一方面,远离主楼客房区避免影响客人。会议区还可以和其他功能区结合,节省空间与造价。

(一)多功能宴会厅

多功能宴会厅是指具备举行会议、宴会、娱乐庆典、展示展销和其他活动等多种功能,并可达到功能变换的活动场所(见图2.4)。会议型饭店的多功能宴会厅是饭店会议区最主要的会场。

图2.4 澳门新濠影汇酒店多功能宴会厅

多功能宴会厅用途广泛,主要接待宴会、酒会、各种会议、活动、新品发布、小型展览、演出等。它代表了饭店的形象,如果从场地利用率与每平方米产出来看,多功能宴会厅的贡献是最大的。因此,会议型饭店的多功能宴会厅应该没有柱子,要做到灵活组合分割、多功能、豪华气派,并且还要做到三个"有利":有利于人群集散;有利于物品聚散;有利于各种活动的服务。多功能宴会厅规划设计要注意以下七个方面。

1. 面积规划设计

根据饭店客源状况和建筑规范,合理设置多功能宴会厅容量、面积、高度及大门规格,以满足各种活动要求。专业五星级会议型饭店的多功能宴会厅建议 1 000 平方米以上,新建会议型饭店多功能宴会厅的面积规划要比同区域现有饭店的多功能宴会厅扩大 50%以上,最好能增建一个与多功能宴会厅类似的场地,以便在经营中轮流翻场,有效地保障会议与餐饮、宴会的连续使用,这将大大增强会议型饭店的优势。大型多功能宴会厅是会议型饭店与其他类型饭店甚至会议中心争夺客户的核心竞争力,其不但拥有先进的硬件保障,还能提供优质的客房与餐饮服务。

2. 层高、可分割规划设计

饭店的多功能宴会厅和其他会场可按照会议的特殊要求用隔断墙分割为若干不同规格的独立会场,使得饭店能灵活地接待各类会议活动,可移动的隔断墙应具有隔音效果(见图 2.5—图 2.7)。

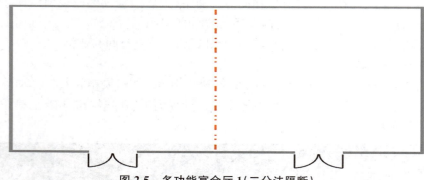

图 2.5　多功能宴会厅 1(二分法隔断)

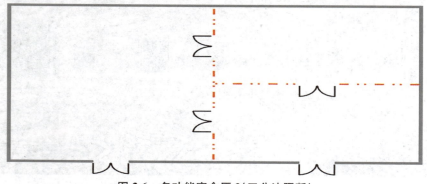

图 2.6　多功能宴会厅 2(三分法隔断)

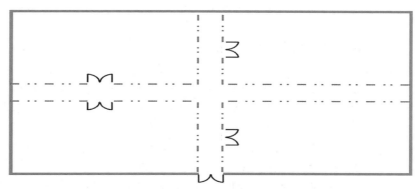

图 2.7　多功能宴会厅 3(四分法隔断,留有通道)

（1）多功能宴会厅净高应至少 7 米以上(从天花板到地面距离,并视面积大小),这样才能给人以宽敞、气派的感觉,而且便于搭建,规划在裙楼或者附楼的多功能宴会厅净高可规划到 10 米,便于设置吊点,可以供更多不同类型的会议活动使用。

（2）宴会厅应至少可分割为 2 个独立的宴会厅,一半用来开会,另一半可以用餐,可以满足不同需要,提高出租率。会议型饭店的多功能宴会厅建议可分割为 3—5 个独立的厅,加强灵活性使用,可能一个多功能宴会厅同时承接了两档以上的会议,此时,合理分割与隔音效果最为关键,在隔断设计中还要注意预留通行走廊。

3. 吊点、吊灯和地毯规划设计

（1）多功能宴会厅的用途多种多样,如果规划设计得合理,可以承接多种类的活动(对有承重要求的活动除外)。随着会展活动的形式多样化及对场景渲染的要求,大型会议和宴会对吊挂投影、屏幕、音响和特殊照明以及装饰的需求远高于以往,如今甚至婚宴搭建也千变万化。厅内必须设有固定与可移动的吊点,增设部分灯光桁架,供客人搭建悬挂使用,减少客户临时搭建龙门架或桁架的必要,客户自行搭建的设施可能既不美观,又增加了搭建时间和难度,还存在不安全因素。

（2）厅内的吊灯应该安装水晶灯,水晶灯是彰显宴会厅气势的象征,有不少客户会因为水晶灯来最终选择场地,水晶灯的安装要注意安全保护。

（3）要合理选用地毯,颜色可偏深,便于清洁;地毯不宜过厚、不宜用全羊毛或毛绒过长,因为全羊毛地毯容易落毛,毛绒过长容易造成工作人员或客人步态不稳。

4. 序厅、贵宾室和化妆间规划设计

（1）序厅是多功能宴会厅的组成部分,为客户的会议活动提供注册、茶歇、发放资料、衣帽间、会议附带展览、鸡尾酒会或表演等功能,有时候将多功能宴会厅的门打开与序厅相连,还能增补会场面积不足。序厅的设置面积应不小于宴会厅面积的 1/3,上海浦东嘉里大饭店的大宴会厅序厅的面积达到 1 200 平方米。

（2）多功能宴会厅旁应配备两间贵宾室,以此来避免两档会议举办时争抢贵宾室的情况;贵宾室可以设计成套间,在里面增设化妆间与洗手间,便于增强其功能性;贵宾室要有单独通道,便于贵宾步入主席台。饭店也可分别设男女演员化妆、候场的化妆间,将可以帮助客人解决化妆所需空间,也可作为婚宴时新娘新郎的化妆间。

（3）多功能宴会厅旁应配备会议主办方工作间，便于主办方临时摆放物料和召开工作会议。

5. 出入口、楼梯和舞台规划设计

（1）多功能宴会厅最好设置在一楼，且有单独的出入口，客人就不必经由饭店的正门穿越大堂。单独的出入口能给客户以独享、私密、隆重的感觉，也避免因会议客人发生问题而导致其他客人投诉。单独为会议区设置出入口可以加速人流集散，特别是有政府要员、明星、社会重要人物出席的会议和宴会，他们喜欢相对隐蔽，并且可直接驾车到会议区或者多功能宴会厅门口上下车。如果多功能宴会厅设在楼上，则必须在序厅边侧设置步行楼梯到达大堂，散会后客人可以步行下楼。

（2）多功能宴会厅可使用活动的家具，根据不同的需要随时可以摆成各种类型的台面，厅内一般不设固定舞台，需要时采用拼装式的活动舞台，舞池也用活动地板拼装而成。

6. 厨房、备餐间规划设计

会议型饭店的厨房设置在多功能宴会厅的后区最佳，菜品从厨房出来后可以用最短的距离、最快的时间、最少的人手送到餐桌，特别是中餐宴会，对出品十分讲究，这就要求菜出即送，避免浪费时间。如场地原因不能将厨房设置在多功能宴会厅后，则需要专门拿出一块地方设置热菜加工区，必须在这区域内完成装盘。还有一种设计是将厨房设置在可以辐射其他会议室、全日制餐厅的位置，可以节省人员搬运的成本。

7. 多功能宴会厅门、货梯、卸货区规划设计

（1）所有会议室的门均为向外开，散会期间能保持敞开，并满足疏散要求。货门尺寸要设计得高大宽敞。

（2）会议型饭店的多功能宴会厅常常举办会议、小型展览活动，需要搭建和展品展示，需要规划配备一部大型货梯，货梯尺寸建议为高 3 米、宽 2.5 米、深 4 米，可以提高在会议活动前的家具搬运量及搭建公司运输装修材料、灯光、音响或展品的速度。

（3）饭店卸货区应设置多功能宴会厅固定的卸货车位，区别于其他食品卸货区，卸货区要有卸货平台，货车的后车门一打开，货物就可轻易推入多功能宴会厅。

（二）会议室

会议室是会议举办的空间场所，本书研究的是指除了宴会厅、大礼堂、多功能厅之外的会议室，又可分为中小型。除了宴会厅外，500—800 平方米面积的会议室被看成中等规模的会议室，既可作为大型会议的分组会场与宴会厅配合使用；也是独立接待会议的主体，是 500 人以下规模会议的最佳选择。根据 ICCA 2019 年国际社团所举办的会议数量统计报告来看，500 人规模以下的会议举办了 11 174 场，占总数的 82.3%。由此可见，大多数的会议规模都在 500 人以下，无论是政府会议、社团会议还是企业会议，人数超过 1 000 人的会议毕竟是少数，500 人左右的会议也是各种场地和饭店争夺的目标。会议型饭店中小型会议室的规划设计要注意以下两方面。

1. 会议型饭店规划中小型会议室的必要性

（1）随着会议行业的发展，会议形式与体验需求不断变化，会议型饭店在争夺1 000 人以上的大型会议和规模介于 500—800 人的会议时会发现它们的分组会议较多，此时对饭店的分会场数量是一个考验。

（2）现有会议型饭店中小型会议室不足，往往规划宴会厅后只配备 3—4 间 100—200 平方米的小型会议室，无法满足大会的平行分会、自助餐、晚宴等需求。

（3）会议型饭店会同时接待不同会议、婚宴、宝宝宴等各种活动，出于成本和规模考虑，不是所有客人都会选用宴会厅，中小型会议室就成为主要接待场所，有时还能充当中餐厅的包间使用。

2. 会议型饭店中小型会议室规划设计要素

（1）会议型饭店的中小会议室配置面积应占饭店总会议室面积的 30%—35%。

（2）中小型会议室最好相对集中，层高 4.5—6 米，中型会议室还应可自行独立分隔成两个会议室，与厨房和货梯处在同一个楼层。100 平方米以下的小型会议室的出租率较低，最好相互连接设计并能打开隔断，不建议设计成固定桌椅，因为现在会议的形式经常变化。

（3）300 平方米以上的中型会议室层高 5 米以上比较合适，减少客人开会的压抑感；300 平方米以下的小型会议室层高应该保证 3.5 米层高；中小会议室也应避开柱子而建。300 平方米以上的会议室要规划序厅，相对独立的空间可以提供会议注册、茶歇服务（见图 2.8）。

（4）小型会议室可以设计一些简易的悬挂吊点，便于客户悬挂横幅。

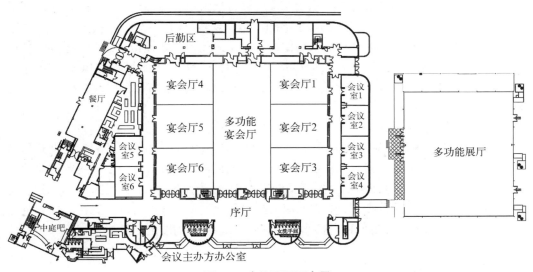

图 2.8　会议区平面布局

三、会议区的其他功能规划设计

（一）卫生间规划设计

会议型饭店的会议区要规划足够的公共卫生间、残疾人卫生间和清洁用具储藏室。会议楼层尤其是设有宴会厅的楼层卫生间面积应该规划大于其他楼层的 2 倍，并且要增加女卫生间的面积，避免茶歇和散会后女卫生间排长队等候，卫生间厕位充足，挂钩结实，宜设物品临时放置台架。

（二）衣帽间、库房和家具周转房规划设计

（1）会议区应该设有独立的衣帽间，尤其是冬天，参会客人会寄存大衣或其他物品。

（2）会议区需要规划供客户使用的库房，会议主办方需要存放会议资料、礼品、电脑等物品。另外，应配有一个家具周转房，便于服务人员临时调整会场家具。

（3）会议区要有员工值班台，必要时在会议室设呼唤铃，为会议提供及时服务。

（4）会议区的走廊墙踢脚线建议不小于20厘米，因为托运物品时容易磕碰到踢脚线，垃圾和布草通道要设置合理，便于转运。

（三）会议区设施设备规划设计

1. 供电设施

会议型饭店应有不间断供电系统、应急供电设施，以满足大型会议、多功能宴会厅等会议相关设备在断电时支持用电。大型会议、宴会厅可设立动力电源。多功能宴会厅和会议室应保证分路供电：一路用于灯光照明；一路用于音响设备，以防干扰。在灯光照明设计时要注意节能效果，多功能宴会厅要配备场景功能照明模式开关，可根据不同需求设置照明效果：一路是工作用灯；一路是营业用灯。

2. AV和网络设施

会议型饭店要有视音频系统、灯光系统、宽带网和无线宽带网等设备。视音频系统，如：大屏幕投影系统、LED大屏，多路同声传译系统（同传系统由于投入较大及使用并不频繁，所以饭店可根据自身需求而定），电子表决系统，并预留异地电话会议、视频会议接口及专用电话接口；音响设备尽量固定和隐蔽，能实现无线麦克风不受外部干扰，有线麦克风防杂音，音箱位置科学，声音均匀；无线覆盖率高，满足音频、视频网络直播、转播的要求。

3. 温控与灯控设施

会议室要有独立温控系统来调节会议室的温度，适宜温度在22—25℃，提供充足的净化新风量。饭店会议室灯控系统已基本实现智能化管理，除固定灯光外，还要有活动灯光，以供各种表演和展览使用。做到灯具配置合理，灯光照度充足，分区光控、可调控，还能根据会议进行中的不同要求进行调节，控制面板易懂、易操作即可；突出效果，灯具色温应满足摄影要求；还需满足多种需要的专业灯光系统，可按需要配备灯架。

四、展厅、特色会场的设计

多数会议型饭店都有适合不同会议类型的会议室，最常见的会议场地是多功能厅、大宴会厅以及会议室等。随着我国会议产业的发展，会议数量增多、规模变大、形式和客户的需求多样化等，尤其是大型会议、会议附带展览，私密小众会议都前往会展中心或特色场地办会，由此对于会议型饭店的会场设施规划设计又提出了新的要求。

（一）展厅的规划设计

大型会议型饭店可规划设计展厅，便于大型会议附带举办展览。展厅的规划设计要注意以下三点。

第一,展厅应与会议区同在一幢建筑内,便于参会者不出饭店便可参观,如果场地允许,在同一楼层是最好的搭配,这对饭店的占地面积要求大,对于市内会议型饭店有一定难度。

第二,展厅面积一般不小于最大会场,3 000 平方米的展厅较为合适,如果展览规模很大,主办方也会将活动放到会展中心举办,前文中也提到会议型饭店可增建一个与多功能宴会厅类似的场地,那么展厅是比较好的选择,可以根据客户需要调整功能。

第三,展厅设计还应考虑其载重,很多展厅都规划在饭店一层,这样既考虑到地面载重问题,也便于物流与人流动线的规划,但受场地影响,也有将展厅规划在负一层。展厅内尽量没有柱子或者少柱子,最后要为展厅设计专业化的地沟,现场供电、供水、供气应走地沟。

(二) 特色会场的规划设计

我们通常错误地认为,那些专门被设计成会议室的空间才是会议场地。实际上,很多饭店内的公共区域都可以被用作会议场地,如可以利用中庭来满足大型会议的自助午餐,在游泳池区域举办鸡尾酒会,配有会议桌的会议套间可以接待董事会议,饭店的后花园或者屋顶露台可以举办小型晚宴,酒吧、雪茄吧可以举办社交活动,这些会场往往华丽、另类,与会议活动的主题相辅相成。例如,2017 上海国际会展业 CEO 峰会的闭幕午餐就在上海浦东嘉里大酒店的圆屋顶举办(见图 2.9);澳门新濠影汇酒店还推出了"百变空间,专属场地"的会议推广产品。所以,在规划设计饭店公共区域时,要考虑其可转变成会场补充。

图 2.9 上海浦东嘉里中心酒店圆屋顶特色会场

第四节 会议型饭店公共区域设计

饭店的客房往往占据了建筑面积的大部分区域,但是饭店公共区域的规划设计是界定不同饭店类型的主要因素。从公共区域只占5%的经济型饭店到占25%的会议型饭店,大堂、餐厅、会议区及娱乐设施的设计成为会议型饭店区别其他饭店的重要特征。无论何种类型的饭店,其规划和设计公共区域的整体目标围绕大堂进行,这种安排既能保证饭店客人不费力地发现各种设施,并且能使得各个功能区域发挥叠加效果,尤其具有中庭风格的大堂更能展现这样的特征,客人登记入住区、多功能餐厅、咖啡厅、客梯等都设计在同一个空间里。

一、入口设计

客人到达饭店最先接触的就是饭店的入口以及外部环境设计,如绿植、雕塑喷泉、车道和华盖(见图2.10)。会议型饭店应该设计单独的会议区域入口,帮助分流普通客人和会议客人,削减穿越大堂的不必要人流,很多本地会议客人一般不需要住宿,他们可以直通会议区域,避免影响其他普通客人。除了规划设计单独会议区入口外,会议型饭店还应注意对华盖、车道、人行道、停车、门及前庭的规划设计。入口设计应注意以下五点。

图2.10 澳大利亚黄金海岸Jupiters木星酒店入口

（一）主次入口

会议型饭店必须设计饭店主入口与会议区次入口，便于分流会议客人和政府高级官员或演艺文体明星的出入。大部分饭店的正门设计自动旋转门来减少能耗，但通行速度有限，人多易拥挤，所以还应考虑设计平开门和自动转门同时安装，并为残疾客人和行李车提供坡道。理论上，高星级饭店正门不允许客人拖拉参展参会物品进入。

（二）华盖

在主入口以及次入口（宴会厅入口）提供门廊或华盖、连廊来保护客人免受恶劣天气的影响。有些会议型饭店将次入口规划到负层，便于会议期间特殊车辆或巴士等候，并设计了直通会议区的扶梯或客梯。

（三）车道

预计交通量并提供足够的车道和待客出租车的等候区、短期停留区，包括代客泊车和旅游或会议大巴。会议型饭店应在门廊处至少设计 3 条车道来处理高峰时抵达及离开的客户群（视客房数量而定）。车道还应该与围绕整幢大楼的消防通道相连并畅通。图 2.11 为美国拉斯维加斯曼德勒海湾度假饭店的门外车道，共设计了 7 条，在地下一层还有同样的 7 条离店停靠车道。客人从地下层的行李库取走行李后可以直接上车，不必再回到大堂层候车。在国外，有些饭店还为网约车留有停泊的专用车道。

图 2.11　美国拉斯维加斯曼德勒海湾度假酒店入店车道

（四）人行道

人行区域在设计时要足够宽敞，能提供处理行李、行李车、门童、客人等候出租车和叫车礼宾的位置,还要在该区域提供集合的场地。

(五)停车

车库出入口要便捷地通向饭店主入口,如有代客泊车业务,需在主入口设立泊车办公室。

二、大堂

在众多饭店的公共区域中,大堂能给来到饭店的住客和旅客深刻的印象。大堂的设计无论是私密或昂贵,正式或休闲,都设定了饭店的基调风格。因此,大堂的规划以及细节的设计都对客人留下饭店积极长久的印象起到决定性的作用。成功的大堂规划设计需要平衡两大因素:视觉效果和功能。饭店大堂的设计风格经历过多个阶段,起初的饭店大堂规模较小,主要是服务客人办理入住手续和稍做休息。直到1967年,引进了中庭的美国佐治亚州亚特兰大凯悦饭店开业,800间客房围绕着22层的开放式大堂,标志着由约翰·波特曼设计的"中庭大堂"时代到来。21世纪初,随着饭店专业性更强和类型的细化,显示出回归更私密室内空间的趋势,尤其是超豪华饭店、全套房饭店和设计饭店。因此,会议型饭店开发商和设计公司所面临的首要问题是如何决定大堂的规模、氛围和形象,然后是凸显其会议服务的功能(见图2.12、图2.13)。

图 2.12　深圳福田香格里拉大酒店大堂

图 2.13　美国拉斯维加斯卢克索酒店大堂

（一）大堂空间规划

会议型饭店的大堂空间规划必须满足该公共区域中的客流量。通常饭店的大堂面积为平均每间客房配备 0.6—0.9 平方米的使用面积（不含通向较远功能区的面积）的总和。会议型饭店的大堂面积要求每间客房配备 0.9—1.4 平方米的使用面积，我国四星级及以上星级饭店大堂面积视客房数量和餐位数量而定。郊区度假会议饭店占地面积大，其大堂面积偏大，而市内会议饭店的大堂面积受限，只能垂直发展，更需要精心规划设计。

（二）大堂区域规划设计

会议型饭店的大堂区主要分为四大区域：① 接待区。礼宾问讯、登记、收银、值班经理办公桌、行李房和贵重物品寄存处。② 公共休息区。座椅、公共电梯、通往会议区的自动扶梯、卫生间、公共电话。③ 经营区。大堂吧、娱乐设施、商店和商务中心。④ 支持功能区。PA（public area 公共区域清洁）工作间、大堂吧操作间、员工通道等。以下是会议型饭店大堂在规划设计时所要考虑的因素。

1. 接待区域

（1）将前台设置于饭店客人一进门就能立刻看见的区域，这样前台工作人员能从视觉上兼顾大堂情况。

（2）前台登记设计应根据 150 间客房准备 2 个工作位，每额外增加 100 间客房，再多增设一个工作位，会议型饭店应根据自身客房数与业务需求预留工作位若干，根据会议抵离情况临时增派人员服务，避免大堂排队登记。

（3）前台前方要有足够的客人等候空间，至少要有 6 米的开阔空间供客人等候。

（4）在前台、电梯和主入口附近设置服务员站。如有需要，在前台附近为迎宾或大堂副理提供写字台、座椅,要考虑将大堂内的写字台设计成装饰元素。

(5) 会议型饭店行李储藏室建议设计为提供带锁的储藏空间,要有搁架存放标记好的行李,储藏室面积可按每间客房0.1—0.12平方米计算,是普通商务饭店的2倍,要考虑到参会人员退房后继续参会的行李寄存以及会议主办方的礼品资料临时存放。

(6) 会议型饭店还应考虑在大堂侧方设置提供会议与团队客人使用的注册区,要考虑到同时有多个会议举办的可能,所以,饭店要善于协调安排,但不宜阻挡公共通道。

2. 公共休息区域

(1) 在前台和入口处提供座椅,包括私密的成套座椅,不宜多配。

(2) 将客梯设置于前台和主入口附近,并提供足够的电梯大厅空间,其客梯数量一般是普通饭店的2倍(电梯数=客房数/100);在隐蔽处设置员工工作电梯,礼宾部送客人行李到客房只允许使用工作电梯。

(3) 前台、电梯、餐厅、酒吧、会议和宴会区域建立宽敞通行的路径,如果可能,将其他客流与参会客人分开,在大堂侧面处可安装直通会议区的自动扶梯。

3. 经营区域

提供便于客人消费的商铺,会议型饭店可以设立一些当地的文创特色产品。大堂吧是客人社交的主要场所,参会者常常在会议空隙或会后到此交流,一般大堂吧的面积占整个大堂15%—18%使用面积。

4. 支持功能区

将辅助功能区如洗手间、电话亭、公共电话、商务中心、会议指示标志和PA工作间设置于相关区域附近。用不同的方式表示出会议型饭店的形象,如家具、艺术品、照明、标识以及与之相配的其他陈设品。

三、餐饮区设计

餐饮区域是饭店三大核心区域之一,是饭店的有机组成部分,更是饭店重要的创收空间。首先,会议型饭店餐饮应该满足三类人群的需求,即住店客人、社会客人及会议客人;其次,一场会议尤其是千人以上的会议都有餐饮需求,而且餐饮费用的比重占整个活动的30%—35%,与饭店签署的会议合同中比重几乎占40%—45%,可见会议业务对饭店餐饮的拉动;最后,除了饭店常规的三餐服务外,会议客人在宴会和茶歇的品质需求上尤为突出,并且对用餐的空间需求也高于传统商务类饭店。由于餐饮区域涉及因素复杂繁多,会议型饭店餐饮区的规划与设计更应注重专业性。

(一) 餐饮区域的组成

饭店餐饮区域有全日制餐厅、中餐厅(我国五星级评定必有项目)、特色餐厅(风味餐厅)、大堂吧、酒吧、宴会厅或多功能厅、辅助设施、厨房等部分组成。

(二) 餐厅区域规划设计理念

饭店餐厅为饭店营造独立的身份感,是商旅或度假及会议客人体验令人印象深刻的所在。有时候饭店的餐饮令人留下深刻的回忆,成为客人再来的最好理由。随着社会餐饮的发展,饭店餐饮的优势在渐渐减弱,越来越多的住店客人外出就餐,有时看到拥挤的自助餐厅,放弃了早餐,然而因为社交的需要,下午茶的需求在不断攀升,可见饭店饮食服务应不断变化以迎合大众口味的发展,会议型饭店构思精妙的食品酒水能增加客房和会议的需求,因为一位会议住店客人一般在开会饭店至少用3次餐,对其体验也是最深刻的。

饭店餐厅的创收能力使得饭店管理方和设计师要明确早期规划设计服务后期经营目标。饭店餐厅的规划设计应该与公共区域同步进行,并非等建筑结构全部完成后再去考虑其位置,这时想要调整餐厅、大堂吧或厨房入口,或者展示餐厅特征的要求都很难实现,结果就是通常建成一个中规中矩的餐厅。经验丰富的饭店管理公司会从两种途径来协助开发商规划饭店餐饮区:第一种,在开发过程的早期阶段规划将来餐饮酒水种类、营业时间、主题及整体氛围、餐厅的名称和标识、餐厅的客人与服务员流线动向等,比如,日式餐厅是否要和全日制餐厅在一个楼层?日式餐厅的内部布局应该怎样?食品准备设备有何不同?这些都应提早规划设计。第二种,在规划阶段只建立粗略的空间要求,直到开业前6个月来决定餐厅风格与类型,因为有些饭店的餐厅会调整设计来保持餐饮流行趋势。会议型饭店的餐饮区一方面是由其所在的地区调研而决定,另外需要考虑其会议功能的特点:各种餐厅和大堂吧的最佳数量根据会议型饭店的规模和地理位置不同而变化,并随着业主方及管理者对餐饮的审视程度不同而定。

通常,会议型饭店大堂周围至少有一个全日制餐厅和一个大堂吧;使所有餐厅与厨房有机相连,为酒吧预留储藏室;尽量设计大一些的餐厅和大堂吧,可在生意清淡时临时关闭部分区域;餐厅设置于公共人流便于进入的位置,大堂吧要在大堂显眼的位置;四星级以上饭店餐厅需设计落地玻璃窗,给予客人舒畅的心情。会议型饭店的早餐时段是需求的高峰期,中午的会议餐也是相对集中的时段,在规划设计时可将全日制餐厅与其他特色餐厅紧靠在同一楼层平面,如遇大型会议客人和其他散客集中用餐时,便可灵活分流,这样的设计也便于共享储藏与厨房空间。

(三)餐厅流线、全日制餐厅与大堂吧

1. 餐厅流线设计

经验丰富的饭店管理者对餐厅的流线安排了如指掌,流线设计应严格区分客人流线与服务流线、传菜流线与收残流线,做到传菜口与收餐口分离。

2. 全日制餐厅设计

由于不同饭店管理集团对全日制餐厅的标准不一,根据北美和欧洲的经验,通常饭店餐厅的座位是所有客房数的0.6倍。我国星级评定中关于饭店客房数与餐座数之间的关系的要求是:原则上,大中型餐厅餐座数占总餐座数的70%—80%。一般情况下,商务型星级饭店按每间客房0.5—1的比例配备餐座,若所在地餐饮市场发展良好,则按每间客房1.2—1.5的比例配备餐座;度假型饭店按每间客房1.5—2的比例配备餐座;以接待会议客人为主的会议型饭店按每间客房1—1.5的比例配备餐座。全日制餐厅还应考虑到收银与迎宾台、自助展示区、烹饪展示区、明档分区、餐桌安排灵活性、服务点设立、灯光渲染、制服、桌布、图像标志、家具等方面的设计。最终的规划目标会根据市场顾问作出的市场调查以及饭店管理方的进一步分析进行调整。

3. 大堂吧设计

根据北美和欧洲的经验,大堂吧座椅数为房间数的0.3倍,我国星级评定中按每间客房0.25—0.5的比例配备座椅,会议型饭店可以按0.5—0.8的比例。当今大堂吧功能复合,设计应注意:开阔的空间更容易被发现,多类型家具的配置组合,小型酒水服务区并配有储藏室、小型厨房,音乐池等。

四、康乐健身设施

20世纪90年代初期,康乐健身设施已成为许多商务饭店和度假饭店的重要组成部分,虽然调查显示真正使用饭店泳池和其他设施的顾客寥寥,但是多数客人都期待入住的饭店有这些配套设施,因此,会议型饭店往往需要提供游泳池、水疗、健身中心等设施,在规划设计时也应注意尽量远离客房与会议区,避免影响其他客人。

(一)游泳池

游泳池区域要与其他公共空间区分开,并能将泳池设置在客人能从客房电梯而不需要穿越大堂就能抵达的区域。将泳池的位置设计在能无障碍地接受阳光照射的位置,如新加坡滨海湾金沙大酒店顶端能俯瞰城市全景和港口的无边泳池已成为城市的观光点(见图2.14);如果是室内泳池,应设计开闭式屋顶或玻璃幕墙来引入阳光和通风,但要与客房、公共区域适当隔离,避免泳池温度与氯气对客人造成影响。泳池的规模要足够容纳客人游泳的需求,但是不要小于宽6米×长12米,要有防滑地面、池内浅白色瓷砖贴面、深度标记、水下灯光、"泳池规则"标志牌。现在的泳池应设计成外溢式水循环系统,需要配套卫生间和衣帽间、毛巾分发区域、设备室和家具储藏间。

图2.14 新加坡滨海湾金沙大酒店无边泳池

(二) 水疗及健身中心

饭店的水疗和健身中心也是客人喜欢的娱乐实施。水疗的重点在于客人的体验,利用独特的形象、声音(伴随水流或音乐)、味道(香薰疗法)和更多感官来安抚客人的情绪,使他们得到充分的休息。市内会议型饭店每50间客房配一间理疗室,郊区度假饭店每20间客房配一间理疗室。健身中心已经成为住店客人的时尚选择,平时也可对饭店会员开放。在规划阶段应该考虑:将水疗和健身中心设置在客人能从客房电梯直接抵达的区域,当地会员能从停车场直接进入,而不需要穿越饭店大堂;均要配套卫生间和衣帽间(见图2.15)。

图 2.15　Spa 水疗中心

五、停车场

会议型饭店接待任务重,大型会议人数众多,对停车场的要求很高。在规划设计饭店时,就要考虑到停车场的日后使用问题,主要有以下五点。

(1) 应规划有地面和地下停车场两个区域,做到车位数量充足,结构合理,停车指示符号清晰,客货分开,有专用货运通道和专用大型客车停车场。

(2) 合理设计车辆流线和流向,保证车道宽度以方便会议车辆出入,并设立多个疏散口和紧急疏散口。合理划定停车区域,设置 VIP 停车场或固定车位,一般会议型饭店所需停车数量是客房数量的1—1.4倍。随着我国新能源汽车的发展,饭店应规划装有充电桩的区域,便于新能源汽车停泊充电。

(3) 应采用智能卡管理,实现储值卡停车和临时停车的自动控制、计费和显示,支持车牌自动识别、车场空位信息显示及屏幕指挥调度。具备标准通信接口，可与饭店管理系统连接，实现停车费挂账、车主查询、车位管理等功能。

（4）应设置闭路电视监控系统，修建小型监控房，设专人专岗进行车场管理，必要时与交通部门协调，加快车辆疏散。

（5）应严格遵照我国停车场的建设和消防规定进行规划设计。

六、商务中心

商务中心的规划设计要考虑到住店客人和会议区客人的需求，选在大堂靠近会议区的位置较为合适，便于不同客人使用。随着互联网与智能移动设备的发展，使用商务中心的客人已经不多。在会议型饭店中，会议中的临时打印等仍然需要，甚至有时商务中心还是临时寄存会议团队物品的场所。商务中心需要电源、网线、电脑、电话、打印设备、收银系统及客人租借设备的功能。

七、电梯

会议型饭店应设有客梯、货梯、员工电梯、贵宾私密电梯及自动扶梯。客用电梯的数量为客房数÷100，即每100间房拥有的客梯量；员工电梯应分别设于员工工作方便范围内，靠近底层物品进出口和楼层工作间，一般每100—200间客房应该配备1台，300—400间客房配备2台，500间客房以上应配4台以上；货梯的大小在会议型饭店业务承接中起着关键作用，除了常规的货梯之外，需要配备一部大型货梯，货梯尺寸建议为高3米、宽2.5米、深4米，这个空间正好能容纳一辆客用轿车；贵宾私密电梯是专为明星及VIP等客人准备，此类电梯一般安装在贵宾休息室旁，较为隐蔽，平日无重要接待不得使用；自动扶梯一般设计在大堂一侧，可以直接到达会议区，便于分流参会人员。另外，单侧排列的客梯不应超过4台，双侧排列的客梯不应超过8台。最后，会议型饭店的客梯数量会略多于同客房数量的商务型饭店，一般是其1.5倍，虽然有自动扶梯可以直通会议区分散人流，但是扶梯速递较慢，我国客人较习惯使用直梯。

第五节 会议型饭店行政及后勤区域设计

会议型饭店的行政办公区和其他后勤或服务区域规划设计在饭店的负楼层，此类区域会占据住宿类房屋总面积的10%—15%，会议型饭店或度假饭店则会大一些，尤其是厨房区域。由于会议型饭店有专业的会议服务员工团队，所以，办公和服务区域的规划设计会很大程度上影响员工对会议上的服务时效。后勤功能区域主要分为：行政办公区（总经理办公室、业主办公室、行政办公室、财务办公室、人力资源办公室、培训教室、卫生室）；营业行政办公区（前厅部、销售部、客房部、餐饮部、管家部和健身房办公室）；厨房、食品准备存储区；收货、废物和综合存储区；员工区域（员工餐厅与厨房、员工活动室）；清洁和客房服务后区（洗衣房）；会议家具储存流转区域；工程和设备区域（工程部办公室、工程仓库、维修工厂和设备用房）。下面分析主要区域的运作特点及规划设计的方向。

一、管理办公区

会议型饭店的管理办公区由五个部分组成：前台、行政办公区、销售和餐饮部、财务部、会议服务部。根据实际操作需要来分，将销售和餐饮部设置在更靠近宴会厅和其他功能性区域的位置，因为他们常常要和客户打交道。规划设计时应考虑在办公区域内不同层面的区域增设一个专用楼梯来连接各层的办公区域，以此方便员工沟通，节省大家时间。

（一）前台

前台是接待客人登记入住和收银的地方，它往往是行政分组中最大的一组也是客人们最熟悉的地方。前台办公室设计方面的关键因素就是紧邻前台，前台办公室包括前台管理人员区域、行李区域、共用电话区域和一般工作区域，由于现在住店客人付现金的习惯发了改变，所以，会计室可以和其他处室规划在一起，但是需在前台设置一个结账柜，将当天的所有现金收益及票据投入其中。

（二）行政办公区

行政办公区是五个管理机构分支中最小的一个。在小型旅店中，管理者会将其与前台管理合并在一起，总经理会同时负责客房部。会议型饭店的行政办公室包括接待处、总经理室、业主办公室、职能部门室、行政协助区（如复印、打印区域）、会议室（供8—10人使用的小型会议室，用来供高级员工与来访客户会议使用）。

（三）销售和餐饮部

会议型饭店的销售和餐饮部在饭店中负担着饭店对外吸引会议、团组商业活动和承办活动的责任。有些会议型饭店将宴会销售单设一个办公室，销售和餐饮部的工作人员常与外来客人打交道，要为未来的客人展示会议、客房、娱乐和宴会设施，所以，他们的办公区域应便于去大堂与会议区。

（四）财务部

作为在前台附近主要综合设施的一部分，财务部可以在较远的地方，它与前台的主要联系是帮助协调所有现金活动。

（五）会议服务部

会议服务部是会议型饭店特色部门，在一些商务型饭店，会议服务往往划归到餐饮部，会议服务部门的办公室应该设在会议区，便于客人找到并快速地作出服务反应，AV设备管理也可从工程部划归到会议服务部，这样可以统一指挥会议现场服务，会议服务部办公室需要小型储藏室，存放小型AV设备，如投影仪、话筒等。

二、厨房、食品存储区

会议型饭店的厨房、食品存储区的设计有很高的要求，要保持机械、电气、管道系统和厨房用具的统一性,更重要的是,厨房和其他相关区域的设计会在建设过程中极大地影响用工和水电成本费用。开发商与管理方必须完善地设计厨房来使所有的餐饮相关活动集中在一起,厨房和各输出口距离尽量缩小,同时,各个部门设计可以灵活变动,以适应未来改动需求。

(一)厨房

首先,会议型饭店的厨房、食品存储区要遵循将收货、食品存储区、厨房、餐厅和宴会厅的位置尽量都设置在同一楼层的原则,这样饭店将节省设备投入费用、能源和高人工的成本费。其次,会议型饭店厨房区的面积是可按照四个方面综合考量为基础来决定厨房大小,分别是全日制餐厅座位数、多功能宴会厅座位数、大堂吧座位数及客房数量。再次,会议型饭店需要设置一个主厨房,建议设置在全日制餐厅与多功能宴会厅的中间,这样可以省去重复的设备和共享一些设备,必要时还可以设置第二厨房,用来加工宴会上需要现场制作的食品,饭店还应强化自己的饼房烘焙功能,为会议提供高品质的茶歇。最后,饭店厨房要注意"三隔",即隔音、隔味、隔烟;合理布置工艺流程:进货、粗加工、切配、烹饪、传菜、收菜的循环体系,避免各功能区的相互交叉,传菜口与收菜口分离,收菜口应紧靠洗碗间。必须注意厨房设计的五大"分离",即干湿分离、清浊分离、冷热分离、加工与辅助区分离、生熟分离;设计时还要考虑到防滑、防火等要求。

(二)食品存储区

食品存储区需设置在厨房旁边,清晰规划出从存储区到厨房的路线,对于饭店的存储区时刻保证监管和安全。

三、收货区、废物处理区和综合存储区

(一)收货区

会议型饭店的收货区域直接与主要的后勤通道相连,最后通往各个主要的服务区域。收货区能提供一次卸两辆卡车的装卸平台;在卸货区提供额外空间来进行进货的检查和临时放置,需要设置顶棚;收货区要设置两条通道,避免外出物品移动时的阻碍。

(二)废物处理区

会议型饭店的废物处理区要规划设计大于同等客房数的其他类型饭店,因为在会议举办后将产生大量固体垃圾与厨余垃圾,一些搭建材料也可能被丢弃在饭店内需要处理。废物处理区需要设置在隐蔽独立的地方,要能容纳一辆卡车进出的空间;废物处理区要封闭,避免异味移向其他区域。

(三)综合存储区

会议型饭店需要大量的存储空间(见图2.16)。食品存储区应在厨房附近,功能存储区应在会议区附近,床具存储室应在每一楼层设置并靠近客房服务部门,资料存储室应在行政管理部门附近。另外,在收货区旁可以规划设计一个综合储存区仓库,并划分不同部门,不同的工作部门可以在这个空间里操作自己相对应的部分。

图 2.16　会议型饭店宴会厅存储区

四、员工区域

会议型饭店充足的员工空间是保障客房与会议服务的基础。员工区域主要分为员工出入口处与考勤处、员工衣帽间（制服存储室）和洗手间、员工餐饮与休息区、员工宿舍等。员工区域的规划设计灵活性较大，但需要注意安全性和流通性。会议型饭店需要有员工宿舍，这样的优势体现在可以减少旷工迟到，减少人员流失，提升员工生产力和效率，对会议服务保证起到重要作用。郊区饭店可以将多余土地建设成员工宿舍，市内饭店主要选择外租房来解决员工宿舍问题，这些是当下饭店争夺人力资源的重要手段之一。

五、洗衣房和客房服务区

（一）洗衣房

会议型饭店都会规划设计自己的洗衣房：首先，为了控制外包服务成本；再者，保证清洗质量和确认客房用品是否可继续使用；最后，会议上有大量桌布椅套、制服、布草用品等，洗衣房建议设置在饭店的底层，减少洗衣房的噪声和振动打扰到客房及其他公共区域。但是现在有的饭店集团开始尝试不在饭店规划单独洗衣房，而是在同一区域建设一个共享洗衣房，为其集团管理下的饭店提供服务，以此节省运营成本。

（二）客房服务区

会议型饭店需要较大的客房用品储存空间，主要功能是整理和分发客房用具（床具和浴室用具）、餐厅宴会厅桌布、制服、厨房用品。根据饭店的客房服务、员工制服提供和其他日用织品使用，洗衣房和客房服务区应相互靠近。

六、工程设备区域

会议型饭店的工程设备区可分为工程办公室、修理维护室和机械电气和管道设备间。为机械和电气设备准备的面积会占据饭店4%的面积，需要便于设备的安装与后期维修。工程设备建议设置在饭店的负层，减少设备噪声打扰到客房及其他公共区域。最后，工程建设和设备配置是专业性非常强的一门学科，必须与设计公司、设备供应商、业主方、饭店管理方共同决策。

澳门美狮美高梅酒店的选址与公共区域设计

糅合耀目的珠宝盒外观设计，澳门美狮美高梅酒店令人注目的建筑犹如一件现代雕塑艺术，使其成为澳门创新的标志。美狮美高梅酒店设有1390间客房及套房、偌大的会议空间、水疗设施、零售商店、餐饮配套，并首家由拉斯维加斯把别树一帜的天乐阁及极致豪华的雍华府带至澳门，享受种种精彩纷呈的创新体验。

美狮美高梅酒店位于澳门路氹体育馆大马路，在永利皇宫和埋金沙城中间，出入十分方便。具有绝佳的地理位置，大部分客房可以观赏到对面永利皇宫的音乐喷泉，也可以看到美高梅酒店门外的标志24K金狮子！并且酒店距离澳门国际机场只有3千米，非常便于客人的到达。

同另一家澳门美高梅酒店一样，外形以铜、银、金三色为主，酒店大楼以仿首饰盒设计，三色首饰盒坐落氹仔！酒店外观造型新颖，就像一个个璀璨的珠宝盒累积而成，酒店还荣获了中国绿色建筑（澳门）设计标识证书，成为获颁此项殊荣的最大及首个私人建筑项目。酒店设计灵感源于当地文化：由错落的箱体堆叠而成的塔楼呈现出雕塑般的、充满现代气息的造型，宛如闪耀着金色光芒的中式珠宝盒。

在酒店内部的公共区域，大厅、商场走廊、传统的中餐厅以及位于建筑枢纽地带的、足球场大小的带有玻璃屋顶的中庭引入了私密感和新奇感并存的空间氛围。酒店的不同公共空间遵循了相似的设计思路，其出发点是利用美狮美高梅酒店贯穿东西轴线的位置优势来为其自身乃至整个路氹城创造更多美景。葡萄牙的殖民历史为澳门带来了多元的文化。本次设计引入了强调运势的风水理论，同时融合了西方的设计理念和隐喻。商场走廊宛如一条河流，在蜿蜒前行的过程中形成不同的景观，并汇入位于场地东西轴线上的犹如中央公园般的中庭空间。木材、金属、石材和玻璃以有机的形式层层堆叠，形成错落而流动的景观，从而使室内空间保持了与酒店的珠宝盒外观相一致的设计语言(见图2.17)。

图2.17 美狮美高梅酒店大堂设计(一)

中庭是美狮美高梅酒店的核心区域,它是一个带有玻璃圆顶的双层高中庭,其周围环绕着零售空间和餐饮空间。中庭为各类展览和活动提供了大量且灵活的空间,同时为不同功能区域的转换提供了感官上的缓冲。作为连接酒店、赌场、商场走廊和其他设施的场所,该中庭可以被视为一个中央公园或者城市广场。由古铜色木材和石材交替堆积而成的体块构成了座位和绿化带,宛如一片连接各个空间的采石场。酒店设计了25个高分辨率的屏幕,并将其无缝地置入中庭空间,模糊了物理结构和数字化结构的界限。巨大的LED装置充分展现了建筑的材料性和酒店的主题,使播放着数字影像的屏幕"伪装"成周围的环境,从而形成一种真实和虚拟场景相互交融的效果。客人在进入中庭空间之后甚至不会注意到有25面LED墙环绕在其周围。随着屏幕中的"材料"突然下滑和后退,整个空间将瞬间带来充满动感的戏剧般的体验。带有玻璃圆顶的双层高中庭,其周围环绕着零售空间和餐饮空间。

酒店大堂分布着一系列由古铜色胡桃木打造的宏伟立柱,其间穿插着石制的镶板(见图2.18)。立柱的设计旨在唤起"门"的意向,将休闲区域容纳在内;地面上蜿蜒迂回的古铜色大理石嵌饰则起到引导交通的作用。形如雕塑的玻璃大吊灯悬浮在大厅上方,波浪起伏的珠帘将灯光散射至四处,进一步强调了流动的元素。

为了统一商场走廊上的不同店面,设计公司打造了一个有角度的基准点,以此引导游客。瓷砖铺砌的地面镶嵌着与天花板的LED灯相呼应的大理石条带,同时使玻璃大吊灯突显出来。走廊两侧的拱腹覆盖以木制栅格,为古铜色的木制立柱增添了温暖的感觉。

设计公司还设计了酒店中的Hao Guo餐厅。数量众多的备餐站将提供来自中国各地的特色美食。作为博采众长的现代餐厅,Hao Guo将为顾客呈现顶级的中式美食。餐厅的设计灵感来源于当地热闹的集市,充满了与节庆、表演和手工艺有关的元素。体积巨大的木雕结构将餐厅分为不同的区域,数百个珠宝般的圆盘结构将餐厅照亮。每个备餐站都配有一个以大理石围合的开放式厨房,供应从点心到面条等各种各样的饮食。餐厅内还设有一个独立区域,提供了更为私密的个人化空间,其

会议型饭店管理

图 2.18　美狮美高梅酒店大堂设计（二）

混凝土地板上镶嵌着印有中国书法笔迹的地砖。该设计的灵感源于中国鱼市和葡萄牙鱼市之间的跨文化差异，兼顾了简洁感、工业感和现代感。共享餐桌包含 12 个座位。天花板上的肋状木结构由入口一路延伸出去，产生一种爆破式的效果。餐桌上方的深色圆柱形金属罩表面装饰着激光切割的树叶图案。

美狮美高梅酒店拥有 2 870 平方米的会议场地，适合举办各种规模的活动，包括私人聚会、产品发布会、重要演说会、颁奖礼和音乐会等。会议空间糅合了美狮美高梅酒店的专业经验与创新科技，为个人或团体提供个人化的体验。

思 考 题

1. 地理位置的选取是现代商业饭店成功运营的关键因素之一，请问会议型饭店选址的考察因素有哪些？

2. 饭店公共区域的规划设计是界定不同饭店类型的主要因素，会议型饭店入口设计应注意哪些方面？

3. 会议型饭店的多功能宴会厅是饭店会议区最主要的会场，设计时要充分考虑到用户的需求，请站在会议策划者的角度来谈谈你喜欢什么样的多功能宴会厅？

4. 饭店餐厅区域规划设计的理念有哪些？会议型饭店厨房要注意的"三隔"和"五分离"是什么？

5. 会议型饭店的大堂区主要分为哪四大区域？请阐述其中一个区域设计时要注意的因素。

第三章

会议型饭店的市场营销

博鳌亚洲论坛国际会议中心

本章导读

　　会议型饭店数量越来越多，档次也越来越高，营销人员希望饭店地理位置和硬件设施好、管理系统和服务品质优、协同力强，而管理层希望营销人员综合素质高、业务精、客源渠道广、谈判反应快、会与客户打交道，既忠诚于饭店，又能善待客人。这也就从侧面反映出饭店市场营销的重要性。会议型饭店的市场营销更是如此，它与传统饭店相比更加繁杂，综合性更强、可变性大、联动环节更多，往往与细微的会议市场变化息息相关。本章将从会议型饭店产品的对应市场、营销理念和方式、岗位描述、营销创新模式、饭店＋互联网销售渠道等方面进行介绍。

第一节　会议型饭店的市场营销理念与市场营销部

一家会议型饭店的总收入中大约有 30% 来自会议市场，在当前愈加激烈和复杂的竞争引起了饭店管理者对市场营销的高度重视，仅派销售人员去招徕各种会议生意是不够的。会议型饭店需要注重市场的趋势和变量，在评估顾客偏向以及制定企业销售达标计划时，市场营销便成为必不可少的工作。

通过设立市场营销部来组织推广销售工作，会议型饭店市场营销部可专设会议销售经理来发掘饭店潜力，对会议市场进行销售并为之提供服务。

一、会议型饭店营销概念

（一）饭店营销的含义

营销是企业的一种市场经营行为，它是以买方市场为对象，在动态的市场环境中研究卖方市场的产品或服务如何转移到消费者手中的过程，营销学奠基人、美国营销大师菲利普·科特勒在其《营销学》中将营销定义为：营销是个人和团体通过为他人创造产品和价值并进行交换而满足其需要和欲望的社会过程和管理过程。笔者根据饭店企业及产品的特点，对饭店营销进行定义：饭店营销是饭店经营者为了在变化的市场环境中，通过市场调查分析，了解顾客需求，然后努力提供适合这种需求的产品和服务，使顾客满意和饭店获利而开展的一切活动。会议型饭店营销应更重视饭店会议产品的组合与创新，以此满足会议顾客需求，树立饭店的品牌形象。

（二）饭店营销 4P 组合的内涵与应用

在市场营销组合中，4P 分别是产品（Product）、价格（Price）、渠道（Place）、促销（Promotion）的组合，这些都属于饭店营销可控因素。

1. 产品

在会议型饭店业，产品既包括硬件因素——客房、宴会厅、会议设施和娱乐设施，还包括软件因素，如服务和与会经历。由于饭店产品大多是无形产品，因此，许多市场营销策略便着重强调会议型饭店能满足顾客的会议需求的特点。

2. 渠道

渠道是指会议型饭店产品与顾客产生关系的过程。这种关系的产生要通过由会议主办者、专业会议服务公司以及旅行社等会议中间商参与的市场营销策略来实现。

3. 促销

促销既包含说服（促使顾客购买），又包含沟通（与客户建立关系）。在会议型饭店营销中，沟通起着特别重要的作用，通过促销可以了解到会议主办方到底想要购买什么样的会议饭店产品。

4. 价格

价格是与会议市场沟通时经常要考虑的重要问题，也是顾客选择会议场地时的关键因素,在为不同的细分市场定价时,应当考虑这一变动因素。

会议型饭店应聘请一位市场营销总监负责与所有这些因素有关的计划、指导和控制,并通过组合这些因素来不断调整饭店产品。

(三) 4R 营销法

20世纪末至21世纪初,全世界网络经济一夜间成为神话,电子商务炙手可热,从"旧经济"时代走向"新经济"时代,现在又提出"后经济"时代,在不同的经济发展阶段提出了不同的营销模式,传统的4P营销遭到质疑和冲击,营销学家冷静思考营销的未来,从而出现了4R营销理论。4R包括关系(Relationship)、节省(Retrenchment)、关联(Relevancy)、报酬(Reward)。4R的出现促使人们对营销观念的革新,这种革新是人们找到了人的需求是第一要素的理念,强调顾客——人的因素,注重营销过程中对顾客的关怀、客户关系的维护。从此,营销学中的 B2B(Business to Business)演进到了 B2C(Business to Customer)。

饭店要满足顾客,实现营销目标,不能孤立地只是考虑某一因素和手段,必须从目标市场需求和营销环境的特点出发,根据饭店特点、资源和优势,综合运用各种市场营销手段,形成统一的、配套的市场营销战略,使之发挥整体效应,争取最佳效果。

(四) 会议型饭店市场营销的新观念

市场是供需发生矛盾或失衡情况下,谋求统一和平衡的反映。市场营销要有机组合,根据买方卖方市场双方特点和需求,不断调整、创造、策划出新的产品,实现最终目标,就要注重以下十个方面。

(1) 对本饭店及其饭店产品的认知度。

(2) 对本饭店产品组合和开发能力的正确评估。

(3) 对国际、国内客源市场分析以及对本饭店的响应力。

(4) 市场细分与分类经营,寻准差异化经营的市场、价格、产品和切入时机;制订多元化经营的策略,占领和争得以一种市场为主、多种市场为辅的市场份额。市场定位要有针对性、竞争性。经营要有主题,产品要有特色。加入订房中心和国际订房网络,加强网络营销力度。

(5) 核心产品、核心市场与饭店主营收的关系,制造影响力,提高服务品质,实现响应力。

(6) 品牌的营销与包装及影响力,建立客户平台和网络营销。

(7) 试探多元化经营,保持竞争能力,提高应对经济危机、市场危机的能力。

(8) 销售策划与公共关系,经营策略打造年度计划。

(9) 全员销售的理念,尽力培育客户市场,搭建消费群体平台,创建俱乐部制或会员制消费模式。

(10) 重视客人投诉,个性化服务,以人为本,注重细节,"量化"标准,精细化实施,贵在"坚持",严格执行星级标准和作业流程。

总之,会议型饭店市场营销是策划对应市场、产品品种、产品价格,是策划推向市场产品、是卖给谁、由谁来买的。市场和产品价格策划越细分、越具体,对应的市场就容易选择。销售是拿着设计好的产品找准市场去推广的,销售产品要有艺术和技巧,要善于抓住客人的心理,销售是人与人之间面对面的商业行为。

二、会议型饭店的市场营销部

市场营销部通常是大多数客户最先接触到的部门。会议主办者首先通过市场营销部来建立联系,部门人员的态度、专业性和执行能力都会影响会议客户对饭店的选择。

(一) 市场营销部的职责

会议型饭店的市场营销与商务型及其他类型饭店的市场营销在作用与功能有所不同。想要在营销过程中有效地把饭店的会议功能整合到餐饮、客房、娱乐(俱乐部)中去,使整个饭店产品拥有足够的市场份额,要做好以下工作。

重点推销会议产品,以承接散客和团体为补充,有效地抓住时间节点,使会议、餐饮、客房等不发生或少发生空置现象。提高开拓新业务、新客户的能力,注重增量和质量,保持平均消费水平和总量营收能力的提高。提高饭店入住率和平均房价,使饭店利益最大化。

做好饭店所有宣传用的印刷品,如宣传手册、价目表、各餐厅特别介绍、饭店各种活动介绍等。提供近3个月的正确入住率清单以及日常空房率的原因分析。制定全年计划、销售策略及价格体系。做好客户分类工作,定期拜访客户。向管理决策层提供竞争对手的动态。负责媒体、公共关系的推广。带领客户参观饭店和介绍饭店会议和餐饮宴会、客房产品,在大堂迎送VIP客人。根据市场计划和销售要求进行会议产品促销、推广。

接到书面询价单后,需作出书面的报价并及时与对方电话沟通。陪同会议客户参观相关会议场地、客房、宴会厅,介绍会议布置方案和会场内设施设备。客户确定后填写会场预订单预留场地和团队预订单预留房间。打印会议合同并根据变化情况逐步修改直至客户确认。活动前及时与工程部、餐饮部、会议部、房务部等沟通,解决客户提出的相关问题。

活动前负责收取会议活动预付款,与餐饮部联系所开菜单供客户最后确认。填写用电量申请表、搭建联系单及最后确认。陪同搭建公司参观场地和到安保部门办理搭建施工证,并提出注意事项。活动开始前7天将活动任务书交与客户经理,进行交接。对大型或重要会务活动,销售人员要全程跟踪服务,及时与各部门沟通信息,增发补充备忘录。

会后负责费用结算和文本归档,并收集会议客户的意见和建议,汇总上报。

(二) 市场营销部的岗位设置

会议型饭店的市场营销部门分工精细,综合优势、相互配合、以类分工、责任明确。分工精细是饭店管理的特点,是现代饭店业进入精细化管理时代的要求,更是进一步落实责任的具体措施。在营销管理中,不能仅认为是市场营销部的任务,就是一种简单的管理意识。营销管理是大军团运作、小兵团出击的做法,无论业务部门还是管理部门,都涉及相互配合、相互支持、通力合作的问题。

市场营销部工作由市场营销及推广总监统一协调,内部一般分为客房销售、宴会销售、公关及预订四种职位,目前,多数大中型饭店将客房销售再分为公司市场营销、旅行社市场营销、政府市场营销及 MICE 市场(是 Meeting、Incentive Tour、Congress 和 Exhibition 的首字母组合),其中,MICE 市场营销接待的客户往往是会议含客房需求的客户,单独会议或宴会(不含客房)的会议客户归宴会销售负责接待。同时,一般在宴会销售下分宴会销售和会议协调服务,所有签完合同后与会议相关的协调工作均由协调人员与客户沟通反馈,并最终完成活动任务书(Event Order)发送给每个部门执行。在本书第四章中笔者会提到在会议型饭店中设立会议部,由会议部来行使会议协调的相关职责。以下是会议型饭店常设的市场营销岗位。

1. 市场营销及推广总监

通过设定饭店营销目标和调整执行方案来领导销售工作,与销售总监密切合作,以确保目标的实现,并力求将销售工作控制在预算范围内。

2. 销售总监

负责执行由高层管理人员制定并一致通过的市场营销计划。其任务就是协调并指导销售部员工的工作。所有销售促销计划必须由销售总监进行报批。销售总监要密切配合总经理或市场营销总监,确定目标市场并为各细分市场确定预算。销售总监的权力可以涉及广告和公共关系、预算以及饭店中任何直接或间接影响销售工作的职能业务。

3. 会议销售经理

会议型饭店应设有会议销售经理岗位,也叫 MICE 销售经理,该岗位在国外饭店已经存在多年,在我国设立的饭店并不多,其区别于现有客房销售中 MICE 业务销售,而是将饭店举办会议的所有团体业务归其销售管理,以便能更好地开发、协调和维护客户,也更容易培育客户的忠诚感,有利于饭店的二次营销。会议的销售通常是通过个人的拜访来实现的,所以,必须要与那些未来的客户建立长期的客户关系,负责长远会议业务的招徕(一般为 6 个月之后的生意)。会议销售经理应负责控制饭店所有会议室的档期与预定,可协调其他销售,有大局观,在其职责范围内有相应的决策权。

4. 广告及公关经理

有些饭店也可能聘用广告及公关经理,其职责便是组织所有的促销资料并协调公共关系,并且最终决定广告媒体发布和线上产品推广。目前,大部分饭店的官方预订网、OTA 以及微信商城等由公关部负责。

5. 销售人员

饭店的销售人员是销售成功的关键。他们寻找客户、安排约会、向潜在客户进行推销访问。会议型饭店的销售必须十分专业,对本饭店、竞争对手的设施以及各自的市场有充分的了解;销售人员必须有极好的组织能力和外语沟通能力。销售人员还要接受专业的会议相关培训,学习如何对待特殊的客户,如掌握销售国际会议的文化诉求、政府会议沟通的方式等。

6. 预订经理

确保预订部门的预订操作流程顺利准确,并监督指导部门成员以便完成预期目标。通过有效的预订最大限度地提高客房收益。会议型饭店在处理会议团体预订时应注意避免对其他客人造成不便。团队预订应由当班主管处理。会议团体预订房价应向不相关的各方保密。会议团队预订需要很好地跟踪,确保客房状态的及时更新。

第二节 会议型饭店的产品、定价和销售渠道

会议型饭店应把握会议经营的特点,提供有针对性的产品和服务。会议的团体规模大小不一,要求各不相同,会议客人不同于商务散客,也区别于团队旅游客人。从本质上看,会议客人更具团队性质,具有集中入住和退房、集中活动、集中消费、衍生需求多元化、消费集团化等特点。同时,会议客人基本上以饭店为主要活动区域,在饭店活动的时间长,由此形成了会议客人的链条式需求,需要饭店提供全方位的服务。而这种大规模、集中性消费的特点给饭店的经营带来特殊的压力。

会议客人以参会为主要目的,其对会议功能的要求是首位的,对专业设施设备和相关配套服务要求也较高,饭店的综合配套能力成为吸引会议团体的重要因素之一。

此外,不同类型的会议对饭店的要求也不同。无论是公司商务会议、政务会议,还是学术、社团类会议,每类市场团体都有其独特的要求,如何以相对固定的设施设备和服务接待能力满足不同的要求,是考验会议型饭店经营能力的关键。

一、会议型饭店产品构成、特性及其设计

(一) 会议型饭店产品的构成

所谓饭店产品,是指饭店出售的能满足顾客需要的有形产品和无形产品的总和,饭店产品是饭店企业生产经营体系的综合产出,饭店的各种目标(如市场占有率、利润等)都在很大程度上依附于饭店产品。会议型饭店产品对开拓会议市场、提高饭店在会议市场中的竞争地位,具有关键的作用。

从现代营销理论的产品整体观念看,饭店产品包括三个层次的含义。

1. 实际产品

它是指从物质上能展示产品核心利益的多种因素。如饭店的设计风格、建筑特色、地理位置、周边环境,饭店的设施设备,服务项目、服务能力,这一系列因素都能展示饭店产品的核心利益,使产品被客人整体地认识、接受。

2. 核心产品

它是指客人从产品中得到的根本利益。这种利益表现为顾客在入住饭店过程中希望由饭店解决的各种基本问题,它具有抽象性和无形性的特点。例如,在会议型饭店中顾客虽然购买了会议室、宴会产品,但实际上顾客真正购买的是一个安静、控制有序、服务品质上乘、令人满意的会议过程,这样的产品在市场上才能为饭店赢得更多的回头客。

3. 附加产品

它是指在顾客买其产品和服务时所提供的附加利益,这种利益对于顾客来说是必不可少的,它能给顾客带来更大的满足感。因而,对顾客购买实际产品和服务具有一定

的影响力。

附加产品不仅是给顾客一些额外的产品，更多的应该是顾客自己都没有考虑到的问题总和。例如，会议主办方没有考虑到VIP与会者的特殊照顾，而作为专业的会议型饭店就应该提醒客人可设立单独的电梯做VIP迎候服务。

（二）影响会议型饭店产品构成的因素

会议型饭店产品构成的因素主要由四个部分组成。

1. 饭店环境与区位

饭店环境区位的好坏意味着与会者可进入性的高低、交通是否方便、周边环境是否安全、良好、建筑物是否有特色、饭店装饰的新旧等，不同的环境区位构成了会议型饭店产品的不同内容。如在会展中心旁和景区内的两家会议型饭店，它们的饭店产品就会有很大的差异。

2. 饭店设施

客房、餐厅、酒吧、多功能厅、会议室、娱乐设施等在会议型饭店中，其规模大小、接待量和灵活程度会和其他类型饭店不同，而且这些设施给与会者带来的气氛也不一样。会议型饭店设施是其产品的一个重要组成部分。

3. 饭店服务

包括服务内容、方式、态度、速度、效率等。会议型饭店的服务种类、服务水平各不相同，依赖于管理层的思路、员工素质、培训、设备系统等，饭店服务要从提供及时服务向提供"个性完美"服务转变。会议型饭店服务要给与会者在其他饭店开会的不同体验。饭店可以利用体验服务来增加对与会者的吸引力，深圳喜来登大中华酒店的"多功能会展一站式"服务让会议主办方体验到会议和附设展览、住宿、用餐都可以在这里解决。

4. 饭店产品的价格

价格表现了饭店通过其地理位置、设施设备、服务和形象给予客人的价值，也可从侧面反映产品的不同质量。

（三）会议型饭店产品的特点

会议型饭店营销的特点受到其产品特点的影响，因此，会议型饭店产品除了具有一般饭店产品无形性、不可储存性、生产与消费同一性、差异性的特点外，还具有其他特点。

1. 产品的无形性

饭店提供的产品是以服务为主体的组合，饭店借助各种设施设备和物品原料，通过员工的劳动，满足客人会议、住宿、餐饮、商务活动、娱乐等所需。而服务是无形的，客人在购买饭店产品之前无法触及与感受它们，这就给饭店营销带来了困难。所以，饭店需要通过有形展示的方式让客户了解饭店产品，例如，传统制作酒店宣传手册，通过图片来展示饭店设施设备，当下可以通过VI拍摄影像来给客人介绍会议场地，可以带给客人一种身临其境的感受。

2. 产品的不可储存性

饭店产品与其他产品不同，不能储存，当天的产品卖不出去当天的产品价值就消失了，并且无法再挽回，因此，饭店要尽早将自己的客房和会议场地去库存化。在提供产品时,还要掌握恰当的时机。

3. 生产与消费的同一性

饭店产品在服务消费中,客人必须现场消费饭店提供(生产)的产品服务,直到客人使用之后才能知道自己购买的结果,并且要遵守生产者约定的规则消费。因此,饭店产品的生产和消费是同时发生的,付费后多数情况下不能退回。

4. 产品的差异性

饭店产品的差异性指服务提供缺乏一致性,具有多变性。这里所指的是由于人力因素、员工差异以及客人差异可能引起的服务波动。会议型饭店对于其他商务酒店而言本身也是一种差异化。

除此之外,会议型饭店产品还具有综合性强与执行复杂性的特点。

会议业与饭店业都属于综合性强、业务面广的行业,会议型饭店作为承载两者的综合体,不仅与餐饮、会场、客房销售密切相关,还涉及影视、音响、媒介系统以及舞美设计、舞台搭建、灯光布景等业务,会议客人还需要会后商务考察、航空和旅游综合服务。大型、特大型会议召开时,伴随着"会中展"(行业产品展、参会公司展),大型展览举办时,也有中小型的"展中会"(如研讨会、新品发布会、记者招待会),这些都加大了会议举办方工作的复杂繁琐程度,也给会议型饭店的接待带来了挑战。

只有设计好会议型饭店产品,制定明细、合理、有效的市场价格,才能更好地做好客户的消费需求导向,为会议型饭店的市场拓展带来机遇。

(四) 会议型饭店产品的设计

1. 标准化产品

标准化产品是目前绝大多数饭店能提供的最基本产品,每家饭店管理集团都有其标准化产品,提供的产品能满足国际客人的要求,达到国际标准。标准化产品有着成本收益的优势,也有利于快节奏和容易被接受的营销策略。对于会议型饭店而言,标准化产品设计是其针对会议市场的基本配置,如会议室的摆台标准、每间会议室视听设备的配置等,都属于标准化产品。

2. 差异化标准产品

差异化标准产品是介于标准化产品和个性化产品之间,可以随着市场的变化或者客人的需求而进行改变,但又不会过多增加饭店或会议举办者的成本。对于会议型饭店的产品开发非常重要,既能为饭店控制成本,又能通过差异化吸引客人。苏州吴宫泛太平洋饭店是一家园林饭店,饭店的后花园除了给住店客人游赏休息外,饭店还时常将后花园用作办鸡尾酒会的特色场地销售,差异于在室内举办,让客人感觉一新。

3. 定制化产品

定制化产品是以适合特定目标市场的具体需要甚至个人的需要而设计的产品,对于客户而言价格不是考虑的主要因素,能给与会者带来惊喜或难忘才是会议举办方的目的。新加坡泛太平洋饭店常用不同的语言与主办方合作,在房间电视机上为新入住的会议客人显示本国的问候语。湖州喜来登温泉度假酒店曾把会场搬到了太湖上,给所有参会者一次不寻常的会议体验(见图3.1)。

图 3.1　湖州喜来登温泉度假酒店与古船

4. 国际化产品

在全球化发展的今天,饭店的国际化产品是面对国际市场需求的王牌,会议型饭店需要具备承接国际性会议的能力。目前,国内很多饭店都已被国际联号饭店集团挂牌托管,虽在客房产品上已具备国际化的标准,但在会议产品方面仍较薄弱。会议型饭店国际化产品应是综合能力的体现,从前期参与会议主办方申办国际会议到会议前期、中期、后期的积极配合,都要符合国际会议举办的习惯。例如,国际与会者的自助餐往往需要比其他自助餐多 2 道色拉,但是又要能让其感受中国当地的美食,就需要饭店能为国际会议设计好餐单,而不是常规菜单供其选择。在会议型饭店国际产品设计时,可以遵循"国际本土化,本土国际化"的原则。

5. 多元化组合产品

多元化组合产品是指会议型饭店在设计产品时除了自有产品外,将其他非自有产品一同组合的方式,其形式可与其他品牌合作,也可依托周边环境资源。目前,多元化组合产品广泛运用于饭店产品领域,包括 MICE 产品,因会议客户的要求产品不断创新,饭店不得不"借题发挥"。澳门的喜来登饭店曾与美国迪士尼公司合作,推出亲子迪斯尼套房产品来吸引亲子市场。广州长隆旅游度假区依托其动物世界、马戏节、海洋王国等主题资源,推出会享长隆、"议"兴盎然的会议休闲产品。

产品体现客户的需求,质量是客人对产品享用结果的评判,这里讲的产品设计是指一个饭店,现有的或将要有的设施设备,通过人为的服务,成为人们可以在这里进行活动和享受的商品,这些设施设备不仅仅是通过营销的方式单个地推广给客人,而且更可以进行资源优化组合,多样化排列组合达到产品系列包装后进行价格打包,灵活地适应市场的各种需求,同时也能降低客人的会务成本。

二、会议型饭店的价格策略

价格是衡量商品的尺度,也是体现价值量的手段。在商品流通和交换的过程中,价格起着调节市场需求、衡量商品质量的作用。从服务产业角度去观察,商品有两重性:一是商品本身的成本结构,这是一个有形的概念;另一个是难以保存与重复的服务过程,是在客人面前即时进行的,要求服务熟练,不出差错。有形商品(能见物)加上无形商品(服务过程)等于商品价值,商品价值减去商品价格等于超值享用。产品设计和价格设计是紧密相关、同为一体的。如果有好而精的产品,就能定好的价格,所谓物以稀为贵。

(一) 会议型饭店的定价方法

饭店产品的定价方法有很多种,这里介绍四种会议型饭店产品常用的定价方法,即成本定价法、竞争定价法、市场需求定价法和顾客定价法。

1. 成本定价法

成本定价法有很多种,其中使用广泛的有成本加成定价、成本百分比定价及边际贡献定价。成本加成主要是指在饭店日常开支在内的产品总成本上加上一定的预期边际利润。这种报价体系以成本为基础,往往忽略了顾客需求和竞争对手的价格。边际贡献定价适用于会议型饭店淡季时期的业务,即使没有产生利润,大量闲置的场地可以通过打折出租来弥补固定成本。

2. 竞争定价法

竞争定价法是指直接参考竞争对手(可以是一个竞争对手,也可以是多个竞争对手)的价格,根据自身的硬件设施、服务水平,制定饭店的价格,也叫随行就市定价法。这种定价方法以竞争者的价格为基础,较容易忽视自己饭店的成本和市场的需求。竞争定价法还要注意同一区域、同类饭店与不同时间段的竞争比较。国家会展中心(上海)开业后,周边陆续新建了一批会议型饭店,上海虹桥国展洲际酒店就是当地会议型饭店的价格领导者,其他饭店的定价都会参考国展洲际酒店的价格,房价略低一些才能保持其竞争力。

3. 市场需求定价法

饭店对产品定价时还需考虑一系列的市场需求因素,研究市场是否有意愿或者有能力购买饭店产品。上海国际会议中心的上海厅有 4 400 平方米,可根据会议需求灵活分割,曾是上海大型会议主办方的唯一选择,其价格也是同业中的佼佼者。

4. 顾客定价法

顾客定价法的实质是产品给顾客带来的价值。同样一杯咖啡在星巴克和四季酒店的价格截然不同,但是顾客还是会轻易接受,这就是价值不同。顾客定价还往往出于顾客对消费金额的限制或能力所致,顾客受周边市场价格所影响会偏执于价格,饭店若有空置会场,双方可达成一致;反之,只要顾客认同价格与服务,价格并不敏感。

会议型饭店设定的价格应适中。由于运营成本高于商务型饭店,若价格偏低,获利能力就差,饭店可以通过不断承接会议来分摊成本。若价格高(除非会场优势明显),容易被竞争对手、会议中心等其他会场争夺，造成会场闲置。应该结合多种定价方法，认真分析市场需求和行业竞争来定价，根据饭店自身情况再加以价格策略来实施调整，获得最好的收益。

（二）会议型饭店的价格策略

所谓价格策略，是制定价格标准的一个长远策略，具有战略意义，如果急功近利，只图眼前的利益，往往降低饭店的整体市场占有率。随行就市、灵活应变是价格策略中的战术和能力问题。以下介绍八种会议型饭店的价格策略。

1. 直接会议客户价格策略

直接会议客户是指不通过第三方中介机构，直接电话询问饭店价格的客户，一般饭店给予的价格会偏高，若是协议直客，会给予比较优惠的价格。给直接会议客户的价格，关键要看饭店是否在淡旺季、直客的综合消费额是否高（是只用会场还是带餐和客房）、会议本身品质是否好，这些都会影响直客的价格。

2. 中间商价格策略

中间商是指会议中介机构，包括专业会议公司（PCO）、公关活动公司、旅行社、目的地管理公司（DMC）、广告公司、商务咨询公司、会奖公司等，希望从饭店那里拿到最低价格，从客户那里挣到更多差价。近年来，跨国企业（尤其是医药企业）都有要求合规办会，对中间商的要求也很严格。会议型饭店应该处理好与中间商的关系，有些客户会通过直接采购场地或者请多家中间商询问饭店价格，饭店对于同一会议要统一报价。对于中间商除了每一个会议直接给予优惠价格外，有些饭店还与一些中间商签订全年合作计划，以阶梯式返佣的方式鼓励他们带来更多业务。

3. 让利老客户策略

建立会议型饭店的客户群，要考虑会议、餐饮、客房等诸多方面，做到物美价廉、质量上乘、服务一流。培养忠诚度高的客户，留住老客人，吸引新客人。设计多种组合产品，形成价格组合，让客人有较大的选择空间，能充分地表达意愿。让利给老客户、大客户；尊重与重视客人的消费意愿；满足客人消费的成就感。通过规范、细腻、富有感情、充满关爱的服务，为客人创造荣誉感，实现客人的满意加惊喜。

4. 价格折扣策略

会议型饭店的价格折扣策略有多种，例如：① 季节折扣，在淡季生意不理想时，可以给予更大的折扣；② 数量折扣，对多次办会的客户给予折扣；③ 短期或长期折扣，新开业饭店通过短期折扣来吸引客户。

5. 大型会议价格策略

大型会议不但能给会议型饭店带来较好的经济效益，还有社会效益。大型会议人数多，会议室使用多，会期长，可以给饭店带来满房和高额的餐饮收入，但大型会议参会者同进同出，在会前和会后都会影响饭店客房销售和收益，所以，价格策略应该考虑其综合收入，不能只顾会议规模大就折扣大，相反，在旺季时期还需提价销售或者价格坚挺。

6. 国际会议价格策略

接待国际会议需要判断其举办的时期，近期的国际会议可根据饭店自身现行的价格策略实施,对远期举办的国际会议要充分了解其性质后报价。国际会议总给人感觉规格高、消费高,实际上并非完全如此,一些国际社团会议对价格也非常敏感,会议型饭店在向国际中远期(2—5年后举办)国际会议报价时应注意以下三大因素:① 国内居民消费价格指数(CPI)的上涨,国家统计局每年都发布该年国民经济运行情况与 CPI 指数,以此趋势作为参考报价。如今年的会议自助餐报价298元,3年后同样的菜单采购成本就要接近298元,已无法获利。② 中远期的国际会议应考虑饭店人员为其服务的时间成本,从开始接洽到会议举办需要花费饭店大量的人力、物力、财力,甚至还要配合国内社团参与竞标活动,这些因素需要考虑进报价。③ 汇率波动也是需要被重视的问题,很多国际会议结算是用美元或者欧元,如果人民币升值,对饭店就会造成损失,所以在制定报价时需要考虑该因素。

7. 单项价格策略

有的会议举办方在饭店开会,无住宿、无宴会,单一使用会议场地。对于这种会议,销售人员的运筹空间较小,只需把每一项费用报给客人即可。市场营销部一定要制定饭店产品的标准价格,把每一个场馆的长、宽、高以及可容纳人数等信息都以书面的形式展示给客人。产品手册的制定,也体现出饭店明码标价、收费透明、服务诚信的原则。

8. 会议的包价策略

举办小型会议的会议客户,对价格十分敏感,因此,会议型饭店往往会提供包价(Meeting Package)来促销小型会议室。包价也是优惠价格策略的一种形式,饭店可以推出以下两种会议包价方式。

(1) 会议综合包价方式。会议综合包价是指客人所用的会议场馆、AV 系统、餐饮服务、客房住宿、娱乐设施等都包含在一个总价中,其中每个细节的价格都非很清楚,这个总价是客人容易接受的,销售人员在制定综合包价时要预测得相当精细,以免造成经营损失。要对综合包价进行分门别类,标注出其中包含哪些赠送项目,使客人有物超所值的享受。综合包价的优点是谈判比较简单,具体价格比较模糊,客人第一感觉是价格比较合理。缺点则是如果参加会议的人数控制得不够准确,或者举办会议的公司所给信息不精确,往往导致饭店在整个会议运行过程中对成本难以把握,还容易引发投诉。

(2) 人均消费包价方式。销售人员在谈判过程中往往听到会议举办方抱怨总费用太高,这种情况下,可以把总价按照人数、天数计算成人均价格,以消除客户对价格支出的恐惧感,有利于谈判人员的促销。会议人均消费包价一般包括:会议室使用1天、2支麦克风、1块投影幕布和投影仪、2次茶歇和1次自助午餐,有些会议含有客房。具体公式为:

$$会议总价 = 天数 \times 人数 \times 人均每天会议费用$$

$$人均总费用 = (餐饮费用 + 会场费用 + 客房费用 + 茶歇费用 + 其他费用) \div 总人数$$

中国经济结构多元化,主要表现为文化差异、地域差异、消费能力的差异、人们对价格尺度认识的差异。正是这些差异的存在,使得人们对饭店产品的具体要求各式各样。会议型饭店的产品要做到多样化,价格多样化,在会议产品上分高、中、低三个档次,满足更多的市场选择。"高"指国际会议、外企、中外合资企业会议。"中"指政府付款的、社会团体、非营利机构的会议。"低"指一般公司和机构（规模不大，效益中等，要求不高，支付能力较低）的会议。不仅要在价格上满足高、中、低三个客源群落的需求，也要考虑与之相应的产品设计。要么根据不同市场的需求，设计不同的价格体系和产品；要么看准某种市场需求，做深做透这一市场的所有层次需求。

近年来，随着饭店产品由卖方市场向买方市场转变，不断出现的个性化服务和精细化服务要求饭店充分满足客户的需要。营销人员要转换角色，当好客户的顾问，站在客人利益的立场上为其省钱。要让客人主动来消费，就必须自始至终忠于客户的需求。可从四个方面着手：利益为客人所谋；标准为客人所定；操作为客人所专；服务为客人所精。

案例

会议打包价是不是一定省钱？

会议型酒店和会议中心使用两种报价模式：第一种是最常见的，即分开报价（场租费＋餐饮费＋其他费用模式），第二种是会议打包价模式。具体而言：

场租＋餐饮报价模式：一般是收取一个固定的会议室场租费（这个场租费与人数多少没有关系），至于餐饮需求则按照人头费收取，有多少人消费则收多少费。

会议打包价模式（来源于 Meeting Package）：在这汇总情况下，按照人头报价，这个报价包含了场租费以及每个人上下午各一场茶歇和中午一顿自助午餐的费用。这个报价根据参会的人数进行收费。当然，会议打包价还可以分为全天打包价和半天打包价。

可能有人误认为会议打包价更划算（因为听名字就感觉划算），其实这是不对的，不能一概而论。一般而言，人数在一定范围内会议打包价比较划算，超过一定的人数范围，分开报价比较合算。因此，会议场地的使用者希望酒店或会议中心提供上述两种报价模式，然后根据自己预期的可能情况选择哪一种报价模式。

我们用一个简单的数学等式来表达上述两种报价的费用。

第一种报价的费用可以计为：

$S = C + V_1 \times Q$（S 是场租费＋餐饮费的总开支，C 是固定的场租费，V_1 是餐饮单价，Q 是可变的人数）

第二种报价的费用可以计为：

$S = V_2 \times Q$（S 是打包价的总开支，V_2 是餐饮单价，Q 是可变的人数）

上述总支出曲线可以用图 3.2 表示。

场租＋餐饮线条表示第一种报价（$S = C + V_1 \times Q$）的变动情况，会议打包价线条表示第二种报价（$S = V_2 \times Q$）的变动情况。V_1 和 V_2 可以理解为两种情况下的边际成本（每增加一个人头的消费），由于一般情况下 $V_1 < V_2$，因此，场租＋餐饮线条的斜率小于会议打包价线条的斜率（斜率就是边际成本）。通常情况下，会议打包价会规定最少的保底人数 Q_1，因此会议打包价的线条是从 Q_1 出发的。两条线的交点

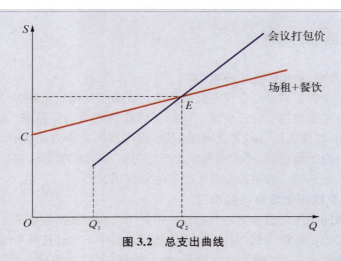

图 3.2　总支出曲线

E，就是两种报价下的均衡人数，也就是说，在会议人数为 Q_2 时，无论使用哪一种方式报价，总支出相同。当人数大于 Q_2 时，会议打包价就贵；当人数小于 Q_2 时，会议打包价偏贵。

不妨举一个例子，某酒店给出的第一种报价为：会议场租费为2万元，茶歇为90元每人每次（一天两次茶歇为每人180元），自助午餐为180元每人。第二种会议打包价为500元每人（包含场地费、每人两个茶歇一顿午餐）。计算均衡点人数 Q 如下。

$20\,000+(90\times2+180)\times Q=600\times Q$，经求解，$Q$ 约等于84人。也就是说，开会人数达到84人的时候，无论是哪一种报价，总支出都约等于5万元。超过84人，会议打包价更贵。

因此，会议打包价适合人数比较少的情况下使用，场租+餐饮费适用于人数比较多的情况（且一般是只开会不吃午饭，或者不需要茶歇，或需要简餐的大型会议）。

其实，知道了会议打包价基本上也就知道了会议的场租费单价了（人均单价或每平方米单价），如上面的例子，600元每人全天的会议打包价，扣除两个茶歇和一个午餐（360元）后，平摊到每人的场租费为240元/天。鉴于（给定打包价之下的）特定的会议室容纳人数有限，按照最大使用率的情况下，通常每个人需要会议使用面积为1—2平方米，可以估算出这个会议场地一天的租金为120—240元/平方米（人均场租费除以人均使用面积，就是会场的单位平方米价格）。

会议的主办方，为了节省开支，可以要求酒店或会议中心给出两种报价，再根据自己的预测人数选择哪一种报价合算。酒店或会议中心的宴会销售人员，如果真心是为了吸引客户，不妨坦然地询问客户的需求，合理地给出两种报价，并推荐客户使用哪一种报价模式。任何会议的人数和场地需求各异，并且随着时间的进展，需求会发生变化，因此，需要不断地预测计划和调整。

作者：楚有才
文章来源微信公众号：会议圈

三、会议型饭店的销售渠道

（一）会议型饭店销售渠道的概念

会议型饭店销售渠道是指会议型饭店的产品或服务从饭店向顾客转移时取得这种产品使用权的个人或机构。会议型饭店选择正确或合适的销售渠道，能够加强饭店与顾客之间的沟通，增加饭店与顾客之间的黏性，提高市场竞争力和占有率，降低营销成本和收集到各种市场信息，从而对缩短饭店产品向顾客转移的时间，通过产品的有形与无形价值为饭店创造收入和效益起着重要的推动作用。

（二）会议型饭店销售渠道的类型

会议型饭店的销售渠道主要划分为直接销售渠道和间接销售渠道。

直接销售渠道是指饭店的产品在向顾客转移过程中不经过任何中间环节的销售渠道。直销渠道的优点在于：便于自行管理；易于控制；运用灵活；较容易培养自己的客源群体并没有佣金支出等。缺点在于：运行成本高；宣传力度弱；产品具有地域性；市场面窄；难以被顾客认知等。

间接销售渠道是指饭店的产品在向顾客转移过程中需要通过一层或多层的中间环节，构成这些中间环节的组织或机构被称为间接销售渠道。其优点是运行成本低、宣传力度大、市场面宽、能够使会议型饭店产品快速进入市场并被顾客所认知等，并且可接触到饭店自身无法触及的客户；缺点是间接沟通导致信息不准确、控制不够灵活、难以形成自己稳定的客户群体和需要支付一定的佣金等。

目前，整合直接销售渠道和间接销售渠道已成为会议型饭店常用的方式，两种方式的整合是饭店业现状所趋。尤其是随着互联网和电子商务的迅速发展，人们已经进入大数据时代，也给饭店的市场营销模式带来了巨变，饭店产品直销和OTA渠道销售将成为新的博弈。

（三）会议型饭店的直接销售渠道

会议型饭店的直销渠道一般有预订、人员销售、设立区域销售机构、电子商务平台和活动营销。大型饭店集团一般还设有中央预订中心和销售中心，并配有中央预订系统，为各成员饭店提供预订服务。

1. 预订部

预订部的主要职能是接受顾客对饭店产品购买前的预订和确认，并负责与顾客的沟通，处理确认取消或没有按预订抵达入住的顾客的订单。预订部是饭店与顾客直接沟通并建立客户关系的部门，因此，与顾客交流中需要对饭店产品进行介绍、宣传和销售，是饭店主要的直销渠道之一。预订人员不需要亲自上门与顾客面对面地沟通，主要是通过电话、传真、邮件、短信、饭店App和微信等方式来处理顾客的预订和订单，并负责建立和管理客人预订档案并发展其成为饭店会员。由于预订部门面对的顾客群体主要是商旅散客，如个人电话订房、OTA或中央预订系统等，而饭店给予商旅散客的房价通常又高于组织机构团体，能够为饭店带来更高的收益，所以，预订部历来都是受到饭店重视的直销渠道。

2. 人员销售

人员销售是饭店最主要的直销渠道，也是传统的销售方式。其主要职能是出售饭店的各类产品，如客房、餐饮、会议产品、娱乐及其附属产品等。出售的方式是通过销售人员上门拜访，与顾客面对面地沟通，最终建立合同关系。会议型饭店一般都设有独立的销售部门并配备专门的销售人员，销售人员的数量依饭店规模大小或客房数量多少而定。会议型饭店销售部面对的顾客群体主要是政府、公司、MICE 客户、私人宴会和旅行团体。会议型饭店更需要构建自己的销售团队，因为商旅散客还远不能满足饭店的客源需求，尽管各种 OTA 分销渠道为饭店推送顾客，多数会议型饭店在很大程度上还要依赖于团体客源，由于会议团体需求远远复杂于一般商务散客，目前市场上专业的会议 OTA 分销渠道还不成熟，所以，会议型饭店销售部门作为饭店重要的直销渠道，未来仍将起着不可替代的作用。

3. 设立区域销售机构

区域销售机构是指饭店在本地区以外或者是境外设立的分支销售机构，也是饭店在特定时期常见的直销渠道之一。会议客户销售不同于传统饭店销售部门招徕外地客源那种坐等上门或通过电话邮件来沟通的方式，而是需要登门拜访介绍自己饭店的会议产品和相关设施，即使发达的 VR 虚拟技术 360°线上浏览场地，仍然无法替代面对面地沟通和现场考察。会议型饭店在当地设立区域销售机构，其主要职能是扩大饭店在当地的知名度，进行营销和策划宣传，发展当地的客源群体，为饭店输送当地客人等。北京、上海和广州是我国会议举办最多的目的地，不少饭店根据需求选择在这三个城市设立销售办公室为饭店招徕业务。例如，海南三亚亚龙湾丽思卡尔顿酒店、国光豪生度假酒店等在上海设有销售办公室，为饭店组织和输送华东地区的客人。但随着互联网技术的发展，区域销售机构因其较高的成本费用也逐步被在线销售渠道所代替，关键还将视饭店自身情况而定。

4. 饭店网站直销

随着互联网技术的发展和饭店管理信息化的需要，饭店通过网站建设电子商务平台已成为主要的直销渠道。主要由饭店的官方网站（中央预订系统）、大型酒店管理集团网站、自建线上平台或者联盟平台。

饭店官方网站是最早使用的电子商务平台窗口，通过自己的网站，便于考察房间空置率，且客人无须支付订金就能享受价格优惠。更重要的是，从酒店网站预订，住客更有可能享受到升级服务。酒店管理集团都在构建自己的全球销售网站，提高官网信息检索功能，提供在线互动和安全的支付功能，有些集团网站还设有 Meetings 专栏，降低对在线旅游分销商的依赖。国内不少单体饭店也在自投线上平台做销售，或者建立饭店联盟和饭店联合网，实现信息资源共享。例如，中国会议酒店联盟，港中旅酒店有限公司创建了自己旗下的酒店分销平台芒果网，还有锦江集团的旅游云平台。

会议型饭店的网络预订与销售十分重要，其优势在于能有效地展示饭店的基本形象、服务产品种类和具体服务内容，建立与客户良好、及时的互动关系，提高销售效率，降低销售成本，优化管理水平。建立门户网站，在网站上设置饭店形象宣传、网上即时预订、会员后台管理、互动信息交流、远程自助查询等功能变得非常重要。饭店网上销售窗口可设计为外部链接和内部链接,外部链接指饭店营销主页与其他饭店网站、在线OTA预订网站、饭店所在地区其他相关网站、搜索引擎和国际互联网站的链接;内部链接指主页上饭店营销信息内容的布局与打开方式,预订系统页面的设计也很重要。

网上预订系统要与供应商或办会机构进行交流,了解并满足用户习惯,这是能实现快速沟通的最好办法,网上预订要与人工跟踪相结合。可构建集团化或联盟性平台,相应的饭店集团、连锁饭店宜建立集团平台,包括营销中心、采购中心、结算中心、数据中心、分析中心及电子会议平台等进行集团化营销。

5. 移动客户端

移动互联网的飞速发展以及各种智能端的日益普及,为人们带来了一种获取信息的新方式,通过手机端预订饭店的比例也不断攀升。为了顺应这一趋势,许多大型饭店陆续推出了手机App和微信小程序,为饭店开辟了全新的营销模式和推广手段。它们的运用具有以下特点:① 打破了地域、时间和电脑终端设备的限制,实现信息同步;② 培育顾客的忠诚度,实行精准化推送;③ 可为客人带来超强的线上体验和参与互动。会议型饭店在设计手机App和微信小程序时应设置专门的会议与宴会设施模块,供客户选择。

6. 社交媒体营销

社交媒体也称社会化媒体,是一种给予用户极大参与空间的新型在线媒体,实时、互动是其显著特点。社交媒体包括博客、微博、微信、Facebook、Twitter、论坛、播客、内容社区等,允许人们写、分享、评价讨论。社交媒体之所以日益受到欢迎,与互联网和智能手机的广泛普及和运用有着密切的关系。会议型饭店有必要配置适当的人力和投入,尽早、有选择性地使用部分社会化媒体以吸引中外客户,向会议举办方、参会者和商务散客传递饭店真实信息,提高影响力。下面主要介绍微营销。

微营销是以营销战略转型为基础,是传统营销与现代网络营销的结合,常用的方式有微博、微信、微信商城、微信小程序、微信视频号等。微营销是一种低成本和高性价比的营销手段,开发费用远低于饭店自主开发App,其特点是打破了商家与消费者之间距离的限制,充分实现顾客与饭店之间的线上互动。以微信公共营销平台为例,饭店基于微信的种种优势,借助微信平台开展客户服务营销,成为继微博之后的又一新兴直接销售渠道,很多酒店都率先推行了微信订房、微信订餐、微信婚宴、微信商城等功能。会议型饭店可在饭店淡季时期组合会议包价产品,通过微信平台推送给目标客户。

如果会议型饭店希望吸引更多国际会议,在海外市场做宣传时,除了使用微信外,还要设立Facebook、Twitter和Linkedin等国外社交媒体公众号,因为国外公众不习惯使用微信(见图3.3、图3.4)。再者,会议型饭店需要为社交媒体单独配置人员管理,不可三天打鱼两天晒网,让粉丝会员缺少黏性。最后,对外发布的信息内容要保证其准确性和高质量。

图 3.3　万豪酒店集团在 Linkedin 上的推广

图 3.4　洲际酒店集团在 Tweet 上的推广

除了微信社交媒体外,播客一类的视频传播媒体,如抖音、哔哩哔哩、优酷、Youtube 等也被广泛地应用到饭店的营销推广中。现在越来越多的客人会主动地将住店感受、会场环境等情况通过社交媒体向外直播,以此来表达自己的感受。所以,饭店应推送一些高质量的会议宣传内容,如某场特色茶歇、一些在饭店举办的重要活动、时令的特色菜品及精致的客房,鼓励粉丝们转发传播。

7. 活动营销

虽然饭店官方网站、微信、移动 App 等线上营销手段多样,但线下的人员沟通仍然相当重要。若客户不考察会议型饭店的会议室和设施,就无法体验饭店的会议产品和服务,因此,会议型饭店的市场营销人员还要主动出击,与潜在客户建立联系,多组织或参加各类营销活动来销售饭店的产品。

饭店活动营销是指饭店通过介入重大的社会活动或整合有效的资源策划大型活动而迅速提高饭店及其品牌知名度、美誉度和影响力,促进产品销售的一种营销方式。简单地说,活动营销是围绕活动而展开的营销,以活动为载体,使饭店获得品牌的提升或销量的增长。饭店活动营销的方式主要有饭店集团路演、饭店自办推介会、参加国内外行业展会、饭店借活动营销等。

(1)饭店集团路演。饭店集团通过路演推介旗下符合目标客户需求的各类品牌饭店的活动,其中包括饭店集团的产品发布会、各饭店设有展位咨询洽谈、礼品派送、游戏抽奖等多项内容的现场活动。如洲际集团针对全国 MICE 市场举办了大中华区路演,邀请集团下符合 MICE 市场的饭店集中时间分别在北京、上海、广州三地巡演推荐,由集团出面组织买家客户前来和各家饭店洽谈 MICE 业务。好处在于来自不同区域的饭店可以共享集团的客户资源，MICE买家可以获取更多饭店资源。另外，也有不少饭店集团形成联合体，共同举办路演活动。2019年4月，南京国际青年会议酒店、昆明云安会都酒店、武汉欧亚会展国际酒店三家会议型饭店强强联合，分别在北京举办市场联合推荐，并邀请公司采购、差旅管理公司、MICE公司和旅行社客户前来参加（见图3.5）。在此之前，金陵连锁酒店、格兰云天酒店集团、河北旅投酒店集团也已联合在北京和上海两地路演推广。

图3.5　2019南京国际青年会议酒店、昆明云安会都酒店、武汉欧亚会展国际酒店联合推荐

（2）饭店自办推介会。单体会议型饭店往往通过自行组织推介会的方式来维护和开发客户，而且根据客源市场情况分别在本地和异地举办，以此增强饭店的品牌影响力。如今有不少饭店同属于一家业主方投资，而委托不同的饭店集团经营，业主方可仿效联号饭店集团，联合所有投资的饭店自行策划推介活动，为各饭店输送客户资源，但需要业主方有较强的事业部来支撑。如上海宝矿控股集团和北京新华联集团均组织其集团下饭店在上海举办推介会。

（3）参加国内外行业展会。饭店除了举办路演和推介会外，参加国内外行业展会也是获取客源的主要销售渠道之一。会议型饭店作为参展商，既可以是单体饭店自行报名参加，也可以跟同一联号饭店集团或者政府相关部门组团参加。MICE专业展会主要有世界会议奖励旅游展（IMEX，见图3.6）、全球商务及会奖旅游展览会（IBTM）和其中国展（CIBTM）、中国（上海）国际会奖旅游博览会（IT&CM China），MICE China Expo巡回展等；另外，也有不少行业会议论坛，如中国会议产业大会、中国会议与商务旅行论坛暨交易会（CCBTF）等，饭店也可参加国内外旅游类展会和各地政府组织的城市会奖推介会。会议型饭店参加展会要有三个方面的建议：一是建议选择品牌展会，因为品牌展会连续举办，会用心积累和组织行业买家；二是参加展会效果难以立竿见影，建议需连续参加，一般3届以上才能见效，尤其是出国参展参会对饭店而言开销不

图 3.6　上海会奖企业与酒店组团参加巴塞罗那 IMEX 展览会

小;三是建议派专职市场营销部人员参加。

（4）饭店借势营销。会议型饭店可以借助一些非自行举办或参加的活动来营销自己,以此开拓饭店的销售渠道。比如有会展行业的会议活动在饭店举办,参加的都是行业人士,饭店应该高度重视,做好各方面的服务,给参会者更好的会议体验,销售人员也可现场听取意见和换取名片。例如,上海会奖精英俱乐部(SMCC)每年在上海甄选一家饭店举办全球资源大会,被选中的饭店应抓住机会表现自己。饭店的市场营销部人员应有市场灵敏度,了解行业动态,可借其他饭店或者会议中心举办活动之际来营销自己,2016 年在苏州金鸡湖国际会议中心举办的中国(苏州)会议与展览产业交易会上,新开业的苏州文博诺富特酒店因属同一集团,接待了大量参会者,展示了新酒店的风貌,据悉周边不少饭店销售人员也闻风而来。

8. 会议会员计划

饭店会员计划一直是饭店培养客户忠诚度的重要方式,为了感谢与回馈忠诚客户,饭店应该推出一系列的回报计划,如:房型升级、行政酒廊待遇、积分兑换免费房、积分兑换航空等。不少酒店集团为了推广会议业务,专门设计会议常客计划。例如,洲际酒店集团推出 IHG 商悦会计划,注册会员在中华区洲际酒店集团旗下参与酒店住宿、会议或活动,可享会议专属礼遇:易获双倍积分、易获 95 折优惠、易送升级房型、易连会议网络、易得新开酒店回馈等;万豪酒店集团推出了 Meetings-Three for Free 计划,会议举办者可获三项免费礼赏;喜达屋酒店集团推出了 SPG 商务俱乐部,让会议举办者成为其集团的精英会籍会员,享受更多客房升级与兑换免费饭店产品。会议型饭店在开发会员计划时,除了传统馈赠外,可以尝试积分兑换会议室、兑换使用会议付费设施等,这些措施更直接受益的可能是会议服务商或会议举办者。

9. 体验式营销

体验经济条件下,人们的个性化、多样化需求不断涌现,会议客人的关注点也从传统的食住功效价值转向注重主观感受和精神愉悦的体验价值。饭店体验式营销指的是饭店在经营的过程中将顾客作为核心,通过饭店产品服务的优化,提供满足顾客在心理与精神上的需求,并借助活动、情景的设置与特定体验过程的设计,使得顾客在饭店体验的过程中产生深刻的印象与感受。会议型饭店体验式营销活动的开展需要通过软硬件的优化、活动的安排以及有效的宣传,增加会议客户的体验感知与深刻印象,可开展以下方式:① 营造良好的体验环境,如大连城堡豪华精选酒店,让客人不出国门,就能体验欧洲城堡生活。② 推出个性体验产品与服务,如喜来登清远狮子湖度假酒店,将会议空间打造成神灯一千零一夜的场景,让参会者身临其境,感受神话故事的氛围。③ 开展丰富的体验活动,会议型饭店应经常设计会议体验类产品并邀请客户来饭店亲身体验,以此保持会议客户对饭店的新鲜感。2017 年,上海会奖精英俱乐部(SMCC)受宁波东钱湖希尔顿酒店的邀请,一行 30 余位买家进行为期 3 天的会奖体验之旅。东钱湖希尔顿酒店为他们精心准备了西式欢迎晚宴,并邀请当地旅游局领导一同参加介绍东钱湖的 MICE 产品,嘉宾们正在享受希尔顿 Nectar SPA 的同时,饭店已为每位嘉宾做好了开夜床服务;第二天,酒店为他们设计了环东钱湖骑游和帆船体验,并品尝了船上人家的特色午餐,晚上,一场正式的中式晚宴让买家们又深刻了解了办会环境;最后一天早上,希尔顿酒店为大家准备一场太极拳体验,让辛劳的 MICE 人拥抱大自然。从此次饭店体验式营销来看,饭店没有一味地介绍会议设施,而是通过周边环境体验、客房体验、养生体验、餐饮体验、运动体验等组合,来达到会议产品的推广目的。④ 加强线上体验,客户可以直接通过手机客户端实现线上预订服务、支付服务和送餐服务等。

10. 同业合作营销

俗话说得好,"同行是冤家",何况是同一区域内的同档次饭店,彼此之间的竞争更是激烈,往往会因为争夺同一客户而相互价格跳水,搞得两败俱伤。但在相互博弈的同时又存在着合作,尤其是接待一些大型会议的团队时,两家甚至多家同一区域的饭店才能满足客户的所有需求,如此时再不抱团,可能会失去整个会议团队的业务。

所谓饭店同业合作营销,是指两个或两个以上的饭店为达到资源的优势互补、增强市场开拓、渗透与竞争能力,联合起来共同开发和利用市场机会的行为,也可以称为饭店联合营销、协同营销。会议型饭店可以与周边饭店建立合作营销模式,例如,在遇到大型会议客房紧张的情况下,可与周边同档次饭店沟通会议所需的客房数量和房价,并协助会议主办方洽谈。通常情况下,饭店合作发起者会根据会议项目需求来寻找其他合作饭店,并希望有价格主导权且自身饭店价格在合作方中是较高者,以此对会议主办方更具有说服力;另外,要注意与其他饭店的沟通方式,避免信息不对称或打乱价格体系等造成不利因素导致会议项目的流失。

11. 私域流量营销

受疫情影响,饭店的线下流量急剧萎缩,会议数量减少,参会人数受限,如何利用好线上和社交流量,成为未来会议型饭店经营的必争之地,做私域流量运营也日渐成为饭店营销部门的必备技能。

随着获取流量的成本长期居高不下甚至不断攀升,公域流量增速见顶,OTA与饭店的博弈如火如荼,获客转化难上加难。低成本、可反复使用、可随时触达的"私域流量"开始被广泛关注并运用于互联网经济。对于饭店行业来说,培养品牌势能,打造自身的流量池,也是势在必行的发展路径。所谓私域流量,可随时触达、可自由控制、能够反复使用,且免费的私有的目标人群流量就是私域流量,比如微信社群、企业的官方微信公众号、KOL个人微信号的好友等。区别于公域流量及混合域流量,私域流量的核心在于与用户形成强关系链,能够有效且直接地触达目标用户,对提升用户留存率和复购率起到关键作用(见图3.7)。

图3.7　饭店公私域流量分析

事实上,会议型饭店拥有天然的线下营销场景,能够自然地与会议客人产生关联,但却常常忽视与客人建立强连接关系,面临着会议客人离店即失联、无法形成可持续的客人沉淀、客单价与复购率难以提升的窘迫。近年来,头部的饭店集团已经意识到储蓄流量的重要性,开始打造私域流量,优化会员体系,吸引用户留存,单体会议型饭店更需要开展各种方式来储蓄流量。

一方面,会议型饭店重视整合会员资源并发力会员运营;另一方面,饭店通过与不同领域开展异业合作实现会议引流。例如,2019年5月,洲际酒店与南方航空启动匹配会籍计划,双方的精英会员可通过各自官方小程序匹配对方的精英会籍,并享受对方相应的权益。再者,饭店通过内容运营,将在饭店内举办会议活动的特色场景、邀请名人、茶歇美食、会议大咖等内容通过多媒体方式传播,赢取私域流量。

会议型饭店可以通过流量池的建立、高价值用户的培养与运营,是实现私域流量营收最大化的关键。目前常见的私域流量池大致可划分为三类:订阅流量池、社交流量池、产品流量池，分别承担着不同的功能（见表3.1）。

表 3.1 饭店公私域流量分析

	订阅流量池	社交流量池	产品流量池
功能	内容营销，获取客户反馈	贴近会议客人，会议常客和高用户价值培养	嫁接产品，承载客户裂变
玩法	爆款内容传播，福利引诱转发	1对N福利互动，深度种草转化	免费领取会议礼包
应用场景	微信服务号与订阅号，视频号，微博	微信社群与个人号，KOL社交号	APP或小程序

在未来的一段时间内，会议型饭店仍然需要通过传统第三方业务引进模式、通过OTA等快速获得流量，经过精细化的筛选与沉淀，进而逐步过渡到私有化的流量运营，实现自身的流量池的沉淀，并且不断唤醒与裂变私域流量，最终形成良性闭环。

（四）会议型饭店的间接销售渠道

从饭店业目前的营销渠道来看，直接销售渠道和间接销售渠道仍然存在着博弈，饭店既希望直接销售渠道获取更高的利润，但又无法舍弃在线旅游分销商及其他中间商，间接渠道的客户源远大饭店直接销售渠道，原因是客户可以从中间商那里得到更多的选择。饭店间接销售渠道又称饭店销售的中间商，是位于饭店和消费者之间，参与销售饭店产品的组织或个人。会议型饭店的间接渠道主要有旅行社、独立饭店代理人、MICE服务机构、在线旅游分销商及在线会务预订平台。饭店除了常态化的与OTA和旅行社合作外，应多于MICE服务机构沟通，如专业会议公司（PCO）、目的地接待公司（DMC）、公关公司等。

1. 旅行社

旅行社作为会议型饭店的中间商，可组合饭店产品，直接向客户推介，同时可向饭店反馈市场需求信息。旅行社是饭店重要的团体客人来源渠道，一般预订较早，便于饭店及早制定营销策略，减少饭店客房的空置率和增加饭店的附加产品收入，国际旅行社还可为饭店带来外宾客源，提高饭店的品牌知名度。

目前，随着在线旅游分销商的快速发展，传统旅行社也正面临着前所未有的市场危机，固有的客源正在被在线旅游分销商所瓜分，不少旅行社寻求新市场与服务模式转型，利用其自身的订房、订机票等优势，设立会奖部或会展公司寻找新的发展。例如，上海春秋国际旅行社专设会奖部，中青旅控股成立了专业的中青旅国际会议展览公司。会议型饭店要准确地了解市场信息，通过实施收益管理来做好市场预测，对旅行社进行合理定价，将有利于长期对饭店产品的批量销售。

2. 独立饭店代理人

独立饭店代理人是饭店销售部的补充，这些外部的个人对外代表着饭店，在某些情况下，会议型饭店需要代理人来接触会议场地决策人或终端客户。会议型饭店可以聘请海外代理人来开拓国际市场。

3. MICE服务商

会议型饭店的会议业务不少来自MICE服务商，包括专业会议公司、目的地接待公司、公关公司、广告公司、咨询公司、活动公司、会展公司、差旅服务公司等。饭店销售人员要经常与这些机构打交道，彼此建立商业友谊。现在各类会议市场的客户已喜欢通过MICE服务商询价，使得会议型饭店与直客接触的机会大大降低，难以准确地传递产品信息。有时同一档会议有多家服务商前来询价竞标，市场营销部应做好内部沟通，统一报价体系，采用无差别报价，避免造成价格混乱和收益影响，而且得罪了其他MICE服务商。

另外，饭店需制定共同合作销售策略，可与有实力的优质MICE服务商建立战略合作关系，在价格上适当优惠或给予合作方全年阶梯式返佣回报，以获得更多的生意机会。除了价格，饭店还可在其他方面给予支持，例如：协调周边饭店价格，一起赢得会议客户；联系政府单位协助公安消防报批，申报会议扶持资金；满足客户个性化茶歇和食品要求等。这些对于非本地的MICE服务商而言显得格外重要。

即使现有不少会议举办者会直接联系饭店了解价格，但MICE服务机构仍是会议型饭店的销售渠道之一，饭店要做好MICE服务商带来会议业务占全年会议业务比重的统计工作，以此作为下一年营销计划的参考。

4. 联合文化和旅游局（会议局）和行业协会

对于一个城市会议业的发展，当地政府和行业协会无疑最具有发言权。我国目前尚未成立国家级的会议管理部门，很多工作由当地文化和旅游局牵头主管。国外很多城市都设有会议局（CVB），其性质有官方、半官方半民间和民间社团，它们有一项职能就是为城市营销会议，吸引更多的会议来举办。例如，新加坡旅游局早在20世纪90年代就设立上海代表处，并配有MICE专员在中国营销推广其MICE资源；美国洛杉矶旅游局在上海也设立了代表处，属半官方组织，主要为其会员饭店服务；原上海旅游局经常会组织本地饭店单位参加各类国内外行业展会，原上海旅游会展推广中心也经常把将在上海举办的各类国际会议发布在网络平台上，供各旅游单位了解和参与。会议型饭店应该和本地文化旅游局建立良好的关系，能借其对外推广的机会将饭店一并营销或参与其组织的活动，以此吸引更多的会议客户眼球。

联合行业协会也是会议型饭店销售的一种针对性的途径。参加的协会可分为国际协会和国内协会，如ICCA、SITE、PCMA、各地会展行业协会、旅游行业协会、各种商会等，以会员的身份和其他会员沟通，经常参加协会组织的沙龙和会议，彼此建立客户关系。

5. 在线旅游分销商

在线旅游分销商的核心模式是旅游中介服务，为消费者提供一站式和全方位的旅行分销或代理服务，盈利模式主要来自代理佣金和增值服务。比较典型的有携程旅行、同程旅游、途牛旅游网、去哪儿、驴妈妈旅游网、飞猪旅行、美团网、Booking.com、

Priceline、Airbnb、Agoda 和 Expedia（Trip Advisor 猫途鹰）等。近年来，国内 OTA 不断并购，结束了相互间的价格战，开始利用其巨大的用户数据为饭店做客户细分和精准营销。饭店业者开始认清现实，谨慎开发自身直销网络平台，开始和 OTA 建立深度的合作，如万豪集团与飞猪成立合资公司、雅高集团在携程网上开设旗舰店等。在线旅游分销商也开始关注饭店会议业务，在现有平台上增设了公司会议定制服务，就携程网而言，专设携程商旅公司会议服务平台，为客户提供会议管理、奖励旅游策划及展会酒店预订等服务，同时，还可提供线下执行服务（见图 3.7）。

图 3.7　携程会议服务平台

据统计，目前一般大型商务饭店通过 OTA 分销量占全年销售量的 20% 左右，会议型饭店因其会议团队业务较多来自线下，OTA 分销量比重略低一些。饭店可就目前一些 OTA 平台进军会议业务的机会，与其合作，将其客户数据导入饭店。

6. 在线会务预订平台

随着互联网技术和经济的发展，其在 MICE 领域的运用也越来越频繁，互联网企业作为 MICE 行业的门外汉也进军会议展览行业领域，出现了一批在线会务预订平台，如酒店哥哥、会小二、会议无忧、云 Space、觅会易和淘会场等。它们的出现颠覆了一批传统会议服务公司和旅行社，使得会场价格透明化，更多客户开始直接找饭店预订场地。例如，会小二是一个在线会务直销平台（见图 3.8、图 3.9）。它先将各家饭店的会议场地信息全部收入平台，客户在线提交会议需求后，平台会将信息直接推送到饭店销售联络人，由销售直接向客户报价，如情况紧急，客户也可通过平台直接与饭店销售沟通。因不少在线会务预订平台的背后是资本方运作，所以，有些平台免费为饭店推广营销，也有些成熟的会务平台收取发布和信息推送费用。饭店可设专员来对接平台预订信息，会议预订平台和旅游 OTA 不同,需要饭店和客户互动交流,短时间内为客户提供报价方案,而 OTA 上的饭店产品均为标准产品,可以直接下单预订。另外,来自平台的会议客户质量参差不齐,饭店应根据自身定位,合理制定价格策略。也有一些平台开始由线上服务转向线上+线下服务,如酒店哥哥网,除了在线提供会场预订和报价外,还为客户提供全程的线下会议服务(见图 3.10、图 3.11)。所以,饭店与会务预订平台的渠道合作仍有一段探索期。

图 3.8 会小二会议预订平台

图 3.9 会小二万豪会议预订专栏

图 3.10　酒店哥哥会议预订平台

图 3.11　酒店哥哥会议预订平台

第三节　会议型饭店的公共关系管理

一、公共关系部门的由来

公共关系是运用理性智慧进行策划、沟通、交流、塑造、包装，使事物朝着既定的成功目标发展的过程与方式。饭店公共关系是指饭店为了增进和社会公众、内部员工之间的了解、信任与合作而作出的各种谨慎的、有计划的、持久不懈的沟通努力,饭店通过各种有效活动,帮助饭店在公众的心目中建立良好的企业形象,提高饭店的知名度,减少或是消除对饭店不利方面的影响,加强酒店员工的集体凝聚力,并密切与新闻界、顾客、竞争者以及社会公众搞好关系,从而为饭店创造良好的企业经营、营销环境。

会议型饭店的公共关系部门通常设置在市场营销部或总经理办公室内,会议型饭店的特殊性决定了饭店公关部的地位和作用,政府的接待办公室、警卫局、公安局、外事办公室等直接与会议安全、会议举办、会议接待有关部门,通常会直接与饭店的公关部保持密切的联系。

二、公关部的职责与宣传工作

(一) 公关部的职责

公共关系岗位的设置,起着对外联系和对内协调的职能,有时会达到既不同于市场营销部又不同于行政室的作用,它可以起到一个中性软化易被客人接受的作用,使饭店的高管层有一个较大的进退空间。

会议型饭店的公关部负责饭店业务的公共宣传、媒体广告投放、线上 OTA 和微信小程序设计、产品推广计划和实施、公共空间的标识和氛围布置、宣传册和各种印刷品(如礼品类、纸袋、包装盒类)的设计、印刷,帮助营业部门进行辅助性推广,还负责饭店接待任务资料和历史资料的保存和积累,如影像资料、录音等。

在饭店中,很大部分的可视物可以归纳到视觉识别系统中去,这部分工作都可归类给公关部管理。会议型饭店要加速视觉识别系统(Visual Identity System,缩写为VIS)的建立。饭店的一切可视物进行统一的视觉识别表现,使之标准化、专有化,形成一个完整的体系。目前,国际连锁饭店管理集团在全球进行拓展时或在国际推广上,都非常重视通过视觉效果给人们留下的深刻印象,从而间接招徕生意。

(二) 公关部的宣传工作

会议型饭店的公关部往往以饭店名义出版饭店新闻刊物(News Letter),成为饭店及时与客人、与员工进行沟通信息的良好工具和手段,很多饭店以月刊或双月刊的形式设计推送。随着自媒体和社交媒体的发展,人们获取信息的方式和速度都发生了改变,饭店应开设自己的微博、微信公众号、抖音号等社交媒体,快速地将饭店的信息与客人、员工及公众及时分享。互联网宣传速度快、影响大,会议型饭店在网络上的形象宣传比商务饭店更重要,会议型饭店的宣传策划必须重视内容质量。

除了出版 News Letter、经营微信公众号之外,会议型饭店的公关部还应做好向会议渠道商的广告、宣传资料设计及创造性公关活动策划。饭店在刊登杂志广告时要遵循 AIDA 原则,即重点在于注意(Attention)、兴趣(Interest)、欲望(Desire)和行动(Action)。公关部要抓住会议客户对场地资源的关注点、让他们对饭店产生兴趣,随之有意来体验甚至购买,可运用具有冲击力的图片、文字,优惠价格等方式传递有利办会的信息(见图 3.12)。全球新冠肺炎疫情对旅游业和饭店业造成了不小的冲击和影响,如今,中国饭店业慢慢复苏,不少饭店重启会议业务。例如,图 3.13 正是上海浦东嘉里大酒店的一则会议宣传广告,回"嘉"开会,寓意深刻。同时,升级会议包价促销,唤起了停摆1年之久的饭店会议业务。

2000平方米的无柱式宴会厅配备高清墙体嵌入式LED屏,16间不同会议室可灵活布局。
580间宽敞舒适的客房,精心挑选的设备从细节处彰品质,令您倍感舒适。
"非凡会议"凭借创新的多感观设计、社交活动及为客人量身定制的当地探索之旅,
提供有别于传统会议的崭新体验。
物流直达会议场地。

2019年3月30日前预定2019年8月31日前举办的活动,即可尊享:
·全天会议套餐588元/人
·符合条件的消费可获得双倍红狮非凡会聚计划积分
·每十间付费房晚,升级其中一间至行政客房并享受行政楼层礼遇
·会议期间茶歇升级至主题茶歇

No. 888 renmin avenue, nanyuan street, yuhang district, hangzhou city, zhejiang province, China
杭州红狮酒店·中国浙江省杭州市余杭区南苑街道人民大道888号.000000
t: 876587654321 f: 876512345678

图3.12　红狮酒店的会场营销广告

宣传手册是最常见的饭店营销资料,会议型饭店通常使用两种宣传手册:一种是针对各类市场的饭店总体介绍,宣传客房、餐厅餐饮、会议设施、休闲娱乐设施等;另一种是会议宣传手册,主要介绍会议空间、技术参数、会议餐饮和会议服务等方面的资料。联号酒店管理集团专业MICE市场设计了一本针对会议客户的MICE手册,将集团旗下每家饭店的会议设施与服务收录在内,便于会议客户直接查找,如洲际酒店管理集团、金陵连锁酒店集团。

第三章 会议型饭店的市场营销

图 3.13 上海浦东嘉里大酒店营销广告

策划具有创意性的公关活动是为饭店做免费宣传，饭店可以抓住热点事件来策划媒体曝光度，如某全球峰会在某饭店举办，可以借此机会多角度地宣传，为峰会设计的宴会菜单、嘉宾们使用的餐具、服务中的故事等都是饭店公关策划的素材。美国华盛顿喜来登饭店曾为一场医学会议把大堂改成了医院的接待区，让前台员工都穿上医院制服，嘉宾们是坐着轮椅被推到自己的房间，会议室名改为"检查室"，这个创新策划被会议新闻媒体广泛报道，随后不少医学会议慕名而来。

（三）公关危机处置

公关危机事件是指各种突发性的危害饭店声誉的事件。饭店应建立公关危机事件处置小组，全面负责突发事件的预防、处理、跟踪和媒体监控活动。建立快速反应检查系统,建立针对内部信息系统和与媒体联系的意外事件处置方案,收集事件证据,填写危机事件表,及时回应媒体的咨询或现场采访的要求。帮助减少伤害和控制负面传播,及时引导媒体,维护饭店声誉。

饭店应建立对外信息发布制度。饭店员工如接到媒体的电话问讯或要求采访、到现场拍摄等请求时,应礼貌热情,协助将电话转至公共关系部或总经理办公室。公共关系部或总经理办公室将安排饭店总经理或集团(公司)授权的发言人就媒体的要求进行回复。对来访的记者,员工应表示自己无权解答,礼貌地帮助记者找到公关部或总经理办公室。在饭店内,只有总经理或总经理授权的相关负责人有权解答记者的问题,经总经理或总经理授权的相关负责人确认后的文字资料才能对外发布。在发生突发性事件后,饭店应立即通知更高级别的管理者,避免发布不一致的信息。

对外发布信息应在危机公关小组或饭店指定的执行机构审定后进行。危机公关事件小组负责人应起草新闻陈述初稿并提交饭店总经理批准。小组成员应该接受公关危机培训。若新闻媒体报道了有关饭店的不确切的消息或不切题的引述,饭店应立即通知公关部或总经理办公室,公关部或总经理办公室应致电相关新闻媒体,请其核实并及时更正。

五星级酒店"卫生门"的 24 小时

2018 年 11 月 14 日 20 时 01 分,微博网名"花总丢了金箍棒"的博主发布一段名为《杯子的秘密》的视频,质疑国内顶级高端酒店的卫生乱象。视频中曝光的 14 家五星级酒店,无一例外地都存在用同一块脏抹布、顾客用过的脏浴巾等擦拭杯子、坐便器、洗手台、镜面等卫生乱象。博主表示他在曝光酒店所住的房间大多数价格在每晚 1 000—2 000 元,最高每晚达 5 000 元。

视频发出之后的 14 日当晚,就有媒体联系了相关酒店。酒店工作人员表示正在查,后续公关部会尽快给出回应外,其他多数酒店员工都表示:"目前酒店公关部已下班,只能第二天由公关部作出统一回复。"

2018 年 11 月 15 日上午,有两家涉事酒店对这一事件发布回应。上午,福州某酒店首先承认视频中的情况属实并表示向公众致歉。该酒店表示,酒店 14 日晚上就展开调查,情况确实存在,管理层非常重视,这和酒店一贯的标准不符合,向公众道歉。媒体注意到,这是涉事的 14 家酒店中首家承认视频真实并表示道歉的酒店。

截至 2018 年 11 月 15 日 18 时,涉事的 14 家顶级高端酒店中,已有 10 家酒店通过官方微博等形式向公众道歉,并承诺整改。大多数涉事酒店表示视频内容无法代表日常营运和服务标准。相关客房服务员已接受过培训,但在实际操作中未能遵照清洁标准进行。酒店将再次对客房员工进行培训,强化客房抽查规定,保证每次检查严谨到位。

但在事件曝光后的 24 个小时内,仍有 4 家酒店尚未作出回应。

第四节　会议型饭店的销售管理

会议型饭店的销售管理分为宏观和微观两方面。宏观管理讲的是主要要素管理；微观管理是讲各个要素中的具体细化管理，如制度约束、业绩考核、绩效挂钩、销售人员自我管理、客户开发和维护、危机公关、信息互动、客户档案、形体动作和语言技巧等。

根据客人的需求链构造会议型饭店的服务链，配套相应的供应链，创造新的价值链。会议型饭店应从服务产品的提供者上升为客户的合作者，为会议主办方和会议参加者创造价值增值与延伸。通过多种方式和渠道对会议功能进行销售。

一、产品销售管理

会议型饭店的产品特点既具饭店特点，又有会议特色。完整的会议接待产品，通常涉及会议日程安排、会议影响力和会议接待流程的可变性、多变性及规律性，要求会议型饭店提供的产品具有多样性、及时性和足够的应变能力。这里讲的产品，不仅仅是餐饮、客房、会场和健身娱乐等，还涵盖后台保障，如工程用电调度、安全保卫、设施设备、AV服务、礼仪接待等方面。

会议型饭店应制定长期市场规划与短期行动计划，在不同市场中明确定位，细分目标客户群。树立鲜明的会议旅游市场形象和品牌，形成明显的标识系统，定位重点客源市场，针对大型企业、政府机构、社会团体、国际性组织和机构制定相应的营销方案。

产品管理还包括产品组合的调整，这种变化要追随客人的需求。会议型饭店运行成本高，产品空置的机会成本大，饭店容易出现经营不稳定，时有爆满、爆空的情况发生。市场营销部应及时做好客源的衔接工作，在大型会议的空档期适当补充团队和零星散客，尽力减少经营场地的空置，增加营业收入，提升赢利能力。

二、产品价格的管理与权力的授予

会议型饭店产品价格管理的第一步是制定《产品标准价格手册》，手册要反映各类会场、器材、服务、商品的当年售价，包括数量、面积、空间大小、设备品牌等，既要维护价格体系的严肃性，又能在实施过程中掌握灵活尺度。

产品价格管理应充分考虑单个零售和批量销售优惠的关系，考虑产品组合的打包销售时，要考虑老客户的积分优势和适度折扣优惠的把握，考虑如何制订双赢计划、实施奖励政策等。

总而言之，价格管理要有标准，要有促销机制以及奖励政策。同时，正确授权是提高销售管理效率的重要因素。授权形式可按行政管理级别实施逐级审批制。市场营销总监要适当地将产品价格授予下属，在特定的场合环境下让销售人员变得主动，增强其积极性。

价格管理的一个平行管理机制是收益管理。第一，会议型饭店的收益管理是重合同文本、重现场签证和重授权依据，这三重是收益管理的重要抓手。收益管理岗位一般直接对总经理负责，和财务部一样重要，不受市场营销部管理。涉及合同文本中的文字条款，应由企业法务部监制，以避免引起不必要的法律纠纷。第二，合同文本经过鉴证后，由被授权的总监级管理人员签署，重大会议和展览的付费要确立作业流程。第三，收益管理还涉及会场出租率问题，例如，是否按照既定价格标准执行？给予客人优惠的工作流程是否规范？饭店效益是否利益最大化？这些都是有待考虑的重要事宜。

三、饭店销售渠道的管理

会议型饭店要充分利用城市和目的地的软实力和饭店本身的综合配套功能和服务，形成对各类会议客户的吸引力，增强销售能力。做好对销售渠道的管理工作。加强与政府、协会及各类组织的公共关系，拓展营销网络。加强与旅行社、会展组织机构、会议旅行服务企业等中间渠道商的合作，建立互助、共赢的营销合作关系。

会议型饭店销售渠道的管理要注意四点：第一，要研究直销与分销渠道的比例。主要指来自两个不同类型渠道客人的数量分别占饭店客人的比例，会议型饭店目前主要依靠线下分销渠道，尤其是新开会议型饭店前期更需要 MICE 中间商引流客户。第二，保持直销与分销渠道价格的一致性。这里所说的一致性不完全是没有差异，而是为了保证会议型饭店对外报价的统一性，至于对于中间商的佣金，可以采取"一事一议"或长期战略合作的方式进行。第三，分析客户消费行为，合理调整渠道。通过对会议客户消费行为的研究，以此来调整饭店产品的销售渠道，勿保留现有低产出的渠道。如今客户喜欢会场直采＋服务外包模式，饭店越来越多地和会议直客谈判签约，去中间化现象明显，中间商已成为客人甄选场地的顾问，使得饭店需要两头兼顾。第四，线上渠道是未来发展的重点。会议型饭店对于线上渠道不能放松，虽然目前线上预定会场的比重不大，但客户也开始尝试使用，所以，饭店要有专人来对接线上会议预定平台。

四、销售成果管理

完善的会议流程、高超的接待水平、强劲的业务能力、优质的服务质量，促成了一次大型会议在会议型饭店成功举行，使饭店所在城市、地区乃至国家名扬海内外，由会议所产生的边际影响及余波影响还会延续久远，给饭店带来长期的积极影响，产生巨大的品牌效应和广告效应。这个成果必须精心维护、细心经营，要珍惜重要客户和来之不易的品牌效应，维护与政府权威联动的社会影响力。

如何巩固和发展营销成果呢？不妨认真考虑以下做法：对会中客户所提意见及时改进、积极反馈；会议结束后跟踪听取意见，联络下次开会的时间；对重要客户赠送纪念品，保持阶段性联络和回访；做好回头客的关系维系。

五、会议型饭店市场营销的流程管理

（一）编制市场营销计划流程

会议型饭店的市场营销计划流程，如表3.2所示。

表3.2　会议型饭店的市场营销计划流程

程　序	步　骤　或　标　准
1. 编制准备	每年11月初，市场营销部应收集有关资料，着手编写来年的市场营销计划
2. 简要描述	(1) 阐述总体计划的目的、大致内容以及必要的说明； (2) 列出目录
3. 收集分析	(1) 分析饭店的地理位置、周边环境、历史背景； (2) 分析国际、国内和当地宏观环境（政治、社会、经济状况）； (3) 分析旅游市场的现状和趋势； (4) 分析饭店产品与主要竞争对手在硬件设施、产品价格和竞争策略等经营方面的优势、劣势、机会和挑战（SWOT）； (5) 分析评估饭店现有产品和市场营销情况，确立饭店产品的定位； (6) 分析饭店目标市场和各细分市场的需求
4. 编制行动纲领	(1) 根据饭店产品和销售目标，确定饭店产品的市场定位； (2) 分析评估饭店产品和市场细分，确定产品组合与创新及价格策略； (3) 根据饭店目标市场和客源需求，建立销售渠道； (4) 根据饭店销售的不同地区、不同市场、不同季节，推出相应的广告宣传和促销活动
5. 计划审批	市场营销部将拟定的市场营销计划（草案）报总经理审批后，开始实施

（二）会议活动营销、协调工作流程

会议型饭店的会议活动营销、协调工作流程，如表3.3所示。

表3.3　会议型饭店的会议活动营销、协调工作流程

程　序	步　骤　或　标　准
1. 会前准备	(1) 获得会议活动的信息，市场营销部应及时安排销售人员与客户进行洽谈工作，了解客户的需求； (2) 根据活动时间、人数、场地和活动内容做好相应的预定； (3) 根据客户提出的服务需求，提供相应的饭店产品组合和价格，拟定活动计划书，供客人修改确认； (4) 在授权范围之内，销售人员直接向市场营销部负责人申报，征得负责人的同意后与客户签订协议；超出授权范围的，由市场营销部负责人向分管副总经理申报，征得同意后与客户签订协议； (5) 根据协议，市场营销部编制活动接待任务书，发至各相关部门； (6) 如有VIP到会，确定VIP人数、职务、到达时间、行走线路； (7) 根据协议，向客户收取定金； (8) 市场营销部召开会议协调例会，与各相关部门沟通信息，共同做好会议接待的准备工作

(续表)

程　　序	步　骤　或　标　准
2. 会中跟踪	(1) 市场营销部安排专业协调人员进行会议全程跟踪,确保活动顺利进行; (2) 根据协议要求,积极协调各部门,为客户提供一流的活动场地、设备、客房、餐饮等饭店产品; (3) 如有 VIP 到会,应将 VIP 信息及时准确地告知总经理办公室,并确保 VIP 接待顺畅; (4) 协助财务部门,确保按协议规定按时、足额收取会议活动费用
3. 会后总结	会议活动结束后,市场营销部应总结本次活动的成功与不足,建立客户档案
4. 回访客户	每月一次回访客户,保持联系

(三) 广告策划管理工作流程

会议型饭店的广告策划管理工作流程,如表 3.4 所示。

表 3.4　会议型饭店的广告策划管理工作流程

程　　序	步　骤　或　标　准
1. 确定范围和内容	(1) 根据饭店设定的市场目标和市场定位,制订全年公关计划,择定广告范围; (2) 根据饭店的营销目标和营销策略,制定广告内容
2. 选择载体	(1) 选择广告媒体时,应着重媒体的知名度、发行量、读者群、媒体风格和发行渠道等; (2) 通过接触、询价和比价,最终确定广告媒体和广告设计公司
3. 确定时间	(1) 制定具体的实施方案和实施日期; (2) 同广告公司签订协议
4. 督导刊出	(1) 督导广告公司按协议设计广告; (2) 督导媒体按协议刊出广告
5. 存档及报告	(1) 将广告方案、实样及总结报告存档; (2) 报告上级有关广告刊登的情况

(四) 促销活动策划流程

会议型饭店产品的促销活动策划流程,如表 3.5 所示。

表 3.5　会议型饭店产品的促销活动策划流程

程　　序	步　骤　或　标　准
1. 活动目标	促销目标是市场营销目标的细分目标,并协助达成营销目标。市场营销部应根据不同时期、不同对象,确定专项促销活动的目标
2. 活动对象	(1) 各个国家的旅游者; (2) 本国的旅游者; (3) 各大公司的商务客人; (4) 本地区各个层面的宾客

(续表)

程　　序	步　骤　或　标　准
3. 活动内容	（1）假日促销：国家规定的公共节假日的促销活动； （2）季节促销：旅游淡季、旺季和平季的促销活动； （3）民俗风情促销：中国和其他国家风俗习惯的传统节日的促销活动； （4）周年促销：饭店周年庆的促销活动； （5）客户答谢：饭店对老客户的答谢活动
4. 制定方案	根据饭店不同促销活动内容研制不同的促销方案
5. 上报方案	经上级批准后实施
6. 方案执行	市场营销部将促销活动的各项要求编制任务书，发至相关部门，落实操作细节，确保促销活动圆满完成

第五节　项目谈判与任务书确认

会议的谈判主要由市场营销部负责，对整个饭店会议产品的策划促销推广负主要责任，有时某些相关部门也可给予协助。市场营销部组织谈判人员与会议主办方进行谈判的基本程序主要有以下三个方面。

一、会议项目的谈判

（一）考察

会议主办方事先要求对会议型饭店进行踩点、考察，他们要对若干个相同类型饭店进行实地探访，比较会展功能和会议接待费用，确立会议召开的地点、时间、主要任务。

当销售部人员通过电脑查明场地和配套服务准备情况，向客人表示有能力举办会议时，可派人员陪同会议主办方考察场地，将场地面积、空间高度、使用功能等向客人一一介绍并提供平面资料图。客人对会场充分了解并取得确认信息后，会要求酒店提出报价。

（二）报价

在报价之前，销售部人员必须了解会议主办方公司的背景、财务状况、支付能力、财务信用、会议背景、参会者的身份、主要 VIP 名单及其在国内外的影响力。

在不考虑其他因素的情况下，可以全额报价。这是第一种报价方式，即将客房、餐饮服务、AV 设施使用、舞台搭建、场地布置以及茶歇价格都逐一报出，总和就是会议总价。在报价的同时，可能会涉及具体菜单、酒单的设定。另一种报价方式是向客人报出包价（按人均水平打包的组合价，会务总费用＝人均会务费用×人数×天数），再由双方讨价还价，最终敲定。

在报价的同时，销售人员应提醒会议主办方一些原本可能未考虑的细节：参会VIP 的行动路线；参会人员的情况；会议是否附带展览及展品情况；饭店内通道中的宣传广告与媒体传播形式等。

当这些问题核实后,市场营销部可出具意向书或合同书,把每个环节都体现出来,经双方确认后签字。这里要注意的是,有的大型国际会议要提前2—3年预订,国际会议提前得越早,对会议的可控性就越差,所以,需指派专人全程追踪反馈。

在一般情况下,销售人员报价后,办会方会有两种可能:一是现场议价,最终达成共识或当场否决;二是现场不表态,回去后用书面形式与饭店方进行议价,有些会议主办方要考察几家饭店后才作决定。

(三) 谈判

1. 会议项目谈判的要点

会议项目一般由负责该项目的销售人员或市场营销总监指派人员与客户进行谈判,也可以请餐饮部、会议部等相关部门的主管以上人员一起参加。谈判要点分为以下三点。

(1) 了解会议属于哪一类型,确定会议的内容是否敏感或对饭店会造成负面影响。

(2) 了解会议档期和人数是否与已有业务接待状况发生冲突,饭店接待能力能否达到对方要求,如主会场面积大小、会场数量多少、宴会接待规格、客房餐饮数量、AV系统的保障、灯光音响、场景舞台搭建和是否有政要及社会知名人士参加。涉及接待政府大型会议时,必须由饭店的负责人来组织会议谈判。

(3) 了解会议主办方的背景资质、国籍、财务情况和文化背景,涉及境外社团举办的会议展览,一定要看办会申请批文。

客户将会议定位在什么规格?会议是否有高层人士参加?客户想通过会议达到或实现什么样的目标?是否会为实现会议既定目标而不惜成本?或是尽量能节省开支?这些都是销售人员在谈判中需要了解的。为什么在谈判前需要了解客人的国籍、地方籍贯呢?因为不同国家和地区的人对事物的观念认识都不可能完全一样。另外,由于各公司的文化背景、经济实力等情况有很大的差异,其负责人对投入与产出的概念认识也会不一样。所以,销售与管理人员在会议谈判中要对该公司会议组织者的真正想法了解得一清二楚。

例如,有的客户只为把会议办好,不惜花费巨大代价;有的是想弥补或挽回以前机构运营存在的一些遗憾和不足;有的是想实现一个更大的目标,并为达到目标不惜成本;也有更多的客户对会议费用很关注,既想服务接待规格高,饭店接待档次一流,又想力争支付最低的费用。持这类心态的公司占客户群的70%以上。这就需要销售人员具有良好的谈判艺术与技巧。

2. 谈判程序安排的三个阶段

(1) 接洽谈判阶段。在报价过程中,应有一本完整详尽的会议产品手册,给客户展示公正透明的价格报表,充分体现企业的诚信体系。在谈判过程中,有很多专业性问题需要相关部门负责人来参与解决。例如:用电涉及工程部,须开出用电量通知书;人员、物品等进场涉及安保部,须开具出入证;会议接待涉及餐饮,须了解菜品价格和菜单制作;账目结算涉及付款方式,须财务部确认;尤其是大型重要会议召开时,会务组和会议住店客人常会提出一些特别的接待要求,更需要各部门的紧密配合。市场营销部要注重与各个部门的协调,使下达的任务通知书得到各个部门的确认和支持。

(2)协议合同签订阶段。在此过程中,要注意合同文本中的某些细节,预测是否还会发生变数。双方提供的应该是主体合同,合同中注明可以用附件的形式对具体事项进行补充,如在会议召开期间发生项目的增加或减少,可通过现场鉴证的方法来弥补,并要求办会方负责人签字确认。

(3)会议召开阶段。会议召开时双方必须遵循规范,如遇会议接待变更,需紧急进行谈判,避免影响服务质量和造成不必要的损失。

会议型饭店要特别重视谈判,这不仅是为了保障经济利益,更重要的是确保服务质量。

(四)销售合同的签订

销售合同的签订意味着甲乙双方对合同的确认已是成熟,签订合同是为了双方能够严格认真地履行承诺,也是对双方的费用支出和会议接待任务得到落实的具体措施。签订合同有一个详细的过程。

1. 框架协议与合同范本

框架协议一般是在销售谈判中的第一个程序,即如某公司要召开一个会议,将涉及会议室、客房、餐饮、设备、用车、广告、礼品等综合服务要求,并在价格方面有许多需要双方细谈的(因为有的项目饭店需要找委托单位来实施),为了事先确定会议场地、客房、餐厅等因素,大部分会议会提早三个月以上预定。在这种情况下,双方首先需签订一个框架协议,并约定多少时间内不确定,作预订取消处理,以免场地、客房等空置。

制定合同范本,作为饭店会议接待的规范性参考文件。合同范本中应明确饭店提供的具体产品和服务、主办方的专业化要求及其他辅助要求、明确价格、价格构成(餐饮、餐标、客房以及其他需求)、支付时间、支付方式以及变更的相关条款、政治性要求、保密要求、安全保证、危机预案、集会报批、各种报备等方面的内容。

2. 正式签订合同

正式合同是在双方确认框架协议无误的情况下,双方已满足各自的条件。合同分为格式合同和非格式合同及附件,它们具有同等的法律效应。合同需要标的清楚、内容确切、付款方式合理,境外公司或社团来中国开会,在签订合同时应规定费用汇至饭店的方式,是境外直接支付、第三方服务商付还是国内合作单位支付,确立付费进度比例、启用款项办法等,使双方都有监管机制、互信互利。至于不可抗拒的自然灾害和因政府原因需改变开会日期和会场的说明,必须填写清楚,以免造成纠纷。

合同的签约地一定是饭店所在地。合同签订后一式四份,双方各执两份,饭店留用的两份中,一份送财务内审专管员,一份留市场营销部执行,财务内审专管员根据饭店产品价目表和授权审批单一一核对合同附件细目,并督促收费。

3. 合同实施过程中的变化

合同签订后不等于会议召开期间不发生变化,事实上,会前会中都会有变化,因此,合同是固态的,会议是动态的,经常会在会议召开时要增加项目或变化原来计划。要使客户满意,就要不厌其烦地满足客户需求,甚至日夜跟踪服务,这项工作一般由会议专员完成,对发生变化的项目,应现场开具四联凭证单,写明项目与价格,并由对方人员签名确认,一联交会议部实施,一联交客户,一联销售部留存,一联交财务部核算。

二、会议任务书的确认

(一)会议主办方的确认

任务书确认的核心是举办时间、所用会场和器材设备、接待标准、用房数量及餐饮茶歇等方面的要求。任务书的确认必须有主办方官方指定的有效人士签名、盖章。任务书上必须写明公司全称、地址、电子邮箱、邮编、电话、联系人姓名(必须有两人以上)。

(二)饭店相关部门的确认

市场营销部将任务书以通知书的形式发放到各部门及每位饭店高层管理人员手中,任务书的发放形式有以下两种。

1. 任务预报形式

将会议框架式的接待要求列出,这种形式一般适用于高规格、大规模、高强度工作、需提前准备的大型会议。

2. 执行任务通知(确认执行书)

将已经确认的通知书下发到各部门,相关负责人签字后立即安排人力、财力、物力,如员工配置、原材料采购、设备检修等,进行具体布置执行。

(三)会务专员和会议部经理的确认

会务专员(该会议的项目经理)和会议部经理直接安排组织会议接待,熟悉场馆设备,最能有效地协调会议部全员高效地开展工作,及时处理可能发生的意外。市场营销部发出任务书之前,应得到他们的确认,使其清楚每个重要细节。

三、标准会议任务书

标准的会议任务书如表 3.6 所示。

表 3.6 任务书(Event Contract)

Order No 编号	Date 日期	Contact 联系人	Issued 签发人
Name of Event 活动名称	2018 国际××论坛		
Company 公司名称	中国××集团公司		
Contact 公司联系人	马××		
Date 活动日期	2018 年 9 月 7-9 日		
Coordinator 活动负责人	该活动由会展公司章××、销售部陈××负责协调		

(续表)

Accommodation(住宿要求)

Check in/Check out 抵/离日期	Room Number 房间数	Room Type 客房类型	Room Rate 房价
合　计	RMB　　万元			

Exhibition Requirement(展览要求)

Date 日期	Time 时间	Venue 地点	Area 面积	Rental 场租
2018年9月7—9日	8:30—17:00	上海厅Ⅰ	2 200平方米	RMB×/平方米/天
合　计	RMB　　万元				

Meeting Requirement(会议要求)

Date 日期	Time 时间	Venue 地点	Person 人数	Type 台型	Rental 场租
2018年9月7—9日	8:30—17:00	上海厅Ⅲ	400	课桌式	RMB×00/天
2018年9月7—9日		7F VIP	15	贵宾休息室	RMB×00/天
合　计	RMB　　万元					

Miscellaneous(会议其他要求)

Date 日期	Time 时间	Venue 地点	Other Requirements 其他要求	Price 价格
2018年9月7—9日	8:30—17:00	上海厅Ⅰ	迷你商店	保证日营业额 RMB×0 000
合　计	RMB　　万元				

Equipment Requirement(设备要求)

Date 日期	Time 时间	Venue 地点	Equipment 设备	Price 价格
2018年9月7—9日	8:30—17:00	上海厅Ⅰ	清洁费	RMB×0 000
			电费	RMB×00 000
2018年9月7—9日			上网线(6根)	RMB×00 000
2018年9月7—9日	8:30—17:00	上海厅Ⅲ	同声翻译主机	RMB×00 000
2018年9月8日			红外接收机(400副)	RMB×00 000
2018年9月9日			红外接收机(300副)	RMB×00 000
2018年9月7日	18:30—22:00	国际厅	立式有线话筒(2个)	免费
合　计	RMB　　万元				

(续表)

Food & Beverage(餐饮要求)

Date 日期	Time 时间	Venue 地点	GTD Person 保证人数	Type 台型	Price 价格
2018年9月7日	18:30—19:30	上海厅Ⅰ	300	酒会	RMB00/人
2018年9月7日	19:30—21:30	国际厅	75	自助餐	RMB00+15%/人（饮料另计）
合　　计			RMB　　万元		

Coffee Break(间歇茶点)

Date 日期	Time 时间	Venue 地点	GTD Person 人数	Price 价格
2018年9月8日	9:50—10:30	上海厅Ⅰ	500	RMB00/人
	15:00—15:30		420	RMB00/人
合　　计			RMB　　万元	

Total Account（活动总费用）

预计总金额	RMB　　万元
预付金额	客人已经预付人民币作为定金
现金/转账	由会展公司统一付款给饭店

Service Requirement（服务要求）

工程部	9月6日20:00进馆 1. 上海厅Ⅰ放置4个45 A/380 V电箱，展览用电120 kW。 2. 上海厅Ⅲ放置4个45 A/380 V电箱。 3. 9月9日19:00后撤展。
餐饮部	9月7日18:30—19:30，上海厅Ⅰ： 提供300人酒会，RMB000/人，见附页菜单。 9月8日12:00—14:30，上海厅Ⅱ： 提供480人自助餐，RMB000/人，含一杯软饮料，见附页菜单。
会议部	9月5—9日8:30—17:00(参见附页图纸)(图略)： 布置40人会场(按图纸要求放置相应数量的桌椅)。 9月8—9日8:30—17:00，中华厅Ⅲ： 放置1个Mini Shop，出售咖啡、软饮料及零食、点心，位置见图。 9月8日8:30—17:00，华南厅： 提供同声翻译设备及120副红外接收机。
房务部	9月7—9日8:00—17:00 布展期间增加2名清洁工，及时清洁上海厅Ⅰ+Ⅲ。

(续表)

| 安保部 | 9月6日20:00，上海厅Ⅰ+Ⅲ进馆搭建场馆保安。
9月7—9日8:30—17:00，上海厅Ⅰ：场馆保安。 |

发自：市场营销部
抄送：总经理、副总经理、会议部、餐饮部、房务部、安保部、工程部、前厅部、财务部

如何理解酒店的团队报价高于散客门市价的现象？

无论是会展公司、第三方代理还是用户自身，有时在电话里向酒店询问某时的会议及团队批量用房的价格时会非常吃惊，因为询价方的心里价位是比他们在 OTA 上看到的单价的 7 折、8 折还低甚至是一半的房价。但酒店的书面报价往往高于门市价。结果会展公司直呼"没诚意"，用户自身则选择"三顾茅庐"或者"货比三家"，抑或反过来再另寻多家第三方代理去试探性地询价。

以上情形对于酒店销售人员尤其是团队销售来说也如鲠在喉，一方面，他们的问题是："你这个团确认了吗？合同签回来了吗？定金付了吗？"一旦团队定金到位，至少合同签回，酒店销售就可以大胆地要求收益经理上调那些日子的门市价，以显示门市价大大高于团队价，团队客户作了正确的决定，用相对较低的价格买到了心仪的"货品"。反之，如果门市价维持现状，团队价也维持预算需要达到的价位，两两相持。另一方面，团队销售的报价很大程度上是酒店收益经理和市场营销总监根据市场热度来判断供需关系，如果供需两旺，则双方接受；如果需求旺，供货量持平甚至更低，则出现明显的溢价现象。

一言蔽之，团队报价高于散客门市价其实就是典型的卖方溢价现象，那么团队报价的溢价现象是酒店基于什么样的原理呢？之前我们已经提到了供需关系，这里我们要说的就是供需关系＋产能关系。众所周知，酒店的客房就是酒店的第一生产力（资源），酒店从业人员就是第二生产力（服务）。当产能受到限制的时候，产品就显得稀缺，如果市场继续释放需求，接近店家的饱和状态时，店方要么选择毁约，要么继续履约。当然，星级酒店要毁约的名誉成本太高，并且背后有管理方和业主方的共同承诺，履约就是唯一选择。此时，酒店履约的成本是相对平时而言有所提高的，比如增加劳动力、规劝员工放弃休息、递交加班申请，又比如接受团队客而放弃接待常客的预订请求而导致常客流失，再比如团队用房的备品和食品库存的瞬间提升，而这些都是接待散客所没有的成本。

我们再举一个例子来进一步分析，如果一家酒店的体量是 200 间客房，基础房型、高级房型和行政房型的比例分别是 45%、30% 和 15%。此时，团队用房询价时 130 间客房，这样势必占据了酒店除基础房型以外更多的高级房型，酒店此时的报价

会议型饭店管理

就会体现两档以上的房型及报价,也就是说,把高级房或者行政房也卖给你或者你的客户。如果这家团队用户够豪气,说酒店的200间房这次都要了,正常情况下,用户理所当然就得按照基础房、高级房和行政房三档房型来支付房价以及不同的房型差价,或者按一个相对统一的平均房价来支付所有房价。此时的平均房价就不可能是基础房的最低均一价了,因为基础房从头到尾就只有90间,况且还有其他因素,例如,某位领导打招呼要留一间,某位CEO要住他最熟悉的房型,常旅客王先生下个月还要连续入住一个星期,刚签约的G公司下星期就有客人来试住等,都是酒店机会与危机并存的决策点。

以上分析,就散客的成本点和团队的成本点之间差距成本是多少呢?一般认为是在10%—20%,也就是说,溢价10%—20%是完全正常的。但特殊时期,如上海国际车展期间,展馆单日客流访问量达到30万以上,则溢价(涨幅)失去边际效应,处于完全卖方市场,需求导致酒店掌握绝对的价格话语权。至此,该情况下先前任何的用户团队预订确认价格均为买方获取了价格优势。

最终用户在未确定酒店和场地之前,宁愿货比三家,千万不建议多头询价一家酒店。同一期间多家询问酒店抢这一档期客房,这酒店能不摆个谱说涨价吗?

作者:季明㻬

文章来源微信公众号:会议圈

思 考 题

1. 简述市场营销部的功能与作用。

2. 如果是境外客户来中国召开国际会议,会议型饭店报价应该注意哪些方面因素?

3. 会议型饭店销售渠道多样,请问作为一家会议型饭店市场营销总监地你该如何管理?

4. 市场营销作为饭店来讲要拓展世界各板块市场,其中包括商务、旅游等,请问如何打造会议型饭店的产品?

5. 会议型饭店遇到危机应处置妥当,在处理中,公关部应该发挥哪些作用?

第四章

会议型饭店的会议接待与会务管理

杭州洲际酒店

本章导读

会议型饭店具有以相应的会议设施和配套设施为基础形成的会议接待能力，其特点是会议设施设备齐全、接待服务经验丰富，尤其是会议整体服务的专业性与其他星级饭店相比有较大优势。在会议型饭店的总营收中，会议服务接待收入往往作为先导，带动餐饮、客房等收入的大幅增长。一般情况下，1元会议收入可带来2元客房收入和3元餐饮收入，笔者将其总结为会议型饭店的"1+2+3"营收模式。这种模式是专业会议型饭店盈利的前提条件。本章从会议型饭店的基本功能、基本设施、基本要素和相应的技术要求出发，重点阐述会议服务功能的强化与配套，适用于国内外以会议为主要功能的单体或群体饭店。

第一节　会议型饭店的会议部

会议型饭店的组织机构不同于其他旅游饭店,主要是由于独立设置了一个规模较大且在整个饭店全年营业收入中起着领衔作用的会议部。会议部在会议服务管理方面应有强劲的业务经营能力,能完成大型商务性、政治性国际国内会议,扩大饭店的社会影响力。会议型饭店往往设立会议总监职位,直接向总经理述职,对总经理负责,以此突出会议部门的重要性和专业程度。

一、会议部的职责

很多饭店在内部会议上经常讨论一个问题:我们的会议销售需要介入到会议服务过程中的程度有多大?笔者通过对不同类型的会议型饭店调研,目前主要存在以下两种观点。

第一种观点。有些饭店认为,会议销售工作仅仅是前期销售,不应该参与服务,一旦签订会议合同后,应当将后续对接服务工作转交给内部会议协调部门或专员处理,因为在后期服务中客户可能会不断地来看场地,甚至供应商也会来丈量场地等,如均由销售一一陪同,就会影响其对外销售工作时间,若不参与服务跟进,可以更有效地使用人力,争取更多的会议业务。

第二种观点。有些饭店则站在会议客户的角度出发,认为客户更喜欢自始至终与同一个人接触,会议销售人员不但要进行销售,还要全程参与会议的服务和实施,做到一跟到底。饭店要求销售人员在客户开会现场应当继续参与服务,协调好会议团体在饭店期间的服务,如果不参与服务就不能深层次地挖掘客户需求,很难培育客户忠诚度。

以上是两种截然相反的观点,何种方式适合饭店会议业态的发展?这将取决于该饭店员工结构与定位,以此来顺利协调接待各种类型的会议,笔者倾向于将会议型饭店销售和协调服务分开,在会议型饭店中专门设置会议部。

会议部的工作职责分成以下六个部分。

第一,一旦会议团队签订成功,会议部要了解之前客户与销售所有有关该项目的往来邮件内容,确认哪些信息已经向客人告知,哪些需要补充,如饭店的搭建布展的安全规定客户是否知道,如果是回头客,通常会议部要查阅之前的相关服务档案,以便了解该客户以往的办会记录或者是否有特殊需求。

第二,销售部将客户移交会议部后,会议部应马上与会议主办方取得联系,告知其会议后期协调工作已由会议部接手。此时,销售人员走向幕后,如会议部感到自己与客户联络不畅,要立刻联系销售人员进行协调。

第三,会议部应在会议开幕的 3 个月前,要同会议主办方一起制定出方案的细节,尽量提前确认会议的所有增减服务的内容与数量,如客房数量、用餐人数方面的变更,

会议型饭店管理

以便于饭店提前调整相关对外销售和服务计划。如增加晚宴桌数,饭店可能就会多用一些临时员工;如果减少预定的客房数量,饭店还可以继续销售,但是这些变更一般控制在原预定的5%—10%范围内。

第四,会议部应每月组织一次所有部门负责人都要参加的工作会议,仔细检查该月所有将要服务的会议接待方案,要反复推敲所有的会议明细单,并逐条与各个部门加以讨论。会议开幕前的两至三天,再次召开会前会,前厅部、客房部、宴会部、工程部、餐饮部、安保部以及会议客户出席会议,再次审议整个方案、核准菜单、核实会场的布置工作。

第五,会议期间,会议部承担现场服务与协调各个部门的工作,需安排会议专员常在现场检查。每天会前1小时,需安排相关人员到各个会场去检查布置情况、视听设备、清洁情况及保安措施。

第六,会议结束后要召开会后会。要与会议客户做新增费用的核实和结算,会议部不但是一个服务部门,它还承担二次销售的任务,当销售部将客户移交给会议部那刻起,会议部就可把饭店所有能提供的服务项目向客户售卖,并且有权给予与销售部同等的折扣,这一点是赢得会议客户信任的关键因素。会后会要由出席会前会的人员对活动进行总结,并做记录归档。

二、会议部的职位设置

会议部的人员编制是依据会议型饭店的规模、会议客户所占的入住率以及会议室的数量和大小而制定的。会议总监下设会议部经理1名,主管2名,会议专员3—5名,服务专员20—50名(视会议场地大小而定),礼仪专员4—6名,AV专员2—4名。

(一)会议总监

会议总监全面负责会议型饭店的会议服务管理工作,全权处理因会务接待而引发的需协调和联络的事宜。

(1)贯彻饭店对会议部的工作要求,制订年度工作计划,完成各项接待任务、经济指标任务和部门管理目标任务。

(2)确保各类会议召开的成功和会务接待工作的圆满,减少客人对会务接待质量的投诉。做好各类会议场地的管理工作,加快会议场地的周转使用率。

(3)主动增加服务项目,提倡个性化服务,每周总结工作,每月检查月度工作计划。编制千人以上的大型国际国内会议工作预案,处理突发事件。

(4)做好财产物资的管理工作,建立完善的固定资产二级账目,掌握每周会务情况,检查和落实每日任务书,知晓每个会议的基本情况、当天VIP客人、每天营业收入和服务质量状况。

(5)负责专业培训和员工考核,加强督导,做到服务无差错、接待无事故,特别要确保重大接待任务的圆满成功。

(二)会议部经理/主管

会议部经理/主管在会议总监的直接领导下开展工作,对分管的工种和区域的服务质量负责。

（1）掌握各类会议服务的规范、操作程序与接待礼仪，熟悉会议场地各种设施设备的使用情况，熟练调配人力资源和设备资源，使得效益和效率最大化。

（2）检查会议场地的设备设施、人员配备和会议任务书的落实情况，检查会议接待的预案和所需用品的准备工作。

（3）指导服务专员按各类不同的会议要求完成会场布置和会议接待服务，检查服务专员上岗前的仪容仪表和会前准备工作，按任务书要求完成落实会务保障及任务结束时的清场工作。

（三）会议专员

专业会议型饭店在会议部配置数名会议专员，也叫作会议项目经理、会议协调，作为专职人员，负责会议召开前后和整个会议过程的统筹、协调、信息沟通等工作，认真做好接待和各项服务工作。

会议专员在授权下开展商务谈判、策划会务、落实项目，经批准后下达任务通知书。大型会议必须召开各部门协调会议，畅通各项指令，使各部门明确职责。自会议筹备人员进场日起，会议专员就应全程联络和跟踪会议进度，若有变化，理应当场帮助客户解决问题。会议结束时，应该及时收集各项账单，核对费用以及检查与合同有无差异，有无签单遗漏，陪会务组负责人去信用部门结账付费。

在会议项目的进行中，会发生除会场以外的业务，因此，会议专员要通晓客房、餐饮、AV设备、展览、海关通关、物流、周边设施环境等业务知识和解决问题的联络方式，在工作的分工中，这个部门至少有1人能够在对外联络上解决问题。

（四）服务专员

（1）安排开展会前布置、会中服务、会后清场工作，做好每个服务细节。

（2）掌握会议场地各种设备设施的性能和使用方法，熟知会议服务、会议礼仪方面的知识，能按规定要求完成所有会议、会场及衣帽等服务工作。严格执行安全保密制度，增强工作责任心，不擅自翻动客人的文件资料，做好本职工作。

（3）遵守仪容仪表的有关规定，积极主动并正确地使用礼貌用语和礼仪规范。会议使用的各类用具、器皿，坚持严格清洁消毒，并保证其完好无损。

（五）礼仪专员

（1）掌握各类礼仪、会务的服务规范与操作流程，熟悉会议场地各种设施设备的状况和使用方法，认真检查接待服务的安全、保密、卫生等工作。

（2）熟悉接待礼仪服务常识和公共关系学的基础知识，能与相关部门保持良好的沟通和协调关系。能针对不同民族、不同宗教信仰和不同国别的礼仪分别做好事前学习和培训。

（3）按会议任务书下达的各项工作，确保每次礼仪、会务工作的质量，完成各类礼仪服务接待的任务。

（4）熟悉每次VIP客人的姓名、职务和参会时的行走路线，规范礼仪队岗位动作要领，掌握手动开动电梯的技能。

（六）AV专员

AV专员岗位一般设置在饭店的工程部下，而在会议型饭店中可将AV专员设置在会议部。由于会议业务频繁，视听设备的管理又是会议服务的重要环节，所以，AV专员直接由会议部管理，更有利于沟通与服务客户。

（1）遵守《AV会议操作规程》（该操作规程，各会议型饭店可根据AV系统工程师的要求分别制定），对客人和上级提出的建议与要求应主动接纳并实施，如有疑问，须了解清楚，不得带有疑问上岗。若遇重大接待任务，在每次上岗前须先制定书面图纸，包括布线、设备定型和线路设计，然后将设备布置到位。

（2）在调试过程中，遇到客人提出会议任务书中没有注明的设备要求时：① 应采取积极合作的态度，不得随意打发客人，设法先满足客人的要求。② 若因本人业务能力或其他原因无法完成客人提出的要求时，应及时将情况逐级汇报给上级主管。③ 对客人提出的要求如确有困难（如设备缺口、时间紧迫等）无法解决，应及时通知市场营销部人员与客人沟通。

（3）会议保障人员须提前1小时到岗，为会议做好准备，具体内容按《AV会议操作规程》的规定严格执行。

（4）为完成会议保障，须事先填写设备借用单，而后领取设备。如遇会议紧急，可先借用，后补借用单，会后须及时归还借用设备。设备借用人有义务配合仓库管理员整理好设备。

二、会议部的公共关系

（一）会议部与总经理办公室

很多会议的信息来源和服务要求，往往由政府有关部门直接发送给饭店的总经理或总经理办公室，这些信息往往是指令性、命令性甚至保密性的。比如政府一般用保密电话机（通常称红机）直接通知总经理有关VIP客人甚至首长的行动方案、到达时间及服务要求。总经理办公室通常不会以书面形式作布置，而是在极小范围内通知有关部门和人员执行任务。会议部在会务管理过程中要时刻保持与总经理办公室的沟通。

（二）会议部与市场营销部

市场营销部承接的各种会议和活动，要根据会议场地的状况而定。会议部提供的AV保障、会场布置、舞台搭建、同声传译等服务都是会议型饭店的主要产品。会后，客人往往会将会务情况通过市场营销部反馈给会议部，以便日后改进或保持。在专业的会议型饭店中，市场营销部设有会务专员直接跟踪服务每个会议，以便会议主办方的要求能通过会务专员直接与第一线的服务专员对接，迅速而顺利地解决问题。

（三）会议部与工程部

在会场日常的硬件维修保养和配套服务保障方面，特别是在重大国际会议和高级别会议召开时，工程部起着非常重要的作用。通信系统、卫星转播、供电强度、室温控制、燃气安全、生活用水、消防设备以及动力传送等都直接或者间接地影响到会议能否成功召开。因此，会议部要把每次会务接待要求及时发送给工程部，使其能及时做好准备工作。

（四）会议部与安保部

通常情况下，安保部必须有效保障会议场地各安全通道的畅通和没有任何堆积物，有效监督会场的消防安全和会场周边的安全保卫工作，通过监控中心掌握重要客人的行动路线，管理好重要客人活动区域的安全警戒线，加强对参会者物品的管理。会议部加强与安保部的沟通，确保安全工作及时周密、布点合理，可避免会议区域发生安全事故，顺利完成接待。

（五）会议部与餐饮部

会议部与餐饮部在餐饮会议总监领导下展开工作，从扁平化管理的角度看是既分又合：分是业务内容不同，合是人员使用共享，充分整合内部人力、物力资源，更有效地利用多功能厅、宴会厅、贵宾厅创造效益。例如，会议大部分在白天进行，会议部的服务员晚上可以调配至餐饮部使用。尤其是经营场地的共享，同一个多功能厅，白天用于开会，晚上用于宴会，第二天又用于展览，大大延展了会议场地的利用率。因此，会议部和餐饮部是相互通融、资源共享的。

（六）会议部与财务部

财务部通常在会议部设有收银点，在任何会场所发生的业务都可以账单的形式记入该会议的账户中。在本书财务管理一章中，就是以开设"假房号"为单项会议账户进行入账。会后，财务部往往采用财务监督的形式，对每个会议发生的费用进行合同对账，梳理已发生账单对账和应收账款的催账收账，尽全力减少垫付金额度，确保饭店的现金流充裕。

（七）会议部与政府机构

政府机构的决策人和执行者往往考虑社会效益多于经济效益。无论是申办会议，还是接待会议，都需要与政府机构协调处理好各种关系，要善于平衡赢利创收与公益事业、反恐安全等方面的轻重缓急。会议办得再好，万一出了严重的安全事故，很容易被相关行政主管部门一票否决，既不利于客人，也不利于饭店的口碑传播，导致以后类似的会议可能无法继续在饭店举行。

（八）会议部与MICE服务公司

今天的会议行业细分越来越明显，一般分为会议公司（如PCO专业会议组织者和DMC目的地接待公司）、展览公司及活动公司，可将它们统称为会展活动公司。会展活动公司是策划主承办会议、展览及活动的专门组织机构，也是营利性的中介机构，会议型饭店要加强与国内外会展活动公司的联系，有利于增加会议业务量。会议部与会展活动公司密切合作，确保使会议接待达到效益最大化，价格方面的商定则需要市场营销部与会展活动公司协调。

（九）会议部与广告搭建公司

会场内外的搭建工作通常是在深夜进行，这就涉及城市车辆通行规则和会场夜间利用问题。办会者选择在夜间搭建舞台、场景、背景板等，一般收费只是白天场租费的30%—50%。一方面为了节省场租，另一方面搭建时间紧凑。

夜间搭建最重要的是施工安全问题，包括消防安全、场地设施设备安全和施工人员的操作安全。会后拆除工作，则更需要控制时间和防止设备设施受损。会议部不仅要督导舞美搭建广告公司在材料运输、搭建布展和拆除清场中的时间、美观度与成本损耗的控制，而且要全程派员值班，包括关注现场的施工安全、场地保护等。

（十）会议部与 AV 服务公司

AV 是音响视频服务英文全称（audio-vedio）的缩写，是会议服务的重要内容。会议部在承接 AV 服务项目的过程中往往处于被动，因为会议洽谈的主动权在市场营销部、会议主办方和会展公司手中。几乎所有会议型饭店都有配套 AV 设施设备和专业服务人员，但在承接会议的过程中，会议主办方经常把 AV 保障服务外包给其他 AV 公司。这种情况下，会议部要积极配合该 AV 公司高质量地提供会务保障，因为大部分参会客人都会认为 AV 服务是由饭店方提供的，万一出了差错，损害的是整个饭店的形象。

AV 服务保障不管是会议部自己实施还是由第三方 AV 服务公司提供，必须根据会场接待规格要求，加以设备备份，以防在一路线出现故障时，另一路线无缝对接。

第二节　会议型饭店提供的专业会议服务

商务饭店忙着拓展会务，休闲度假村也急于招徕会议客源，各类饭店都在争夺会展客源。这些反映了各类饭店意图通过拓展自身会议场馆的接待功能来提高客房出租率，扩充业务量，而并非以接待会议为主。会议型饭店则不同，它以会议接待服务为拳头产品来带动相关餐饮、客房营收，促进饭店总营收增长。笔者所在饭店的会议、客房、餐饮收入之比大致为 1∶2∶3，对于单体饭店而言，这种收入比是比较适合整体盈利的，当然也会随着市场和消费观念变化而改变。接下来，笔者将详述会议型饭店提供会议接待服务的主要内容和形式。

一、会议服务的性质、类别和内容

会议服务是具有专业团队、专业技能和设备，以会议为载体的全方位的系统服务。会议型饭店的定位是以会议接待为主要产品，成为收入来源的火车头，带动餐饮、客房，增加饭店总营收。一般情况下，以 1 元会议收入能带来 2 元客房收入和 3 元餐饮收入，即会议型饭店"1＋2＋3"营收模式测算，这种模式是专业会议型饭店盈利的收入匹配基本条件。

（一）会议类型决定服务要求

1. 商务性会议

商务性会议一般是以产品、商品及无形资产等为载体开展的产品、科技、文化等领域的总结、交流、研讨、推广、演讲、揭牌等活动，参会者多是相应产业链中的机构负责人，如经销商总裁、制造商代理商、市场部经理、渠道部主管。商务性会议的目的主要是商业性的，因此，会议主办方愿意花钱买服务，市场意识较强，对会议服务的要求也很严苛。

2. 学术性会议

学术性会议大多持续时间长，一般在 2 天以上，其参与者以高级知识分子、专家、专业技术人员居多,由于阐述性内容多,需要演绎的可能性也大,因此,专家单独演讲、专家评审会也较多,需要使用更多的小会议室做分会场。学术性会议的经费一般较紧缺,少数有财政拨款,大部分靠广告商、赞助商和会议注册费收入,会议主办方希望参加参会人数越多越好。

3. 推广性会议

推广性会议是指产品介绍、产品推广,是促销和订货大会。出席这类会议的客人,大多是与产业链有关、与产品有关的业务单位、业务人员。因此,这类参会者来自五湖四海。如产品的直销、产品的广告、年度奖励活动。主办方常喜欢在饭店内外做广告,气氛比较活跃。这类会议用大会场集中推广,再根据产品类别分小会议室促销订货,客房也用得较多,通常有一次招待宴会,会议时间大多是1.5—3天。

4. 公司核心会议

公司核心会议一般是指董事会、监事会、总经理办公会、首席执行官决策会、专家技术论证会以及跨国远程电视电话会议。这类会议涉及公司内部商业、经济、决策等,有一定的保密性,他们喜欢使用小会议室,人数一般在10—30人。常使用电脑作PPT演示,需要有投影仪、智能会议系统设施等。在会议进行过程中,服务员不宜在会场忙碌。公司核心会议是决策机构的会议,也有上市公司会议,他们是企业的最高层,这类会议具有较高的保密要求,在会议中,经常会安排早茶、午餐、茶歇和晚宴,人数不多,但人均消费水平都很高。

5. 政治性会议

接待政治性会议是特殊任务,这种性质的会议都是政府召开的或是主办的,涉及我国的外交、国际国内政治的会议。这类会议召开,不仅要做好安全保卫工作,对出席会议的元首、政要、首长安全负责,更要做好保密工作。会议型饭店承接政治性会议要认真做好以下十项基本工作。

(1) 明确会议任务,主动与政府相关部门密切协调。

(2) 详细掌握会议日程、出席人员、人数、日期及重要时间。

(3) 落实会场、设备、宴会厅、客房及行走路线。

(4) 检查、维修、保养相关设备、设施,确保营运安全正常。

(5) 落实会场布置、员工服饰等总体协调要求。

(6) 落实宴会厅布置、宴会餐桌布置、菜单和试菜等要求。

(7) 落实上岗员工名单及要求。

(8) 模拟演练。

(9) 落实货源及各种用品。

(10) 万事俱备,只欠东风,等待验收。

政治性会议能展示一个国家对外的形象,要求员工要以高度的政治责任感和爱国热情做好服务接待工作。

6. 庆功表彰大会

庆功表彰大会往往与建设项目的竣工、产品的研发成功、公司年度表彰的年会等结合,比较注重形式,要求气氛隆重、场面热烈、激励人心、鼓舞斗志。人数众多、用餐量大、住宿较少,开会时间大都在下午,晚上则举行大型宴会。庆功表彰大会常需礼仪队服务和晚宴时的演出,还可能增加颁奖仪式。这里要注意的是,举办有演出的晚宴时,讲话用的话筒、扩音设备和演出用的要完全区分开,如果两者兼用,容易产生混响,破坏现场的气氛。

7. 会中展和展中会

(1) 会中展。有些大型会议型饭店附设有展览,用来推广产品、展示产品。常在会场附近需辟有小型展览场地和会议室供使用,这种形式被称为会中展(见图4.1)。会中展以会为主,以展为辅,其展位并非全是标准展位,规模一般不大,往往是独家或少数几家参展,展位一般不对外招租或是会议赞助商,也不对外售票,只面向参会者,饭店应在展前问清搭建材料,做好相关保护措施。

图4.1　2018年马来西亚(槟城)Business Event Week会中展

(2) 展中会。展览组织者在组织举办展览的同时往往需要配套行业会议来丰富其展览内容与形式,往往在展馆附近选择会场兴办展中会。展中会以展为主,以会为辅。展中会主要针对专业观众和展商,大部分是中型研讨会议,使用会议型饭店的大中会议室较多,饭店方面提供一般会议服务,如满足场地、话筒扩音、投影仪、茶水、茶歇等服务。

(二) 提供会议的单项服务

1. 提供会场服务

有时候,会议主办方不一定将全部服务项目委托给会议型饭店完成,只在饭店租赁会场使用,而把就餐安排在饭店附近餐厅,住宿安排在另一家饭店,甚至请其他公司来做现场的外包AV服务。这样,会议型饭店只需提供会场、桌椅、台型布置和最简单的会议接待服务。表面看来,饭店轻而易举地完成了接待,但是单一提供会场服务,饭店没有达到综合营收和规模效应,这类会议的利润贡献率不高。并且由于参会者过于分散,不利于整个会议的总体协调,往往容易政出多门、会议组织松散,到会人数和会场纪律难以控制,也会出现诸多不确定、不稳定性因素。

因此，在承接这类会议时，会场租赁可坚持全价，不建议随意打折。同时，如果基本的 AV 服务都不由饭店完成，事前签订的合同中必须写明会场 AV 效果和系统安全事故责任由会议主办方负责。

2. 餐饮和客房服务

与其他的会议服务公司相比，会议型饭店如果涉足会议策划业务，最有利的条件体现在餐饮与住宿方面，它可以给予会议主办方更优惠的价格和更完整的服务体系。同时，就会议型饭店内部而言，会议与餐饮、客房是同一服务链，销售人员要有整体意识，平衡三者关系，使饭店的利润最大化。预订部要做好会议召开前后的客房预订工作，避免发生漏订、超订、空置现象。会议型饭店应以追求总营收、总利润为整体目标，不能仅以单个餐饮、客房、会场收入为衡量标准。

3. 提供舞台、背景板、灯光服务

市场销售部在洽谈会场出租时，应尽量推出多种服务项目，以增加饭店综合收入。舞台、背景板、灯光设计是召开会议、大型宴会不可或缺的会场布置要素之一。舞台和背景板的收费按材质和平方米计算，舞台要求坚固耐踩，背景板要求有创意、风格独特、吸引人的眼球与注意力。会议部可以有自备的舞台、专业的舞台背景板搭建和灯光设计人员可接受主办方委托，为会议提供搭建服务，提高饭店的整体创收能力。

4. 提供 AV 服务

AV 是音响、视频服务的重要内容。优质的 AV 服务不仅让会议锦上添花，更是会议取得圆满成功的有力保障。会议开始前 1 小时，AV 要全部调试到位，话筒声音、画面效果、设备线路铺设走向、强弱电配置都是要特别关注的技术要点。AV 设备安置要注意美观大方，选择会场的一角，试音应在会场的每一个方位。会议召开后，调音台的每一个按钮应有定位，不能随意拉动。调音师能看到主席台和发言席的动态，要随时根据会议议程及演出进展作出调整，调音师要有会议议程的清单及演出的节目单，必要时应该进行排练几遍。调音师上岗后不得脱岗。

在会场租赁服务中，客人往往把 AV 服务交给第三方服务公司担当，质量还需要饭店的会议部加以配合，如配电问题、线路在会场里的走向问题以及在与会场布置时的合作问题等。

5. 提供同声传译服务

召开国际性会议时常要使用同声传译服务，会议部要根据会务组要求提供相关服务。进行会场布置时，要注意以下三点。

（1）会场必须安置无线信号发射器若干个，同声传译的工作间若干个（根据语种需要），工作间要有话筒、工作台、台灯、工作椅，布置矿泉水、记录纸、铅笔。工作间不小于 2 平方米，高度不能低于 2.3 米，通风良好。会场要根据客人数布置同声传译耳机，并有各频道的语种说明书，以方便客人使用。

（2）译员可以由会务组解决，也可以请专业公司帮助，还可以由饭店会议部帮助解决。同声传译员要求听力和口语水平高，能同步跟随发言人翻译。同传翻译也有两种，一种是直接口译，一种是有书面材料的翻译。

（3）同声传译耳机价格昂贵，须采取有效办法加强管理，入场时凭会议注册有效证件领用,会议结束后凭耳机取回证件。

6. 提供会议注册服务

参会者以个人或组织的名义注册、登记并缴纳费用,然后取得证件,凭有效证件入场,饭店安保人员应严格检查。注册登记既是安保措施,也是统计最终与会人数的最好方式。

值得一提的是,如今一些高级别会议或专业性非常强的会议,在注册登记流程中增加智能识别技术,很大程度上提高了会议的安全性。

会议注册也是一个极好的收集客户信息的机会,可以请客人扫码关注饭店获得更多的服务,饭店也可以获取大量的客户信息,以便以后开拓市场所用。

(三) 提供会议的顾问服务

会议型饭店可以承接会议的单项服务,也可以为会议举办方提供会议顾问服务,这不仅有利于饭店的经济效益,更有利于整个会议的组织协调,增加成功的把握性。饭店提供会议接待的整体策划服务项目包括以下六个方面。

1. 会务组筹备

会议型饭店的市场营销部、会议部可以与会议主办方联合组建会务组,并行使以下职能。

(1) 制订会务计划,落实具体内容。

(2) 制订会议日程和会后有关事项,落实细节。

(3) 做好会前准备工作,做好会中各项后勤支持工作。

(4) 掌握每日动态,提出服务要求,做好VIP客人接待。

(5) 做好账务管理和会后清算工作。

(6) 及时听取客人的意见,听取VIP客人的意见,做好会议善后、回访工作。

2. 广告媒体策划

有些国内会议和国际会议是很有影响力的,政府的新闻媒体会跟踪报道。有些会议的主办方还要加大对会议的事先、事中和事后的宣传广告力度。饭店的会议部和销售部可以一起进行广告策划。会议型饭店往往是本地标志性建筑,有举办多次大型国际、国内会议的经历,积累了一些和广告业界的人脉,完全可以利用这些资源帮助会务组出谋划策、积极推广。

3. 机场接送与入住登记

大型会议召开时,参会者在不同时间,经不同航班、车次,从四面八方集到饭店。要妥善安置、圆满接待所有人不是一件易事,需要团队的智慧和专业的协调精神。

机场、车站可设置服务台,迎接参会代表。定时开设班车,往返饭店和机场、车站之间。接送贵宾要注意用车等级,并准备礼仪、矿泉水、毛巾等服务。贵宾入住饭店时,必须按规格做好服务接待。

会务组或总服务台可以在事前代客人办好入住手续、房门钥匙和房卡,《会议须知》由接待人员在班车上分发给客人,客人下车后只需办理简单的注册手续即可入住。这种办法适用于会务费用由会务组统一承担的会议。然而,大多数会议的注册费、住宿费等都由参会者自己承担,所以,饭店要在大堂设立两个以上签到服务台,快速办理手续,避免客人久等。

4. 会后考察与旅游

会议结束后,会务组往往要组织来自全国乃至世界各地的客人参观、购物旅游、考察,增加了解,促进交流。会后考察与旅游分为两种类型:一种是自费形式,会务组只是组织者;另一种是由会务组统一招待费用的。会后考察与旅游的安排,应在会议筹备进行通知时就告知开会者,会务组接到回执后作统筹安排。

5. 纪念品、礼品的设计制作

大部分会议的会务组选择在现场发放纪念品、礼品给参会者,会议型饭店如能承接这项业务,将大大扩展创收服务空间。

6. 与政府相关部门的公共关系

举办大型、特大型国际性会议,必须事前做两项准备工作:一是向会议举办地所在政府的相关机构申报,二是国际会议还要将各参加国出席人员的信息通报驻地使领馆。知名的会议型饭店往往与政府相关部门有良好的公共关系,这有利于承办大型国际会议、特大型国际性会议。举办大型会议要特别注意公共关系方面的协调。

(1)公安部门在必要时提供开道车与交通管理等协助。

(2)新闻媒体、报社、电视台、电台等的宣传推广协助。

(3)海关、边防、出入境管理处等协助。

(4)机场接送 VIP 客人时绿色通道使用等协助。

(5)社会治安和环境卫生管理协助,如遇重要会议,应清理饭店的周边环境和卫生环境。

(6)车辆租赁公司的车辆服务协助。

(7)旅游景点和参观考察地的联系协助。

(8)邀请地方嘉宾和有关领导出席会议或发言。

(四)提供绿色会议服务

饭店需要营造绿色环保、可持续发展的文化氛围,致力于能源的节约、再生、循环及可持续发展,并不断地创新和加强绿色环保。会议型饭店应该树立绿色会议服务理念,为会议主办方、参会者提供绿色会议产品与服务。

1. 会议节约用纸

会议应尽量减少纸张的使用,饭店与会议主办方可相互合作,事先通知参会者自带纸笔,饭店不再提供,饭店可提供少量用再生纸浆做成的会议用纸;相关通知信息通过电子形式告知,如通过饭店微信公众号、饭店的 App 来获得信息。

2. 废弃物回收

回收现场废纸、广告纸,会议胸卡等物品,会议现场设立能区分的可回收和不可回收的垃圾桶。

3. 节电、节能

会议期间,会议室空调的温度保持为 26℃;在不同使用状态下,会议室的灯光亮度需要调控,如会场布置时期,会场的灯只需开启工作模式,无须全部打开。

4. 杜绝浪费

饭店应该注意会议用水、食品的浪费现象,现在一般提供 375 ml 的瓶装水,原因是

500 ml的瓶装水会后都会有大量剩余,造成浪费。现在有不少国际会议不再向每位参会者的桌上摆放瓶装水,而是将其放在会场后或者两侧的桌上,供有需求者自取;另外,有些饭店在瓶装水上贴上空白标签,参会者可签写自己的名字,避免因混淆而产生的饮用水浪费。在食品方面,餐饮部要时刻注意自助餐菜品的量,避免浪费。

5. 使用环保用品

会议现场应减少一次性餐具的使用,提倡使用玻璃杯等可循环的餐具。但遇大型会议餐具布草用量较大时,可结合降解餐具一并使用(见图4.2),茶歇期间,有些饭店设有专人咖啡搅拌服务,以减少一次性搅拌棒的使用。

图4.2 2019年美国展览业协会茶歇玉米壳可降解餐具

6. 绿色客房

希望参会者不要每天更换床单,只将需要更换的布草放入回收筐中即可。

7. 绿色搭建服务

有时在会场内会闻到一股甲醛气味,那就是不环保搭建材料挥发所致,饭店应建议会议主办方多使用环保材料搭建,也可以联合第三方会展搭建公司共同设计开发绿色搭建产品提供给会议需求者选择使用。例如,减少使用木结构搭建,而是多用铝合金、布艺等材料。

8. 奖励会议主办方

饭店应通过一些奖励或者激励的方式来鼓励会议主办方能更多地使用饭店的绿色会议产品和服务,如为主办方提供积分兑换会议室使用等。

(五)大型、特大型国际会议的接待

1. 千人以上国际会议的接待

(1)会议规模大,参会人数多,既有团队又有散客,组织会务难度很高,来自全球各地的参会者又面临文化背景、语言沟通、时差反应等诸多问题,会前会后容易忙乱。千人以上国际会议的会务组织难度极高,饭店应全力协助做好接待工作,为其提供良好的工作环境和设备设施(包括网络系统、通信系统、印刷设备和翻译系统),确保会议有序进行。尤其是国外客人,往往他们在本国参加的商务性、技术性、学术性会议都较松散,十分强调隐私和自由机制。在中国参加会议,他们常常会因为对会议情况不熟和风俗习惯的不理解而找到饭店方来解决、协商。

(2) 参会的住店客人往往集中用早餐,厨房食品准备必须充足,确保1个小时内满足所有参会客人。会间茶歇品种要丰富、口味要多样,关注国际参会者的用餐习惯,满足多种客人的需求。餐饮服务管理人员要不时地与会务组沟通,得到及时有效的反馈。

(3) 参会者抵达饭店的时间不一,服务要求多样,饭店要委派能吃苦耐劳、责任心强的高素质管理人员担任会议专员,熟悉会议整个情况,全天候跟随会务组,负责会务衔接,关注每一个环节和服务管理的具体事项,会议正式召开期间,会务要从协调转向督导,其中包括室温、音频、视频、灯光、服务、住宿、餐饮等质量状况。

2. 高度重视安全

(1) 食品安全。鉴于大规模人员用餐,食品保障方面必须确保原材料的安全、烹饪操作安全和服务操作的安全,配备专门食品化验员和化验设备,必要时,当地食品监督所会派出人员进行督导和食品留样检查。

(2) 参会者财产安全。防止会议期间出现偷盗现象,确保参会者的电脑、资料、参会物品安全,避免发生重要机密的失窃事件。接待高级别的会议,如果安保人员不够,可向警方求援,也可请专业安保公司协助,但起主要作用的还应该是饭店本身的安保力量。

(3) 消防安全。会场布置中是否有易燃易爆物品,灯光、电线、器材在运行过程中是否有高度发热甚至升温燃烧的可能,会场的疏散环境是否良好,如突发意外,会场内的桌椅会否发生混乱,诸如此类都是应该重点检查的内容。

(4) 反恐安全。为了加强反恐安全,应对进入会场或饭店大楼的参会者和工作人员进行类似机场、海关的检查,此类检查适用于大型国际性、政府性会议。检查时一般采用警犬、安检门、X光物品检测仪,对参会人员所携带的笔类物品、移动设备、电脑、照相机、摄像机等进行机动式检查。为防止易燃易爆物品带进会场,应对饮料、罐听等液体物品进行检查。在安检过程中,要注意会场内领导人、重要嘉宾所坐立的正上方是否有悬挂的灯具、吊杆和音响设备,确保其远离高空易坠物品的悬挂位置,避免发生意外。

3. 国际会议需注意的事项

(1) 集中性的大型国际会议一般要设主席台、秘书处,留存中央舞台的空间,以保证主席台的环境气氛。会议开幕式、闭幕式和嘉宾演讲须设有同声传译、画面跟踪和舞台追光,舞台背景板主题要突出。在会场中,应有若干办会方派出的会务人员和饭店方安排的服务员一起提供服务。

(2) 音响系统的调试。做好音频、视频资料的备份,防止因音响、影视系统信息出错造成资料丢失。

(3) 大会的分组讨论应具备分会场和小型会议室。在门口和通道上有明显的标识,20人以上的会议室都必须配有话筒,还可以提供茶水和矿泉水,标准高的会议还可以在分会场或小会议室提供茶歇。分会场是主会场的重要配角,所以,在整个分会场的服务管理体系中,要密切关注主会场的会议召开日程安排,确保大会能顺利进行。分会场可配备投影仪等智能设备。

(4) 服务人员的配备。一般有两种方式:一种是响应式服务,有一些保密性强的会议,参会者不希望常有服务员在旁,如有需求只要按铃,服务员应铃声响应服务;另一种是服务员轮流走动式服务,每一个会议室至少固定配备1名服务员定点服务。

(5) 国际会议中的参会物品(如各种展品、专用设备等),有些由主办方或参会者随身携带,有些随物流运到举办地,有些则需要海关通关,这就涉及进口物品的保税。此类问题需要知晓会议举办国和地方有关部门对会议展品的相关政策与文件,会议筹备组要提前向当地海关通报该次大型国际会议情况,以便顺利通关,饭店会议部可给予一定的协助。

二、会议接待与饭店经营的关系

(一) 大型会议接待对会议型饭店日常工作的影响

1. 对预订服务的影响

会议型饭店常承接政府举办的大型国际、国内会议,此类会议首先考虑的是安全因素,在安全保卫方面要采取非常严格的措施,此时,不建议饭店再承接其他客户业务,需要取消之前所有预订。首先,要根据会议的规模和级别,提前若干天由警方实施饭店的清场工作。如果是元首级别的会议,需将整个饭店清场,要求提前三天把所有预订、住店客人、原承接的宴会等全部清退。甚至需要请政府相关部门发信给预订方,取得客人的理解和支持。其次,饭店方应想方设法地安置好客人,一般有四种方式:① 通知客人另行选择饭店;② 饭店帮助客人选择,并承担其中的差价;③ 对愿意推迟会议(宴会)的客人,饭店可在以后的接待中给予优惠;④ 确实无法为客户解决的,应注重诚信,与客人协商并合理承担损失。最后,大型会议结束后,由于清场造成会后数天饭店的客源连接不及时,可能对营业收入产生较大的影响。市场营销部应严格控制好客源市场,在会议结束前,保证会后有一定的预订,做好旅行社的团队与其他会议的接待,用一定的数量来进行保障与弥补,防止营业上的大起大落。

2. 对入住登记服务的影响

参会客人从机场、火车站、车站到饭店的时间较集中,给入住手续的办理带来挑战,稍有忙乱就容易出错。如遇特大型国际会议,应在机场设置服务点,根据不同航班有准备地安排接待,避免服务接待工作紊乱无序。参会者中的VIP应派专车接送,由服务员陪送房间,进出饭店给予贵宾礼遇。

3. 对客房服务的影响

会议结束后,住店客人常常忙着办理各种事情,如访友探亲、观光旅游、商务考察、休闲购物等,造成退房时间很难一致,并且经常有大量的延迟退房。会务组如事先跟饭店销售部门提出延迟退房,饭店一般都要支持,并且费用很难收取。可事先与会务组取得一致,部分房间客人的行李可集中寄存在行李房或客人的行李并入同一房间,如此可以缓解大面积占房现象。若出现新来客人进不了房间的问题,需要前台部门耐心地做好解释工作,取得客人的理解。

在客房安放会议指南和日程安排。往往大型国际会议的境外客人均为单人参加会议,所以更需饭店给予配合帮助。饭店的服务哪些是免费,哪些是计费的,这些都要在入住时说明,不同的会议、不同的客人享受的待遇、接待的规格和收费的标准都可能有差异。同时,也应提醒会务组是否需要在每个所属房间放置参会重要嘉宾、领导之间的房号和联系方式等信息。

4. 对餐饮服务的影响

会议的餐饮服务多种多样,有早餐、中餐、晚宴、茶歇等。面对繁琐沉重的任务,饭店必须确保用餐准点与食品安全。参会者来自全球、全国各地,原则上尊重参会者的主要习惯,以清真为主,减少不必要的差错;要注明菜肴名称,做好对清真、素食主义者以及对某些食物过敏者的提示。为了不影响日常散客的服务接待工作,会议用餐的餐饮厨房要与零点菜的厨房分离。

大流量的会务工作会影响正常接待入住工作,导致饭店人力、物力紧张。自助早餐时段会议代表往往集中用餐,厨房要备足原料,同时要为夜点做准备。有的会务组会通宵工作,需配备值班人员在夜间为其服务。

5. 对会议服务的影响

(1) 会议实际规模有时与预计的规模相差很大。会议预计规模是根据参会人数、场馆使用数量、会议流程复杂程度、会议级别和影响力、相关配套活动等因素来判断。当这些因素发生较大变动时,会造成会务组和饭店工作的被动局面。上海某饭店举办一场皮肤科国际研讨会,第一天上午出席人数达1 200人,但到了下午有2个会场出席人数不到一半,举办方原预订的1 200人用餐,就试图减去50%,但饭店方面已经准备好了所有食品和用具,无法完全减少,只能想方设法减损。为了防止类似情况发生后导致矛盾,销售部应在洽谈时双方确立明确的时间节点和出席人数发生变化处置的约定。

(2) 会议项目增加与规格变化。只要会议没有正式召开,就可能有变化,有时甚至会议召开过程中还会有临时调整。大型会议是综合性、关联性的系统工程,牵一发而动全身,有时虽然是一个小小的变化,但饭店要从接待的角度周全严密地考虑各种可能性,圆满做好接待。比如,会务组需要增加合影、会见、会场、小范围宴请等,这些都是临时突发要素,饭店会议部事先都要充分做好预案,做好设施设备、食品物品原料的准备。

会议接待还常常遇到规格变化的难题,规格的变化是指出席会议的领导身份有变化,接待消费标准有变化,这就会打乱原有计划,导致警卫等级变化,铺设专用红地毯等礼遇上的必要性发生变化、会议程序和议程调整。因此,这些变化都会造成会议的不可控制性。

(3) 在会议档期上,要留有充分的余地,前后时间不能控制得太紧,否则,一旦会议有变化就会造成被动。

6. 对会议安全服务的影响

由于会议任务的需要,必要的警卫工作十分重要。饭店需设置安全检查门、X光透视机等,凡是进出人员都要接受安检。高级别的警戒工作要等到会议结束,待相关领导、有关设备和所有工作人员撤走才能解除。

7. 有助于会议型饭店的品牌塑造

会议型饭店在承接有影响力的大型国际、国内会议时,知名度随之提高,国内外新闻媒体大篇幅的及时跟踪报道,有利于扩大饭店的社会影响力。同时,饭店要有大局观念和国家荣誉感,在人力、物力、财务上全力支持和配合,竭尽全力地接待好会议,塑造饭店的品牌形象。

(二) 会议型饭店大型会议接待的注意问题

会议的成功取决于接待工作的有条不紊,会议日程的疏而不漏,沟通交流的无缝对接,具体注意如下。

(1) 饭店方要与主办方、承办方密切合作,既要按程序办事,又要灵活应对会场可能的变数,使会场服务与会议档次相匹配。

(2) 服务员要掌握会议的时间、地点,并通过会务组了解参会者的身份,服务 VIP 时要凸显客人身份,尽量尊称其官方或最高职务。

(3) 清楚地知晓 VIP 的行程,尤其是主席台就座的贵宾,要时刻关注其举动,以便更好地进行服务。在整个过程中,安保、监控信息的传递要联动,每个岗位都能通过无线通信传递信息,掌握 VIP 的动态。

(4) 会议结束时,要让主席台以及会场前排主宾先离场。为确保 VIP 离场顺利,车辆要提前等候在会场门口,做到"车等人",避免"人等车"。

(5) 穿插有分会场的大会,除指示牌等标识之外,更要体现人性化服务,由礼仪服务员做好引导,使客人顺利到达会场。

(6) 重要嘉宾的发言要配以灯光效果和 AV 扩声转播,确保音质一流,更要掌握好发言和音乐节点以及发言等待时间。

(7) 确保会场扩音设备无嚣叫或其他杂音,配备专业调音师与优质音响设备。调音师应根据各种不同位置和不同高低音反复调试,须执有会议日程进度表,对每个位置的发音做到了如指掌。AV 的操作人员不能擅自离岗,保证 AV 系统、投影设备的使用与画面的处理达到最佳效果,其他服务员也要掌握基本的 AV 知识。

(8) 会前尽早清洁场地,布置桌椅等开会用品。布置完后,会议部和会场服务人员要仔细清点、反复核对准备的席位顺序有无差错、会场有无杂物、桌面上的文具有无遗漏。

(9) 会场的温度调节是会场服务中相当关键的一环,是参会者关注的问题,也容易招致客人的投诉。一般来讲,会场温度应在会前设为 22℃,所有人到会后,灯光等设备开启后,室内温度会上升 1—2℃,即可达到使人体较舒适的温度。

(10) 服务要得体、及时。会议召开时,无特殊情况,服务员不允许随便走动,主席台上每五位客人配一位服务员定时提供服务。主要领导发言时,会场要尽量减少服务员的走动。

第三节 会议、展览的申办与会场搭建管理

会议型饭店举办相关会议活动时,涉及需要向有关部门审批或备案的,如涉外(境

外非政府组织)、涉台、涉少数民族、涉敏感话题、涉人数众多的会议,会议主办方应负责相关报备手续,饭店会议专员要提醒检查相关手续。我国相关组织在申办国际会议时需要赢得当地政府和会议场地方及饭店的支持,所以,饭店在其中的配合程度也会影响国际会议的竞标工作。另外,会议型饭店常常会接到不少机构举办展览的要求,在饭店召开的不少大型会议也往往附带展览,用来推广产品、展示成果,常在会场附近辟出小型展览场地和会议室供使用。饭店可以充分利用自有空间,拓展展览场所,提高展示水平,培育精品展示,开发小型展览项目,吸引客户。饭店既要配合主办方做好备案工作,也可协助提供展示设计及制作服务,帮其妥善保管好展品,并做好现场搭建与撤展的管理工作。以下是关于会议、展览申办和会场搭建的若干注意事项。

一、会议型饭店协助国际会议的申办

会议型饭店会接待各种类型的会议,因其设施设备与服务专业,也是不少来华国际会议的重点。我们这里所讲的国际会议是指境外非政府组织(国际协会、商会)来我国举办的会议,这些会议的召开需要通过向国际组织竞标申办,并向我国政府相关部门报批方可举办,在申办和报批中饭店扮演着重要角色。

(一)国际会议

广义的国际会议是指由来自不同国家的人们所参加的会议,来自非会议目的地国家或地区的参会者要占到一定比例的会议才称为国际会议。狭义的国际会议则是根据ICCA的标准引申出来的定义,即:会议规模在50人以上,轮流在三个以上的国家定期举办的会议。由于符合这个定义的会议一般是国际社团,所以,符合ICCA标准的会议又称为国际社团会议。本节所说的国际社团会议的竞会规则,就是针对ICCA标准的会议的竞会规则,因为只有轮流举办才有机会申办。

(二)我国审批国际社团会议的基本要求和权限

在我国举办国际社团会议需要被审批。根据《中华人民共和国境外非政府组织境内活动管理法》的规定在我国举办任何规模的国际社团会议都属于外事活动,必须经有关政府主管部门批准方可进行申办和筹备活动。境外非政府组织未在中国境内设立代表机构,在中国境内开展临时活动的,应当与中国的国家机关、人民团体、事业单位、社会组织(以下称中方合作单位)合作进行,制定国际社团会议的举办方案,负责会议的组织实施和财务管理等重要工作并能够承担举办会议的民事责任。拟举办国际社团会议的机构首先应向主管部门汇报,得到口头批准后,再提出书面申请文件,等待批准。举办国际社团会议的申请不得通过多头渠道上报。省、部级以下部门无权批准举办国际会议,举办大型国际社团会议,以及邀请外国政府现职部长以上的官员和国内外知名人士参加的国际会议,均应先由各省、自治区、直辖市党委和人民政府,中央和国家机关各部委、外交部同意,报国务院批准。1 000人以上的大型国际社团的会议,还需在开展临时活动十五日前向其所在地的公安等管理机关备案。

会议型饭店在接待这类会议时要有准备,一般前期先与国内相关社团或事业单位等机构接洽,随后了解其合法与合规性,再深入配合服务,会议开始前需将其审批和备案的相关文件收入档案保管。

（三）国际会议申办对会议型饭店的需求

（1）会议型饭店所在城市的位置，到达市中心和机场的远近，需交通方便。

（2）会议型饭店大会场的最大容量能满足全体会议和开幕式的要求。

（3）会议型饭店要有足够多的分会场，要求会场集中。

（4）会议型饭店能提供主要的会议所需设施设备。

（5）会议型饭店有较大的会议代表注册空间，最好有小型展厅，能满足会议附设的小型展览。

（6）会议型饭店周围有不同档次的其他饭店，可以满足参会者的不同需要。

（7）会议型饭店所举办的会议规模大小，参会人员级别高低，决定安保警卫工作的级别，如果是国际特大型高级别的会议，还要考虑到安保工作的要求是否符合。

（8）在申办国际会议时，会议型饭店需主动配合国内社团申办工作，如签发欢迎信、报备所需的会场资料等。

二、会议型饭店对所办展览会的注意事项

有不少小型展览会喜欢选择在会议型饭店举办，因为饭店可以提供比会展中心更多的精细化服务。当前，无论是社团会议还是公司会议，都开始注重产品展示，越来越多的会议开始附设展览，对于会议型饭店而言，除了需要具备适合的展览场地外，还需要具有承接展览会的服务能力。

以国务院部门或省级人民政府名义主办的国际展览会，以及由省级人民政府或副省级市人民政府主办的对外经济贸易洽谈会和出口商品交易会，须报国务院批准。省级商务主管部门及副省级市商务主管部门和多省（自治区、直辖市）联合主办的对外经济贸易洽谈会和出口商品交易会，由商务部审批。

国务院部门所属单位主办的对外经济技术展览会，以及境外机构主办的国际展览会，报商务部审批。对在北京以外地区举办的，主办单位需事先征得举办地商务主管部门的同意。根据2016年《国务院关于第二批取消152项中央指定地方实施行政审批事项的决定》和《商务部办公厅关于切实做好取消部分展览项目行政审批事项后续衔接工作和试运行展览业管理系统的通知》，将对外经济技术展览会审批权力下放至举办地省级商务主管部门，并逐步将审批制调整为备案制。

中国国际贸易促进委员会（以下简称贸促会）系统单位主办的对外经济技术展览会，由贸促会审批并报商务部备案。对在北京以外地区举办的，主办单位应事先征得举办地外经贸主管部门的同意。

对外经济技术展览会凡涉及中国台湾地区厂商或机构参展事项，另行专项报商务部审批，报国务院台湾事务办公室备案。海峡两岸的经济技术展览会，由商务部会同国务院台湾事务办公室审批。

境外展览品监管由海关按照《中华人民共和国海关对进口展览品监管办法》执行，举办交易会、会议或者类似活动而暂时进出境的货物，按照本办法对展览品监管的有关

规定进行监管。举办为期在6个月以上的长期国际展览,主办单位须事先报海关总署审核,经海关总署同意后,报商务部审批。对境外展览品监管及留购,由办展地海关凭本办法规定的审批单位的批准文件或备案文件按规定办理。对确需零售或会议现场需要使用的境外展品,须事先报当地商务主管部门批准,海关凭商务主管部门文件按规定办理,并照章征收进口关税和其他税费。展览的审批或备案结果都要抄送海关总署或主管地海关。

进口的海关商品属于保税商品,饭店方须验证海关保税证明后方可接收。展览结束后应协助主办方将物品完整送入海关。如保税物品有遗失,必须开具证明,及时向海关申报。

三、会议、展览会申报的主要内容

(一)展览会备案申报材料

(1)国际展览项目申请表(含展会名称,主办单位,展览会主要展示内容、规模、举办地点、时间等)。

(2)场地预租协议。

(3)展览主办企业营业执照。

(4)涉及特殊题材展览项目的前置批准材料。

(二)向公安消防机关递交的材料

根据《大型群众性活动安全管理条例》规定,参加人数达到1 000人以上的会议、展览活动须向当地公安消防机关申报备案,批准后方可举办。需要准备的材料如下。

(1)会议、展览会批文或备案文件。

(2)会议、展览会平面图。

(3)会议、展览活动方案。

(4)大型群众性活动安全许可申报表。

(5)消防安全责任承诺书。

(6)安全保卫方案及防疫应急方案。

(7)消防安全检查申报表。

(8)火灾应急方案。

(9)大型活动主办单位治安责任承诺书。

(10)场地合同。

(11)各类证件样张。

1 000人以上参与的会议和展览会,必须遵照"谁主办,谁负责"的原则,主办(承办)单位对会议和展会的安全负责,并由会议型饭店方(安保部)配合其报公安消防机关审批。饭店需配合提供有关饭店的逃生图、活动场所消防安全措施等材料。如果没有公安消防机关批准,不能办会办展;如不符合消防要求,必须整改;如遇敏感类题材的会议与展示内容,更应控制风险。

四、会议型饭店的会场搭建管理

(一) 进场运输管理

会议或展览主办方、参展方和搭建商根据会议展览的时间与地点,将展品或搭建材料运至饭店门外。由于白天路面交通较拥挤、限制,一般货物运输在22:00后进行。大批搭建物运到饭店时,搭建商应配合安保部的秩序指挥,办理搭建管理押金和搭建人员信息登记。在搭建过程中,安保人员要严格检查搭建人员的证件,是否有易燃易爆物品与禁用的有关气体、材料等设备。在运输会展物品时,应在地面另行铺设地板或地毯,以保护饭店的地板、地毯和大理石地面。

(二) 会场的搭建管理

在搭建过程中,饭店首先与会议或展览主办方、搭建商明确各自责任,然后派遣熟悉搭建管理的人员协助监督搭建人员施工,最后做好清场检查工作。主要的管理内容如下。

1. 明确责任管理

会议或展览的主办方、搭建商和饭店三方应明确各自的责任。饭店要重视会展公司的执业资质、诚信记录以及财务信用,审核主办方的各种申报手续和批准文件。市场营销部事先应把时间、地点、要求与发生的费用等事项与该公司谈妥并签订合同,避免由于信息不准确(信息不对称)导致的差错和经济纠纷。

饭店方要事先与搭建公司就可能发生的货物运输、安全措施、会场保护、施工资质、搭建公司员工用餐等问题达成一致,避免搭建过程中产生矛盾并耽误进程。

饭店应该要求会议或展览主办方为活动购买第三方责任险,为会场设施、公司员工、参会人员投保,降低办会办展的风险。

2. 承重与现场施工管理

首先检查是否有过重物品,楼板的承重一般不超过300千克/平方米,钢筋混凝土平地的承重不超过500千克/平方米。这里的承重数据指平均受重面,如牵涉到过重物品(物件)的布局,还要兼顾其负重要在柱子和梁体附近,以免对建筑物造成损坏。会议型饭店现场施工的建筑物应根据会场高度而定,展台一般不高于4.5米。建议多用环保型材做施工材料,禁止在现场做大量木工、钣金工(铁质器具的敲打作业),应在场外做好,然后到场内进行组装,如有特殊要求,需搭建商做好现场环境保护。

3. 用电安全管理

搭建牵涉到两项用电:一是会议室、多功能厅或展台用电;二是搭建过程中的用电。应了解该场会议或展览的用电情况,做好准备。应避免使用明火,现场必须备有灭火器,严格禁烟。以上规定应列在与主办方、搭建商签订合同所附的搭建管理手册中。在搭建公司人员初次入场时,饭店安保部应再次告知搭建规则。

4. 安保与保洁管理

展览开幕时,饭店根据主办方的需求向会场增加安保和服务人员。安保人员要严格执行门卫制度,要求所有人员凭参观证或入场券进场,确保监控设施无缺陷。在展会人数特别多的情况下,应增加大门巡逻人员,现场要设门禁系统,统计入场人数。保洁人员要保证施工期间与会展期间的整洁。

(三) 撤场拆除管理

一般会议或展览都在 16 点 30 分到 17 点 30 分结束。如果是两天或者两天以上的展览,其最后一天的展览参观人数较少,一般在 15:00 就结束。撤场时将有大批拆建人员进入展场。

会场布置拆除工作大都为毁坏性拆除(这时展品已撤走),会造成大量垃圾。垃圾处理费用应由市场营销部与主办方在事前谈判妥当,一般搭建商会自行带走。撤走物品时,要核对入场时的物品清单,以免饭店物品被误带走,检查拆除人员离场时场地内是否还有遗留物品。饭店清洁人员必须将这些垃圾运往指定的地点进行分类处理,及时地关闭某些电灯,以节约能源和费用。会议部应通知工程部、安保部一同检查会场是否有损坏,如地面、墙面、会议室门、踢脚线、AV 设施等,如有问题,立即与主办方沟通理赔,并需三部门联合签字后才能开出门条办理退施工押金,如主办方或搭建商不愿理赔,在特殊情况下也可没收搭建施工押金。

第四节　会议型饭店的专业设施设备

会议场馆和设施设备是各种会议活动得以开展的硬件依托,是会议型饭店正常营运不可或缺的基础条件,也是提高会议接待服务质量的根本保证。同一个会议室有时在一天内有好几个会议,间隔只有一两个小时。这些活动通常区别很大,服务人员必须快速地布置各种会场,会议室的设施和布局是提供会议服务的主要保障。

一、会议室的家具

(一) 会议室家具概述

会议室家具是指会议室和宴会厅中使用的设备,主要有桌椅、折叠舞台、讲台等。会议型饭店业在选择这类设备时主要考虑如下四个方面。

1. 牢固性和耐用性

选择购买质量较好的饭店家具,需检查最易损坏的家具连接处,如容易损坏的折叠部件。频繁使用意味着频繁的清理,与地面接触的部件要耐磨。

2. 便于操作性

所有可折叠和拆卸的设备应该便于安装。在使用中需要合理搭配各种搬运工具操作,如搬运椅子的手推车。

3. 便于储藏性

设备应当能够摞在一起而不致损坏,并能够防止易损坏的部分暴露出来。

4. 灵活性

为避免过多的搬运和储藏,会议型饭店应根据业务量和客户的使用习惯来判断购买数量以及采购多用途的会议室家具。

（二）会议室的常用家具

1. 桌椅

会议室的桌椅多种多样，一般饭店都会采购最为常用的规格。在会议室布置时，首先考虑的是台型，但是会议室的客容量需要参考会议桌椅的标准。标准的可摞式扶手椅稍微大些，主要用于高规格的董事会。多数折叠椅较小而且不太舒服，通常用于临时加座。饭店要考虑到参会者的舒适，如此可以集中注意力听会。

长桌子的常用标准是高 0.76 米×长 1.83 米×宽 0.45 米。主席台上的长方桌，一般选用宽 0.76 米。现在，越来越多地使用宽 0.38 米的桌子，以便节省更多的空间。

圆形桌子用于餐饮活动和圆桌会议场合。它们通常是直径 1.53 米×高 0.76 米、直径 1.83 米×高 0.76 米、直径 2.4 米×高 0.76 米。对于直径 1.83 米×高 0.76 米的圆桌，舒适的座位安排是 8—10 位，该类型是会议型饭店常用圆桌。

2. 舞台

折叠舞台使用在不同的场合，特别是为宴会和讲话者升高主席台的位置，它们有不同的尺寸和不同的叫法，如平台、舞台和主席台等。会议型饭店的舞台大多数是非固定的，可折叠搬运，通常尺寸为高 0.4 米（或 0.6 米）×长 2.4 米×宽 1.8 米，同高度的舞台可以任意组合。

3. 讲台

落地式讲台放在地板上，通常尺寸为：高度 1.1—1.2 米，桌面宽 0.5 米。平时在讲台上准备好照明固定装置、网络、插座和足够长的电线，保证能够接到电源插口，并与讲台存放在一起。要确保在顶灯关闭时讲台照明的电源不会同时被切断。会议室的照明通常需要能够调光，以提高视听讲演的效果和能见度。固定式主席台可以安置更复杂的视听控制讲台。这样的设施对于许多会议室的临时性布置不太适宜，但会议型饭店应该将这样的设施考虑进去。对于临时性布置，饭店需要配有音响系统并能够连接普通电源插口的便携式讲台。

二、会议室的视听设备

会议型饭店需要配备基本的视听设备，虽然现在有不少客户喜欢外带视听灯光设备，但是饭店必须确保有并且配有能够使用和维修的专员。会议型饭店的会议视听设备包括音响设备、摄像跟踪及录播系统设备、表决系统设备、投影仪（幕布）设备、同声传译设备、可组合 LED 大屏、独立显示设备、数字会议系统设备等。

（一）会议同声传译

随着会议领域变得越来越国际化，用两种以上语言举办的国际会议通常需要同步翻译、同声传译系统。所谓同声传译系统，是一种为多语种会议提供翻译的语音会议系统，其工作原理是利用数字式无线发射信号进行多路语音传输，是目前市场上无线语言分配系统中最常用的传输方式。在会场上需要设置译员能直观会场发言人员的同声传译室，按国际标准，每间（每语种）同声传译室不能小于 2 平方米，高度不能低于 2.3 米，窗口玻璃要做到里面能看到外面，而外面很难看清里面（见图 4.3）。

图 4.3　同声传译室全景

同声传译室内设有一个能平行坐 2 位译员的简易写字台、1 盏台灯、1 个会场同步显示屏、2 个数字话筒和耳机(备用耳机)、若干瓶矿水、纸、笔及椅子,顶部装有通风电扇(见图 4.4)。

图 4.4　同声传译工作台

会议召开前一小时,准备好调试正确的耳机,耳机可在会场门口签到处凭参会证件借用并附频道使用说明书,也可在会场椅子或桌子上摆放,并附说明书(见图 4.5)。

(二) 全数字式话筒

全数字式会议话筒利用数字处理和传输技术,革命性地将全数字技术和综合网络技术全面地引入到会议话筒系统中,把先进的数字技术、网络技术和音频技术充分地结

图 4.5　同声传译耳机

合起来（见图 4.6）。不仅如此，全数字式会议话筒系统可提供多样化的软件模块及丰富的会议设备供选择，并与会议签到系统、网络型中央控制系统实现无缝连接，是完备而高效的现代会议系统全面解决方案，可满足表决、话筒、同传接收机等多样化的用户需求。

（三）摄像跟踪及录播系统设备

摄像跟踪录播系统是把现场摄录的视频、音频、电子设备的图像信号等进行整合同步录制，生成标准化的流媒体文件，用来对外直播、存储、后期编辑、点播。现在的专业会议摄像跟踪录播系统具有智能化、多通道同传、会议应用设计的索引功能、支持多级用户访问权限等（见图 4.7—图 4.9）。

图 4.6　全数字式话筒

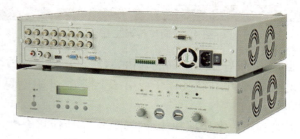

图 4.7　摄像跟踪及直播系统设备

第四章 会议型饭店的会议接待与会务管理

图 4.8 摄像跟踪及直播系统现场

图 4.9 电视台实况转播机架

三、会议台型设计

举办会议时,台型设计和布置是至关重要的,合理科学的布局有利于会议的成功召开。桌椅的摆设方式多种多样,但都要根据会议的类型、规模及客户的具体要求而定,任何不经客人确认而自行铺设的会场都可能引发主办方的不满与投诉。这时需要对前一个会议和下一个会议的台型进行核实,以确定布局是否一致或者是否有足够的时间进行调整。饭店通常能够把类似的会议排在一起,以便把人力和设备的调整时间减至最少。饭店的会议经理要时刻保持和主办方的沟通,待台型方案得到最后确认后,才将其写入正式的会议方案,再安排服务部门去落实。以下是常见的十二种会议台型布局。

(一)剧院型

剧院型布局也叫礼堂型,是常用的一种会场形式,所有椅子面对主席台,适合不用记太多笔记的大会、讲座、论坛等活动,一般适用于人数较多的会议。根据出席会议人员的需要,第一、第二排可布置成课桌型,以便安放席卡,后部为剧院型布置。使用这种排位方式时,可以先用两把椅子定位通道,接着将椅子往左右排开,椅子间的横向间距不小于5厘米,前后间距不小于90厘米,之后再进行其他大量椅子的排列。根据大型会议中心专业人士的意见,多功能厅地毯上最好有方格图案,便于服务员快速将椅子定位好。最前排的椅子要与主席台或讲台的前沿有1.8米的距离。为了避免参会者穿过多人才能就座,在空间允许的条件下,每一排不超过10人(见图4.10)。

(二)课桌型

课桌型排坐也叫作教室型排坐,有主席台,适用于大中型会议,可以最大限度地利用场地空间。一般,使用深0.46米的长方形桌,桌与桌的中心间距为1.25—1.3米,为参会者留出0.7米的空间。这种排坐在我国也相当普遍,可以增加整个会场的肃穆性,便于参会者将注意力集中到主席台,有利于会议主持者和发言人扩大影响力,提高会议的效率和号召力,方便书写、饮水。根据会场大小,课桌型会场还设有舞台。舞台高度为20—80厘米,面积视会场大小、使用需要而定,有时还需要使用背景板。背景板一般由木质、布质、丝绒质材料和喷绘布等制成,随着数字技术的发展,LED屏成为现在背景板的主要选择(见图4.11)。

(三)U字型(马蹄型)

顾名思义,U字型布局从外观上像英文字母"U",通常用于小型会议。在该布局中,椅子往往放在封闭面桌子的外围和侧面桌子的两边。一般适用于参会者身份无差别的会议,但必须突出主席台。小型会议更倾向于这种布局,因为这样可以让参会者都能面对面,便于沟通和直接交流。这种排列适合董事会、监事会等需要交换意见的会议,每个参会者都面对着主席台,彼此互不遮挡,适合演示者和讲演者使用视听设备进行陈述,这种台型在国际性会议中应用较多(见图4.12—图4.14)。

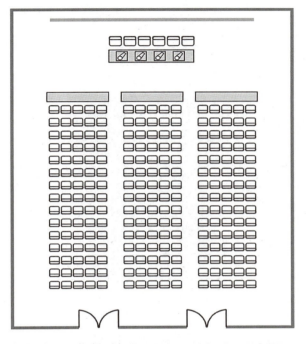

图 4.10　剧院型会议台型

会议型饭店管理

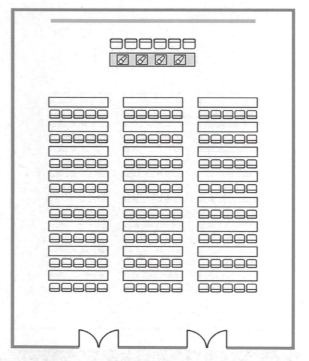

图 4.11　课桌型会议台型

第四章　会议型饭店的会议接待与会务管理

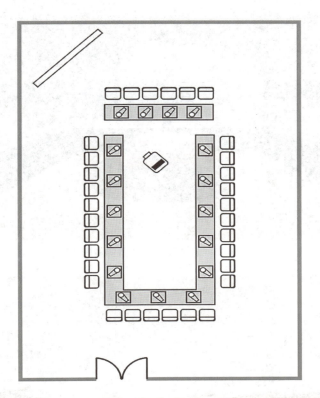

图 4.12　U 字型会议台型实景图 1

137

图 4.13　U 字型会议台型实景图 2

图 4.14　U 字型会议台型实景图 3

（四）口字型（中空方型）

适用于人数不多的、无主席台的小规模会议。一般需要进行演示，气氛比较自由活跃，强调开拓性。一些非官方的创新型研发会议喜欢采用这种没有主席台的会议形式（见图 4.15）。

（五）口字型 2

如果人数众多，但又不需要设主席台，建议采用口字型 2 附加台型。其基本布局类同于口字型（中空方型），适用于人数较多的、无主席台的会议。一般需要进行演示，气氛比较自由活跃，强调开拓性（见图 4.16）。

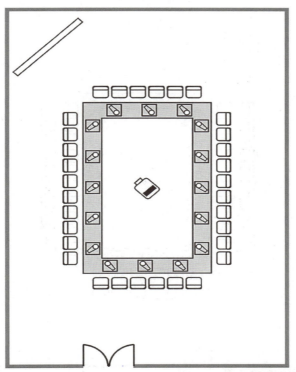

图 4.15　口字型(中空方型)会议台型

会议型饭店管理

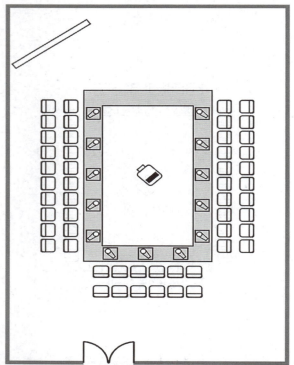

图 4.16　口字型 2 附加会议台型

（六）董事会型

会议桌摆放在会议室中间、椅子摆在会议桌外围的一种台型,也叫作谈判式台型。这种参会形式使与会者之间的距离比较近,可用于召开董事会、管理会议等。桌子的长度可以根据实际需要而定,不少会议型饭店将这种排座作为固定台型放置于小型会议室,以上好质地的桌椅专门用于接待有类似需求的机构。有时候,一些饭店的豪华套房中也布置这种类型的台型,便于一些机构在房间内举行私密性会议(见图 4.17)。

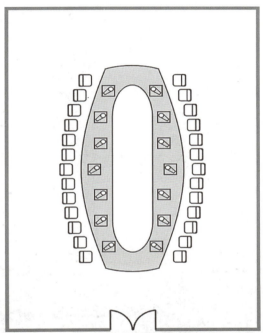

图 4.17　董事会型会议台型

会议型饭店管理

（七）多边型

与长条型会议台型相比，多边型会议台型一般适用于多边平行关系会谈或会议。多边型增加了机构扩充谈判对象的可能性，随着现代商务的蓬勃发展，许多项目需要三方以上集思广益的参与，多边型台型也就应运而生了（见图4.18）。

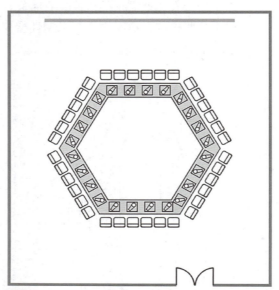

图 4.18　多边型会议台型

（八）圆桌型

圆桌型布局是目前国际上较流行的形式，也叫圆桌会议，是公元6世纪英国亚瑟王为了平息将军们为座席尊卑引发的争执而设计的,适用于无级别差异、无礼遇差别的平行式会议,来宾没有高低贵贱,不论资排辈,充分体现平等协商原则,也常有非正式协商的意味。这类会议一般只设执行主席或轮流值日主席,参会者身份较高,会议规格也高,在国际中使用较多(见图 4.19)。

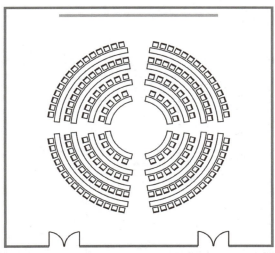

图 4.19　圆桌型会议台型

（九）阶梯型

阶梯型会场座位固定,后高前低,一般用于演出、演讲、报告会、新闻发布会、电影和多媒体演示等。这种台型最突出的优点在于,从舞台或者主席台上可以无障碍地看到台下每一排参会者的正面,有利于主办方运筹整个会场气氛的互动(见图 4.20)。这种台型尤其受一些娱乐性、传授性、参与性活动主办方的青睐。

会议型饭店管理

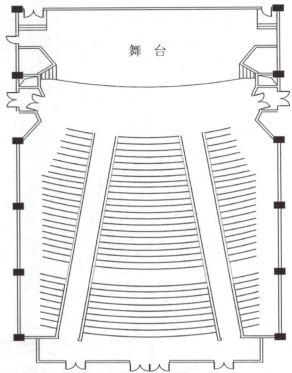

图 4.20　阶梯型会议台型

（十）会见型

会见厅的沙发或椅子可视会见人数多少而决定。一般主人和主宾两人在中间，主人坐在左侧，主人的右手边是主宾座位。有副主人、副主宾的可呈斜 45 度角或 90 度角安排在主人和主宾两侧，主人随员安排在主人一边，客人随员在主宾一边。主人和主宾的正后方可安排翻译椅子,主人和主宾间有一茶几,布置迎宾鲜花、2个话筒、盖杯茶水或矿水杯、毛巾、席位卡等(见图 4.21)。

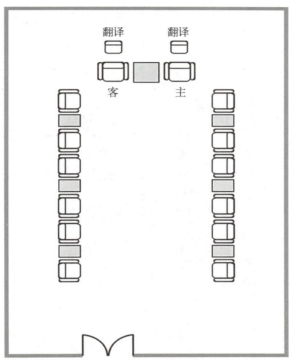

图 4.21　会见型会议布置

(十一) 宴会型与 Workshop 型

宴会型是将 10 把椅子摆放在圆桌外围,是举办宴会的会场摆台形式。这种摆台形式有利于调动参会者之间的交流与发言,也为会后晚宴翻台争取了时间,但会议期间参会者会感觉较为随意(见图 4.22)。

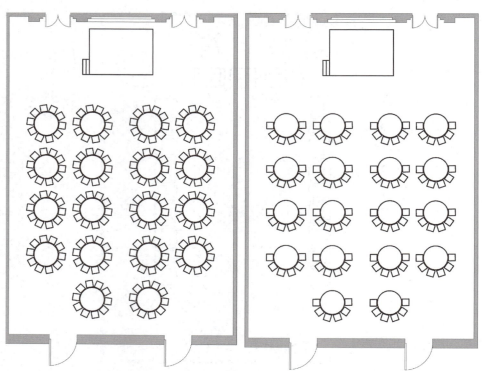

图 4.22 宴会型会议台型

Workshop 型在国际会议和外资企业举办的讨论会、讲座、培训会中常出现这种会议室摆台方式,也因 Workshop 会议类型得名。其摆放类似宴会,但一般摆放 6 把椅子放在圆桌外,避免了 10 人一桌 2 人背靠讲台的弊端,演讲人在演讲过程中,会要求同坐一个圆桌的参会者就某一个话题展开讨论,然后推举一个参会者作为该组的代表把观点与其他参会者分享(见图 4.23)。

图 4.23　Workshop 型会议台型

(十二) 鱼骨型

鱼骨型就是将会议室的桌子按照鱼骨架"八"字形依次摆开,并在桌子的周围摆放座椅,组与组之间留出走路的间隔,使整体样式显现出一种鱼骨的形状,因此,比较适合于研讨和小组讨论结合的会议内容,在增加小组间交流的同时,还可以聆听会议主持人的发言(见图 4.24)。

以上十二种台型囊括了目前国内外的常见会场布局类型,应当指出的是,台型布局只是基本建议和操作框架,并非是固定的和仅有的模式,具体到某个会场,可以根据会议的特点来进行任何有益的更改。随着现在会议形式的多变,会议主办方总希望给参会者更多的体验和放松,有些国际会议摆台已经打破了传统形式,会议型饭店需要与时俱进,添置新型会议家具,为客户提供创意型的台型布局(见图 4.25)。

布局一定要考虑突发情况(如地震、火灾、恐怖事件)时的疏散和撤离,如留出足够的通道、消防设备摆放处不能排位等措施。大型的会议和展览都需要向消防部门进行报备,也就是出于安全管理的原因。如果会议场所不够宽敞,可以将位置排得紧凑一些,但是必须留出消防部门规定的安全通道。

另外,以上排位中的标识仅仅是主要参会者的排位,一些大型高端会议中,还要为领导助手、观察员、记者和旁听人员安排"专席""列席""边席""后位"等,便于整个会议的安全有序进行。

会议型饭店管理

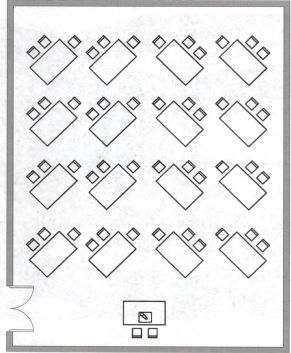

图 4.24　鱼骨型会议台型

图 4.25　2018 年 ICCA 年会现场

四、主席台、会议桌面布置

（一）主席台的设计布置

大会主席台人员一般安排单数，这样会议主办方负责人可就座主席台正中央，突出主人位置。其次者座位在主人右侧，再次者座位在主人左侧，以此类推，右左交叉地安排并放置醒目的席位卡。如果安放单面国旗，则应该布置在主席台右后方。如果在主席台上布置台式两国国旗，则应该将主办国国旗布置在左侧。如从主席台往下看时，则在右侧。台式鲜花可布置一盆或三盆、五盆不等，也可不布置（见图 4.26）。

有一种主席台人员安排是双主人座位的规格，主席台就需要安排双数座位，然后右手第一座位是次席，左手第一座位是再次席，以此类推。最后，检查主席台的裙围下摆应该和主席台上桌子的高度相同，在主席台就座的每人前放置毛巾、茶杯或饮用水。

（二）会议桌的标准布置

会议桌需要铺桌布，因为多数会议室用桌都有所损坏，桌布也起到遮挡作用。常见的桌布有围裙、台尼、弹力布桌套等，而且可以提供不同颜色的桌布表达不同的场景。主席台、展示桌和自助餐桌等，要用特殊的褶皱桌布，这种布置要求桌布落到地面，用别针和钉书钉固定，但现在许多饭店使用根据桌椅尺寸定制的台尼或者弹力方便布。有的使用卡子帘裙，塑料卡子安装在桌子的上边缘，卡子另一部分缝在帘裙的另一边，可以方便地与桌子上的卡子连接起来。

会议桌的标准布置主要包括话筒、水杯、矿泉水、写字板、纸、笔、薄荷糖、毛巾等；举行峰会时，还需增加时钟，同声传译接收器等。

图 4.26 主席台布置设计

第五节 会议服务工作流程

会议服务包括会前准备和检查、会中服务、会后收场三项工作。

一、会前准备和检查

会前的准备工作既包括会议接待的相关筹备工作,又包括按照任务书的内容及会务组的具体要求布置会场,还包括对会场布置进行的检查,如桌椅、桌布、围裙、台夹、椅套、台花、席位卡、茶水、文具等。

（一）会议接待筹备

会议部会根据每场会议情况安排会议专员,会议专员在会前应该做到以下六点。

（1）审核合同,接洽客户,获取更多会议需求,收取合同规定内的各项费用,注意时间节点,向客户索要相关会议展览批文或报备文件。

（2）召开会前对接会,与客户及其供应商一起确认会议的具体细节,如会议室使用时间、注册区位置、衣帽间、茶歇区、贵宾室布置、自助餐与酒会、会议附设展览等布局摆放,并下达活动任务单,各部门参与后制定各自的详细工作计划。

（3）如有 VIP 参会,应及时告知管理层。

（4）特需物资临时采购、租赁与现场增加服务人员。

（5）确认菜单和保底用餐人数,小型会议需提前3天确认,1 000 人以上会议需提前5天确认,并告知可上浮增加的人数比例。确认客房使用数量,应在合同中明确保底数量与房价。

（6）配合会议主办方和客人提供本地区及会议型饭店的详细区位资料、交通方式及相关时刻表。及时与会议主办方沟通,了解参会人员的出行信息及变更情况。确保客人抵店时行李能同步抵达,制订漏接预案,妥善处理相关事宜。

（二）会场现场布置

按照会议主办方要求进行会场布置,如背景板、会标、横幅、旗帜、招贴、鲜花绿植摆放等事宜。做好主席台设置、座位安排,摆放与安置名签、文具、文件、杯具、毛巾、鲜花、可控麦克风等物品。

1. 会议桌布置

（1）根据会议台型及用量需要,运送适量长条会议桌、小方桌到达会议场馆,按台型要求摆放。

（2）将会议台布、台裙按会务组选定的规格样式和颜色配制,铺设在摆放好的台面上,并用台夹将围裙围好。

（3）会议用椅子分有椅套和无椅套两种,根据会务组要求选用,并整齐排列于会议桌边。国际上流行的会议用椅是专用连体椅,即是椅子之间连套、紧紧相扣、不易打乱,避免了在突发事件情况下,因椅子可分散而引起混乱和不安全。

（4）主席台的椅子选择应有扶手。主席位子应在会场和主席台正中央,如是双主席位布置,则中心线两侧是双主席席位。

（5）会客室一般是固定的,如临时布置,则应提前布置沙发、茶几或圈椅（见图4.27）。主人和主宾席位中间应布置茶几插花并安装扩音话筒。

2. 会议台面布置

（1）会议台面布置所需物品为便签纸或记录纸、带橡皮头铅笔（可增加圆珠笔）、玻璃杯、杯垫、矿泉水、糖果盒（薄荷糖2粒）。如用糖果盘,可3人合用一盘,间隔摆放。

（2）VIP 会议台面应布置厚台呢、优质裙围、高档扶手椅、羊皮垫板（规格为60厘

会议型饭店管理

图 4.27　博鳌亚洲论坛国际会议中心会议椅套

米×40厘米,使用羊皮垫,可规避客人中清真教信仰者的忌讳)。羊皮垫板的正中间放高档会议用纸、铅笔,沿皮垫的上方外缘,从右向左的顺序依次放盖杯、水杯、优质矿泉水(1—2瓶)。其中,盖杯的杯把向右成45度角,水杯等盖杯下方都须放杯垫,并将茶泡好(留有2厘米高的空隙茶头)。如果摆放冰矿泉水,应在水瓶下方摆放杯垫,在皮垫右上方平行位置放毛巾。每位VIP客人前摆放糖果盘,或两位VIP客人之间摆放一糖果盘。每位VIP客人右上方放置折叠好的小方巾。

(3)会议召开前半小时,会议部根据会务组要求在主席台和VIP客人席布置席卡,席卡正反面打印有客人名字,并仔细核对。

(4)应根据会务组的要求在主席台、讲台或VIP客人会议桌上布置台花。

3. 会场外布置

会场外布置分为信息指示牌、会场席位示意图和签到台。签到台一般为长方形台(长1.83米×宽0.9米),上面铺台呢,放置鲜花、签到簿、签到笔和"来宾名片"盒等。

4. 礼仪服务

礼仪引领体现会议的档次和规格,一般会议可由服务员引领,重大会议应由礼仪队员引领和开启专用电梯。礼仪队员着装应亮丽,妆容应典雅,发型得体。

5. 会前铺台

铺台的步骤主要包括摆台型和铺台面。

铺台所需物品及准备工作,如表4.1所示。

表 4.1 铺台所需物品及准备工作

通用物品	规格/种类	要点/要求
台　　子	长台或方台等	折叠及搬运方法
长 条 桌 圆 茶 几 小 方 桌 圆　　桌 长方茶几	180 厘米×45 厘米×75 厘米 直径 45 厘米 90 厘米×90 厘米 直径 120 厘米不等 35 厘米×55 厘米	铺设要做到整洁无破损,注意课桌型、U字型、圆台面、高脚吧台台布的铺设要求及要点以及多余台布的处理方法
台　　夹	各种颜色、质地的台布、围裙,透明玻璃台夹/不锈钢台夹	不锈钢台夹主要用于固定台裙,有机玻璃台夹用于固定台布、桌布等,台夹间距控制在 20 厘米
台　　裙	台子高度×长度	台裙的围法及要求,多余台裙的处理
椅　　子	会议用椅、主席台椅子	基本原则是椅子平稳,间距相等,左右对齐。注意在摆放主席台椅子时,应考虑到与会客人的舒适度,尽量避免将椅子放在 2 张条桌接缝的中间

会议所需基本台面物品的铺设,如表 4.2 所示。

表 4.2 会议所需基本台面物品的铺设

所需物品	铺设要求/要点
会 议 纸	参照椅子摆放的位置,将纸贴近桌面内侧边缘居中放置,一般提供 2 张会议纸(特殊要求除外)
会议用铅笔	顺时针呈 45 度的方向斜放在纸上,笔尖向外,笔的标签向上
杯　　垫	靠近纸的上方外沿 1/2 处放杯垫,图案正面向上
水　　杯	杯口朝下,置于杯垫中央
矿 泉 水	置于杯子左侧,商标字样朝向客人,注意生产日期
糖　　果	课桌型会议一般在 2—3 位客人中间放置 1 个糖缸;剧场型会议一般将糖缸放在签到处,糖果一般选用爽口糖

(三) 会前检查

会前检查指按任务书的内容逐一进行会场检查和及时调整,完成设备设施调试检测,其主要内容如下。

1. 会场检查

会场检查一是查整体感觉,二是查具体事项,最晚在开会前 1 小时完成。查总体感觉时,应重点注意绿化、窗帘、员工服装和会场整洁与氛围协调问题。查具体事项时,应重点关注用品、用具是否按任务书的规格要求去做了,是否保证质量。如是否做到桌椅排放成直线、桌面用品成直线,必要时,可以拉线测量。

2. 舞台和背景板

检查舞台的牢靠性，人走动时是否有声响；背景板是否有不安全因素，是否有错字、漏字、敏感用词，是否整齐划一。此项目的检查越早越好，至少提前 4—5 小时，便于有时间整改。

3. 讲台和主席台

检查讲台位置、高度、话筒距离、灯光等舒适度。主席台和 VIP 桌席卡、名字和座次摆放正确，台花布置和椅子应舒适，主席台的面灯和其他灯光应适合等。

4. 设施设备

设施检查指所有灯光、通道、空调温度、自动扶梯、电梯等是否运行良好。设备检查指扩音系统、视频系统、通信系统、转播系统、同传系统等是否良好。如会议期间有演出项目的，还要督促演出单位谨慎地使用配套设备。整个设施设备运行系统应在会前 30 分钟进入标准控制状态。

5. 茶歇台

检查茶歇台布置和摆放是否合理，点心、甜点、咖啡、饮料、茶水、水果等是否按菜单配制，并对食品质量进行检查。所配用具（如刀叉、杯子、辅助用料、餐巾纸等）是否充足。茶歇布置应在会议召开 60 分钟后布置完毕，现有不少会议在会前就安排茶歇，需要在会前 30 分钟布置完毕，水果应该保持其新鲜度。在布置茶歇时，应尽量避免产生噪声，以免影响参会人员。

6. 信息牌

检查信息牌摆放是否明显，文字是否有错，虽然现在饭店大量使用电子信息牌，但往往受数量和不可移动因素的限制，可多使用移动指示牌作为补充，便于客人更快、更准地找到会场。

7. 会议用品

无论会议规模大小、参会人数多少，只要是课桌型会场，都必须布置会议用品，主席台上必须布置会议用品；如果是剧院型会场，要听从会议主办方的要求，及时满足客人需求。会议用品不局限于会议桌上的文具用品，还包括备有寻人灯光牌、电铃、会场外的快速手机充电器、大小会议室用的书写白板、夹纸、杯子、茶叶和矿水等。

8. 环境

检查会场内外环境，包括会场通道（需符合消防要求）、绿化盆景、墙面、地面、台面、卫生间（纸巾充足）的清洁情况等。会场温度设定在 22—24℃，干湿适宜。

会前检查分为多个等级。一般会议和小会议室的会议，由会议部经理检查；省部级 VIP 会议由总经理或驻店经理会同会议部总监和经理检查；元首级峰会由总经理带领相关部门经理多次检查；大型国际会议和由元首级 VIP 出席的会议的会前检查要多次演练，保持各系统良好运行，保证环境优美、气氛热烈、卫生达标。

二、会中服务

会议型饭店应结合自身情况，通过店内设施设备或外包服务支持等多种形式满足客人的各类需求,努力提升接待服务质量。为了保证会议服务质量,会场中的服务通常采用专职服务原则。

(一) 迎候客人

服务员接到通知后,必须在会前30分钟赶到会场门口外侧等候,面带微笑,热情服务,主动问候客人,引领客人入场,给客人信任和被尊重感,并协助主办方办理会议签到手续。与会议主办方沟通,掌握贵宾相关信息,做好贵宾的会前接待和入座引领服务。

每个会场都有不同的开会时间,服务员必须每天根据会议部安排的工作岗位做好定点会务服务工作。会议室门外侧至少安排一名服务员迎候,这对于会议主办方客人陆续到达或询问有着十分重要的好印象。迎候客人要主动开口、热情服务。客人一般喜欢问服务员"什么会议在哪个会议室开"或"这里是召开什么会议?"服务员的准确回答或迎领和指引,都会给客人一种踏实感,会议部应该提供一种与客人交流的服务。

(二) 根据需求主动提供会场服务

服务员应熟悉各种会场布置的台型,如U字型、口字型、课桌型、剧场型、圆桌型、多边型、鱼骨型等,根据会议需求管理各项现场设备,为会议的顺利进行提供保障。帮客人运送和发放会议资料、更换席卡、提供电源插线板,根据实际需求满足客人改变会场形式、增减桌椅的要求。如客人在饭店用餐,服务员应熟悉从会议区域到餐厅的路线,便于为客人指引方向;如客人在外用餐,服务员应熟悉周围餐厅的风格、特色及路线,如客人询问,应耐心介绍。配备相关人员,为会场的互动交流提供快捷无线话筒等服务。

如会议有现场电视录像和网络直播,则茶水、毛巾和矿泉水应事先布置在主席台上。给客人沏茶倒水、更换毛巾时要轻手轻脚,尤其是在会议进行到重要阶段时尽量不要随意走动服务。

礼仪队陪同主席台人员入场,并拉椅子请其入座。礼仪队离开后,会议服务员定时视情况为客人服务。会议中间休息时,服务员应及时更换茶水,补足矿泉水、纸、笔等文具用品,整理桌椅。如果演讲台上有多位嘉宾演讲,就必须为每位客人更换茶水和毛巾,以示规格。服务员容貌要端正,肢体动作要整齐划一,有良好的语言能力和敏捷的反应能力。会议临近结束时,应核对会场租用时间,服务员可应主办方同意或安排提前15分钟进会场,双手举示"还有15分钟"的告知牌,让主席台上的会议主持人明白时间的掌控。

(三) 会场整理工作的具体内容

会议休息时的整理服务,一般在会中茶歇时间或客人午餐时间进行。如果是大型会议,需要临时调配尽量多的服务人员援助。服务包括整理会议桌面、添加记录用纸、更换削好的铅笔、补充茶水、矿泉水、糖果、更换毛巾、整理椅子等,客人留放在桌面上的文件用品一概不能移动,以免发生物品遗失,如是午餐时间,应留守至少2名服务人员看管或关闭会议室大门。

（四）衣帽寄存服务

衣帽寄存和领取服务是会议服务不可或缺的一环，服务员应热情、仔细地寄存好每一件物品，千万不能因粗心大意而出错。衣帽寄存处应设有保险柜，如果客人有贵重物品或其他特殊物品不宜带进会场，也可以临时寄存。服务员要双手接过客人寄存的衣物，以示尊重，拿衣物领子的一只手要高于另一只手，以免衣服内有东西滑出。小型会议可临时摆放若干衣帽车，供客人自取。大型会议应专设衣帽服务，具体说明如下。

1. 准备工作

根据会议人数准备适当的衣帽车、衣帽架、衣帽牌。将已编好号码的衣帽牌一式两联准备好，客人寄存衣帽时，将其中的一联撕下来交给客人，另一联连同寄存物品一起挂在衣帽车上。

2. 取衣帽

将衣帽车上的号码取下，一手提衣领，一手托衣服的下半部分，将衣帽送给客人。仔细核对牌号，找到衣帽并与客人确认无误后，将客人手中的牌子收回。

3. 注意事项

（1）挂衣帽一定要挂妥，牌子放在显眼处，便于核对。应提醒宾客将现金或贵重物品寄存在保险柜里。

（2）存放衣帽应从衣帽车的最里面开始，便于操作，避免来回走动碰掉外面衣架上的衣物，造成差错。

（3）存取衣帽时容易发生衣帽搞混的情况，例如，因挂放不牢或其他原因，衣帽掉落；又如，随意悬挂了事。应记住大概位置或周围号码，待客人取衣帽时，仔细核对。

（4）客人集中办理衣帽业务时应冷静，按先来先取的原则服务。

（5）如客人衣帽牌丢失，服务员不要急于按客人所说的衣物取给他，可请客人稍等，待衣帽大致取完后，确认是客人本人的并请客人留下姓名、地址等方能取走。

（6）会议客人除了寄存衣帽，有时会寄存会议物品，因物品多有相似，服务员更应仔细核对。

（五）翻台服务

会议室翻台就是从一种摆台形式转为另一种摆台形式，也可以是会议形式转为宴会或酒会形式。翻台的原因有很多，比如客户不愿多支付会议室场租或会议室不够用，往往需要翻台；还有在国内可能因上级领导的要求突然要改变台型，如饭店人手不够可婉言拒绝，若时间与人手合适，可向主办方收取额外服务费。会议室翻台不单靠增加人手，更重要的是预留时间。会议型饭店应在1周前与会务组确定所有会议的台型，大型会议在开始前3天确定，一般会议在开始前1天不再变，否则，会产生额外费用。在国外需要提前更早，因为国外人工贵。目前，不少饭店大量使用临时外包员工进行翻台，外包员工缺少培训与经验，必须做到熟手带新手。在承诺会务组翻台时间上需谨慎，大型宴会需预留1小时以上翻台布置时间，会议经理要统筹好与各个部门的配合，如工程、保洁、餐饮等。翻台有一定的风险，若上一场会议未能准时结束，势必占用翻台时间。

（六）其他注意事项

1. 接电话的礼仪

电话铃响，应尽快接听，最好不超过三声。先自报家门："您好，会议部。"如自己不是受话人，应代为传呼；如不能解决，应请其稍等，请其他同事帮忙；如需转告，应详细记录相关信息，留下对方电话号码，在确认通话结束后再挂断。

2. 行走的规范

员工禁止在饭店和会议区域奔跑，尽量不从客人前面穿过，应从后面绕走；禁止数人并排走，应靠右边行走，主动让路，侧身示礼，行走速度不宜过快或过慢。

3. 准备急救预案

饭店应与急救中心建立快速联系通道，对常见病症应能简易处置，有客人急救紧急预案。

4. 制定保密措施

根据会议级别和会议主办方要求，制定相应的保密措施，提供相应的保密服务。

5. 信息系统的使用

利用智能信息发布系统，会议安排、新闻、公告、促销及会展信息等可随时进行编辑，并根据内容分别发布至相应地点的电子显示屏上。充分利用 VOD 等系统发布各类会议信息。通过手机短信、饭店 App、饭店微信号等方式为客人提供预订确认、需求征询、抵达指引、问候与祝贺、重要提示、意见征集等贴心服务。会议信息服务也是为无纸化会议拓展空间，ICCA 国际会议组织正在提倡和推广创办绿色会议，会议的所有资料扫二维码后即可下载至参会者的手机。

6. 公共广播系统

正常情况下，设置在各个背景音乐分区的公共广播系统扬声器既可以分区播放背景音乐，也可以直接播送讲话等内容。当饭店内有火警等突发事故时，系统能够将背景音乐切换到消防广播。并能联动地在相应消防区域播放消防疏导信息而不影响其他区域的播音情况。

三、会后结束工作

1. 会议结束时准备工作

服务员应清楚掌握每个会议的起讫时间，会议结束前要视规模大小和规格高低做好送行贵宾的准备工作，主要包括以下三点。

（1）精心布置各会议结束后的散场行走路线，由专人引导疏散，确保各通道畅通。掌握贵宾离场程序，如有贵宾要先离开，会议部须安排服务员或礼仪队送行。省、部级以上的客人须由饭店高层出面送行。

（2）联络各岗位，对会议结束时的人员流量要作充分估算，届时打开大门，设定专用电梯，开启自动扶梯，并注意各客人通道的灯光和空调是否合适。

（3）仔细确认会议任务书内容，检查会议费用情况，准备好会议费用明细单，随时准备提交会议主办方负责人审核签单。

2. 检查会场

会议结束后,必须及时检查会场内的桌椅及周边场地是否有损坏,如地毯、会议室门、墙体、装饰物等,有无客人遗忘物品,如发现有客人遗留物品,必须严格按"遗留物品"办法处理。清理会议桌面,对各种物品、文具归类,遗弃物保留24小时,以备客人之需。迅速关闭会场大部分照明功能,或调节到工作限度,室内空调也应及时调整。AV系统和自动扶梯应在大量参会人员撤离后立即关闭。

3. 征询客人意见

每个会议结束后,都应由主管以上管理人员主动征求客人意见,可以采用两种办法:一是口头听取意见,并认真做好记录;二是请会议主办方的会务负责人填写书面意见征求书,并热情欢迎客人再次光临。在征询客人意见时,可将会议消费清单递交进行确认,确认无误后送财务收银处入账。

四、贵宾休息厅服务

(一)准备工作

服务员应掌握贵宾接待的时间、地点、要求、人数,在客人到达前查阅客人信息,便于根据客人实际情况提供个性化服务。应提前1小时到岗,检查贵宾休息室内的布置是否符合要求,主要包括沙发、茶几、桌椅、鲜花的摆放、地面和衣帽车的清洁程度、工作台布置有无遗漏等。根据任务书的要求,检查视听设备是否齐全和正常运行,灯光有无闪跳、损坏,是否能按要求调节和控制。将会场温度严格控制在22—24℃。将贵宾休息室内的座机电话调成静音状态,以免打扰客人会谈。

(二)服务工作

贵宾到达前30分钟,服务员应站立于贵宾休息厅门口,面带微笑,表情自然,用礼貌用语迎接并引领客人入内,主动提供衣帽服务。

贵宾陆续到达贵宾休息厅后,服务员开始服务。

(1)毛巾、茶水服务。将茶水、毛巾用托盘从客人的一侧或后面送上。应注意将热(冷)毛巾置于巾碟中,茶水应倒八分满为宜,杯把应朝向客人右侧45°,方便取用。

(2)续茶。为客人续茶时,服务员应左手提热水瓶手把,右手托住下部,热情轻快地向客人走去,到达客人前面,右手将杯盖放在茶几上,轻轻拿起杯子续茶。一般在客人的右后侧或面对客人续茶。贵宾休息厅服务员面对客人续茶时,采取单跪式服务尤佳。

(3)贵宾开始会见或交谈时,服务员应及时避开,视情况为客人更换毛巾及每隔20分钟为客人续茶一次。

(4)贵宾离开时要主动为其拉门,示意礼仪服务;应了解客人的去向,正确为客人指引方向,并与客人道别。

(5)贵宾离开后,及时检查其有无遗留物品,如发现应及时追送或上交。

(三)收尾工作

(1)应注意收集贵宾休息服务中宾客的特殊需求,及时上报并记录进客史档案。

(2)将台面物品清理收回,分类放好。

（3）再次检查贵宾休息厅的硬件设施是否完好，保证其处于备用状态。

五、贵宾会见服务

贵宾会见服务工作是加强会务管理、展示服务水平的重要举措，是会议的重要组成部分，也是必不可少的服务程序。会见规格的高低，往往与出席本次会见的贵宾身份与地位密切有关。

（一）会见接待的基本要求

出席会议的贵宾应安排专门的贵宾休息厅休息或在会客厅会见前来参加会议的主要嘉宾。会见前，会议部应事先获得会议通知书，以确认参加会见的贵宾名单，按会议主办方的要求排放席卡。贵宾会见室要充分考虑场景布置效果，以便摄影、摄像。

正式会见时，服务员应稍避离贵宾，充分保证会谈的私密性，不过度服务。会见可分为会前会见、宴请前会见和独立会见（也称单独会见）。会客室要布置沙发、茶几、鲜花、茶水、毛巾、话筒音响、席卡，有的会见还要求专门布置合影场地。

（二）会议中的礼仪服务

会议型饭店通常配备10—15人的礼仪班组或礼仪队，可以是专业队伍，也可是灵活组建的复合型队伍。礼仪服务人员一般选用女生较多，用于政务礼仪、行走路线引领、专用电梯服务、引领贵宾登走主席台、剪彩、颁奖等。礼仪队往往成为会议型饭店大型会议接待的一道亮丽的"风景线"。

（三）安全检查和防范

无论是商务会见还是政务会见，为贵宾服务既高度光荣又具有较大的风险，要承担很大的责任，在服务接待中始终要保证贵宾的绝对安全。会议部在服务接待中要做好两件事：一是检查设备设施的安全完好性和服务流程、接待用品的安全性，包括楼道楼梯防跌、电梯保养、地面防滑、茶水安全度、毛巾清洁度等；二是要协调安保部确保会场安全。省部级以上的会见，应有省（自治区、直辖市）级警卫人员参与，饭店安保部予以协助。

六、茶歇服务

茶歇首先要保证足够的品种和食品的卫生，其次摆放讲究，方便客人取用，还要体现饭店的文化。茶歇服务主要包括茶歇前的准备、茶歇中的服务、茶歇后的收尾工作。

（一）茶歇前的准备

茶歇的准备工作主要包括铺设茶歇台和准备茶歇物品。

1. 铺设茶歇台

茶歇台要根据茶歇人数、场地形状、面积大小及主办单位的具体要求布置，必须用专门的台布和台裙布置，使其美观实用、有层次感，以方便客人为主要原则。大中型会议的茶歇可以根据场地摆放部分高脚吧台，上铺台布，并放小瓶花进行装饰。

2. 茶歇物品准备及要求

茶歇物品准备及要求，如表4.3所示。

表 4.3 茶歇准备物品及要求

物品名称	示范并操作要求
咖啡/红茶	1. 咖啡/红茶壶应擦拭光亮,无污渍; 2. 服务人员应按每壶可供应 50 人量的标准,摆放之前再次确认人数; 3. 咖啡/红茶的量应按 6∶4 或 7∶3 的比例准备; 4. 遇大型会议可先冲调好咖啡,直接供客人用,避免排队
9 寸盘、口布	在咖啡/红茶壶的下方放 9 寸盘,上铺口布,折叠成正方形(以深色为主),以防止壶口有咖啡、红茶滴漏
咖啡机/咖啡/红茶杯每套(杯衬、垫盘)	1. 茶歇前需清洁咖啡机,现磨咖啡机适合会议人数不多的茶歇服务; 2. 根据茶歇的实际人数准备咖啡/红茶杯; 3. 垫盘的数量与杯子数量相等,分开摆放,不要叠放过高
纸杯	原则上不鼓励使用纸杯,但大型或特大型会议茶歇服务可适当提供一次性纸杯
点心/水果	1. 根据茶歇的规格,点心分为小食、蛋糕、面包等种类; 2. 在摆放点心前应再次核对数量; 3. 点心/水果的保鲜膜应在茶歇开始前 5 分钟内打开
咖啡勺、水果叉、点心夹	1. 咖啡勺、水果叉按照实际茶歇人数准备; 2. 咖啡勺、水果叉整齐排列放在折叠好的口布内,勺把朝外,方便客人取用; 3. 点心夹置于点心盘的外侧
牛奶盅、牛奶	1. 按每壶咖啡/红茶配 500 毫升牛奶的比例准备; 2. 牛奶按每 20 人一盅的标准配备,杯把向外,方便客人取用
糖	1. 茶歇提供三种糖:白糖、黄糖、健康糖; 2. 将糖整齐地排列在糖筐内,要求方向一致,注意生产日期
餐巾纸	将餐巾纸去除包装,旋转成扇形,放在茶歇台的 9 寸盘内,或折叠成三角形倒插在高脚杯内置于高脚台上
标识	应在咖啡、红茶、牛奶、糖以及点心等物品前摆放中英文食品品名卡片
酒精灯	1. 用酒精灯保温的咖啡/红茶壶要求在咖啡/红茶摆放好后再点燃,应远离易燃物品,要有工作人员看守; 2. 咖啡/红茶壶内量下降到壶口以下位置时,应熄灭酒精灯; 3. 未燃烧完的酒精灯要放回仓库妥善保管;用完酒精灯要放在指定地点,不能随意丢弃
提醒铃	茶歇时间均控制在 20—30 分钟,大中型会议的茶歇,工作人员应备提醒铃,提醒客人茶歇结束时间

(二)茶歇中的服务

茶歇物品要在茶歇开始前 30 分钟准备完毕。茶歇过程中,服务员应及时用托盘收走客人使用过的杯子和点心盘,将其整齐地摆放于工作车内,并及时清理垃圾筐内的垃圾。注意咖啡、红茶的供应情况,及时补充牛奶、糖,整理餐巾纸。为客人倒咖啡、红茶时,应以六分满为宜,以方便其添加牛奶、糖等配料。茶歇截止时间到,服务员应提供人文的会议召集方式,如摇铃或轻声提醒"会议马上开始了"等,不宜采取叫唤形式,避免失礼。有些饭店很有创意，如 2018 年 ICCA 亚太年会在马来西亚槟城举办的 Business Event Week 中请了 Kampung 鼓手来提醒参会者（见图 4.28）。

（三）茶歇的收尾工作

收尾工作应在预定的茶歇时间结束，大部分客人进入会场之后才开始，整理物品的动作要轻，以免影响客人开会。茶歇结束时，不带包装的食品全部倒入垃圾袋；带包装未拆封的食品，如糖、牛奶等应分类送回仓库。咖啡机、咖啡壶、红茶壶、杯、咖啡勺等茶歇物品应分类整理，清理消毒后送回仓库。酒精灯应按要求熄灭并放回指定地点，注意安全。

（四）茶歇服务的注意事项

茶歇通常在 15—30 分钟，要注明每种热饮的名称，茶歇台勿摆靠得太近，避免人员集中拥挤。小型会议的茶歇安排 2—3 名服务员，大中型会议按每 100 位客人配 3 名服务人员的比例安排，每 100 人配备一张饮料台。

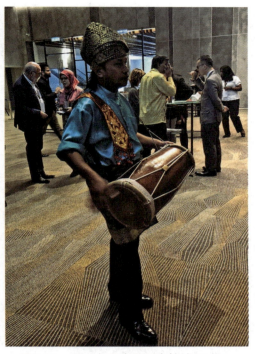

图 4.28 2018 年马来西亚在槟城 Business Event Week 中的开会提醒

七、会议服务规格及用品配备标准

（一）VVIP 接待规格

国家元首级政要、高层人士参加的国际国内会议应启用 VVIP 接待规格。接待规格和要求包括以下六点。

1. 安保

安全保卫工作由中央警卫局、所在国随同警卫队、地方警卫局、公安局负责，饭店安保部予以配合。

2. 交通

根据时间节点进行局部交通管制、动态交通管制，由地方交通警察负责。

3. 礼节

外交礼节由所属国大使馆、外交部礼宾司负责。国家会议由中央政府办公厅、外交部等负责。

4. 礼遇

作为重要礼遇的象征，负责接待的会议型饭店从元首下车地点到宴会厅、接见厅均应铺设专用红地毯，规格通常为 1.8 米宽。

5. 车队

使用特种车队进行服务，VVIP 客人用车在饭店门口停靠或驶离，均由贴身警卫拉开车门或关上车门,会议型饭店在门口配备服务员备用。

6. 礼仪

配备礼仪队负责贵宾进入时的路线引领和离开时的路线引领,根据要求在饭店正门内两侧安排礼仪队 2 人,开设专用电梯,目的地楼层电梯口备有引领礼仪队 1—2 人。

(二) VIP 接待规格

省、部级领导参加的会议、会见或高层次的董事会、跨国集团峰会等,要求有礼仪全程引领并开设专梯服务,享受 VIP 接待规格,其会场布置要求如下。

1. 贵宾休息

提供豪华休息室以及毛巾、茶水等服务。

2. 台面配套用品

桌布、裙围、皮椅或椅套、铅笔、书写纸、皮垫、瓶装矿泉水、爽口糖果或巧克力、鲜花。

3. 视听设备

话筒、夹纸板、白板、投影仪、激光笔、多媒体投影机及银幕,提供分机电话或宽带接入。

4. 茶歇

上午、下午或全天 2 次的水果及精美点心、咖啡、红茶。

5. 其他

会议服务人员应在会前详细查阅客史档案,熟悉客人的特殊要求,提供个性化服务。

思 考 题

1. 如何克服大型重要国际会议召开前后所遇到的经营上的难题?
2. 会议服务工作流程的主要内容有哪些?
3. 做好政治性接待任务,要注意哪些方面?
4. 简述会议总监在会议型饭店中的角色和重要性。
5. 会议型饭店在经营管理上会有不可控制性,为什么?
6. 请参照本章中的会议任务书模板撰写一份 500 人以上行业会议的任务书。
7. 列出五种以上会场的台型布局,并简述各自适合的会议类型。
8. 会中服务有哪几方面?"翻台服务"须注意哪些方面?

第五章

会议型饭店的房务管理

芭提雅皇家克里夫度假会议酒店

本章导读

　　会议型饭店的房务管理与旅游型、商务型饭店不同,除了负责前厅接待、客房住宿、预订服务、布草洗涤、制服更换、花卉布置、清洁卫生、康体娱乐、商场购物外,还要密切配合会议部做好会务接待。不少饭店的行政车队和对客服务车队(包括机场班车)也由房务部负责。会议客人的房务接待与日常散客、旅游度假客人的接待差别较大,有时甚至需另行建立专门服务体系,以便提供更好的服务。

　　本章从房务管理的职责范围入手,着重介绍了会议型饭店的前厅、客房、PA管理三个方面,通过对前厅和客房具体工作的阐述,帮助读者熟悉实际操作中的关键环节。在此基础上,结合发生在会议型饭店中的大量真实案例(见本书案例精选中的房务部分)进行详细剖析与总结,旨在进一步加深读者对会议型饭店房务管理的认识和解读。目前,不少会议型饭店将客房部、前厅部整合成房务部,并设置房务总监统领该部门工作。房务管理是会议型饭店管理中的关键一环,无论是从大型会议前台引导、与会客人投宿愿望,还是从会务接待、利润创收的角度去认识,都有着非常重要的意义。

第一节　会议型饭店的前厅服务管理

前厅部是会议型饭店的门户，是连接客人和店内各部门、帮助客人全方位解决问题的重要部门。前厅部经理直接向房务总监负责，负责前厅部所有服务功能的运营，制定经营管理制度、服务标准、操作规范和工作计划，掌握客房的预订和销售情况；根据授权等级，落实预订、上门散客的房价管理；与市场营销部、预订部密切联系，确保每天房间出租情况良好；做好上门散客的看房、预订工作，检查 VIP 客人的服务接待及机场接送；检查礼宾、行李、结账部工作，协调大堂经理、大堂安保的工作；检查每日房态及出租情况，督促检查各岗位主管工作情况，做好 VIP 迎送和会议客人入住、退房等协调工作和手续办理工作，控制大堂氛围。

一、总服务台

总服务台是前厅服务管理的中心枢纽，提供问询、接待、礼宾、结账、行李寄存、贵重物品寄存、外币兑换等"一站式"服务，客人有需要解决的问题，一般会直接找前厅总服务台。不少会议型饭店将其与电话总机结合起来，称为服务热线，一键按下就可以咨询到所有服务信息，大大方便了客人。开普敦喜来登大饭店是南非著名的会议型饭店，电话总机、客房预订都设在总服务台后面，用透明的大幅面玻璃起到隔音效果，客人在大堂里就可以看到员工都在忙碌地工作着，让客人觉得所有人都在为自己服务，有一种被尊重和被满足的感觉。尤其需要注意的是，总服务台在做好快速入住、退房结账时，要多征询客人对饭店接待的满意度和建议等，及时收集信息，如批评信、投诉信和表扬信等，认真做好总结工作，建立客史档案数据库，方便客人二次入住登记。

二、大门应接

大门应接服务员与行李员必须根据服务规范和程序迎送客人，会议客人往往携带大量会议资料和会务用品，应提前通知与会客人，规定大批量物品从专门通道进入饭店，以免影响对其他散客的应接工作。客人到店时，大门应接服务员要及时将信息传达给总服务台，如会议人数较多，应事先另置会议签到台分发会议资料和办理注册。团队行李分送及时准确，重要客人能做到人与行李同时进房。

三、大堂经理和 GRO

大堂经理和 GRO（客户关系主任）要掌握每天的客人流动情况，制订接待预案，与会务组沟通后明确会议指示牌摆放处、签到注册地点和会议车辆停靠位置。如需随会务组到机场、车站迎接重要客人，大堂经理或 GRO 应提前办好房卡和会议注册手续，便于客人在车上办理入住,并根据名单发放房卡。客人一到饭店即可直达房间,不仅节省时间,也可避免大堂出现拥挤和喧闹。

四、金钥匙服务

金钥匙服务是指金钥匙通过掌握着丰富信息的服务网络为客人提供专业化、个性化的委托代办服务。在饭店行业中,"金钥匙"是对具有国际金钥匙组织会员资格的饭店礼宾部(有的饭店称委托代办组)职员的特殊称谓。他们被行业专家和客人认为是饭店服务的极致,其高附加值专业化服务能够为其所在饭店创造更大的经营效益。会议型饭店的金钥匙服务应该具备以下特点。

(一)协同合作

这是会议型饭店金钥匙服务的第一大特点。金钥匙成员应拥有一张无形的覆盖范围非常广泛的高效服务网络,当为会议客人的特殊要求开展服务时,往往是立足本职岗位,辐射所在饭店的各个部门,沟通和调动饭店各个部门的资源,如有必要,可进一步将服务延伸到所在城市公共服务的整体中,和其他相关服务载体相配合,完成令客人满意的服务。

(二)创造性思维

金钥匙应该具有创造性地解决服务问题的能力。一般常规性服务都可以按照规范的服务流程来解决,金钥匙服务除了常规的服务之外,还需要以打破常规的创造性思维,精准定位客人需求,后依靠自己日常积累的信息网和各种资源,为客人解决问题,获得超出客人期望的效果。

(三)追求极致

追求极致是金钥匙服务的一种事业新高度,想客户所想,急客户所急,体贴入微,追求极致,以求实现达到尽善尽美的个性化服务。

五、入住登记和结账离店

会议用房的最大特点就是登记入住和退房离店的时间和客流都较集中,从而给饭店带来办理手续效率上的压力。由于会议客人交流活动多,时间紧迫,不像旅游和商务客人那样时间安排相对比较自由,办理手续的等待时间稍长一点就可能招致其投诉。一次非常完美的会议活动接待进入尾声时,可能因为退房离店出现失误,导致饭店收不到剩余的会议付款。为了处理类似棘手问题,饭店管理人员绞尽脑汁,想出各种对策。

(一)接待预案和分房计划

饭店要与会议主办方紧密配合,制订客人接待预案和分房计划。根据当天预计退房量安排足够的服务人员当班,在会议集中入住和退房时适当增加人手,以加快办理速度。采取有效措施缓和与疏导因会议客人集中入住带来的拥堵现象。合理规划好大堂,做好分流与分区域十分重要(见图5.1—图5.3)。

图 5.1　拉斯维加斯曼德勒度假饭店 2019 年 IAEE 年会接待前准备

图 5.2　拉斯维加斯曼德勒度假饭店 2019 年 IAEE 年会代表入住登记现场

图 5.3　拉斯维加斯曼德勒度假酒店 2019 年 IAEE 年会同期
其他会议代表入住登记现场（同大堂分区域）

（二）保持信息通畅

总台要掌握详尽准确的会议接待资料，与市场营销部、会议部、会议专员保持无缝对接，正确核对每日信息，在前厅合适部位放置将要召开的各类会议的信息指示牌并及时更换。总台员工交接班时，必须把客人接待情况交接清楚，并书面记录。

（三）提前办理入住

根据会务组提供的预订信息和分房表做好预登记和分房工作，提前获取完备的客人信息，如姓名及其中英文拼写、年龄、国籍、身份证件号码、护照号码等，预先填好表格、做好房卡，并把房卡置于注明与会者姓名和房号的信封中。会务组到店后，与饭店进行信息核对，将放有房卡的信封逐一分发给与会者。增加服务项目，设立休息区域，降低客人的焦躁情绪。应特别关注残障人士、老年人等特殊客人的入住接待。

（四）签到登记入住

可允许会务组在大堂的某处设立签到台，专门处理该会议的报到登记，负责会议的签到、注册、分发会议资料和会议的日常安排，领取房卡和会展资料，这样既方便了客人，也节省了饭店的人力、物力。前厅部应专门安排总台人员协助其办理入住手续登记，包括收费、制作或已经做好的房卡发放。

（五）VIP 客人办理入住

对于参加会议的 VIP 客人，可以由前厅部经理陪同直接进入客房，在房间进行入住手续的办理，做到 VIP 客人与行李同时进房。

（六）统一付费退房

如果是统一付费的会议活动,只要会务组收齐了房卡,就可以帮助客人办理退房手续,无须客人单独来办理手续,节省了宝贵的时间。会议团队退房后,房务部应立即组织人员清洁客房,会议客人遗留的文件、资料等应集中保管至少 24 小时,以备客人返回追索。

（七）单独付费退房

有的会议参会人数众多,但是绝大部分都是参会者自理房费,由会务组统一结算的只有特邀专家、领导嘉宾等。鉴于此,很多会议型饭店在房间内的电视机智能终端内设置了专用退房频道,客人用遥控器可以核查自己的费用,点击确定后,账单直接在总台打印出来,客人收拾行李后只需进行简单结账即可离店。

当然,不同的饭店有不同的应对方式,最合适的才是最好的。世界闻名的美国"赌城"拉斯维加斯中部挺立着一座宏伟的迷拉吉大饭店（Mirage Hotel & Casino）,它拥有 90 英尺高的巨大圆形玻璃门廊,门口有形状各异的环礁湖、瀑布和 54 英尺高的模拟"火山",宽敞的大堂内有一个装有 2 万加仑海水的海洋水族馆,客人在排队入住登记或者退房时流连忘返,不知不觉就办好了手续,甚至舍不得离开大堂。

六、分房和接待规格

大型会议使用的客房少则几十间,多则几百间,有参会者用房、会务组用房、VIP 用房,还有媒体用房、会议资料和纪念品用房、勤杂人员用房等。用房性质不同,接待规格也不一样,会议型饭店接待的会议人数多、规模大,客人种类和级别也就多,往往牵涉到分等级接待问题。大型会议的主办方一般要求饭店提供专业的分级服务,将客房和餐饮等接待档次分为贵宾、嘉宾、标准（普通参会者）和内部（会务组和后勤人员）四种类型,以便于会议接待工作。

七、延迟退房

按照国际惯例,通常饭店规定在 12:00 点之前退房,但在会议型饭店则有一定的灵活变通。例如上午结束的会议有会务组安排的大型午宴,客人用餐后要回房间整理物品,退房时间往往延迟到 12:00 甚至 14:00 之后。鉴于此,饭店可为住店的会议客人提供延迟退房服务,从而增加与会者和会务组对饭店的好感,树立口碑效应。但是如果接下来又有一个大型会议在中午时分要入住,问题就来了。2009 年 12 月,两个大型会议相继在某国际会议中心召开,前一个会议在中午结束,会务组要求延迟到 14:00 退房,而下一个会议的会务组要求在 14:30 分入住。这就需要饭店在 30 分钟内迅速清扫出 300 个房间,即使所有的餐饮、客房、前厅部服务员都上阵,也难以在如此短的时间内顺利完成任务。最好,饭店安排后来的参会人员在餐厅免费用饮料,稍作歇息,等待房间腾出来。在会议型饭店的接待中,诸如此类的情况比比皆是,需要饭店方的统筹安排和精细化管理,才能化不利为有利,尽最大能力为饭店创收。随着人工智能技术的发展,各种技术应用到饭店领域,图 5.4 就是拉斯维加斯凯撒皇宫大饭店快速入住与退房通道的智能设备,这将辅助提高饭店办理入住与退房的速度。

图 5.4　拉斯维加斯凯撒皇宫大饭店快速入住与退房办理设备

八、总机服务

总机话务员对会议信息必须掌握齐全,清楚地知晓会议举办时间、举办单位、会务组房号、用房数量、用餐地点,履行严格的交接班手续,保证入住名单和房号准确无误。话务员接到会议任务通知书后,要根据会务需要通知工程部的电脑房进行临时布线,如电话线、红机保密专用线、网络线和无线网络等。

九、预订服务的方式

随着经济的日益发展,饭店行业的竞争也越来越激烈,谁都无法"守株待兔",必须主动出击才能赢得市场的认可。客房和会场预订的方式越来越多样化,只有时刻为客人考虑,才能占领更多的市场份额。预订是潜在客人对饭店产品的主动要求,需要经过预订部最终确认方能生效,预订服务的方便、快捷、准确、安全、有效,直接影响到客人对饭店的期望值和实际满意程度。预订服务一般分为以下四种。

（一）信函预订

会议型饭店与公司、协会类会议组织者打交道时,更希望与其进行书面信函往来,由其出具一份书面订房表,上面包含会议名称、日期、需住宿的人数、姓名、到店时间、拟离店时间、要求房型、是否携带家属等情况，便于饭店进行精细化的接待。公司客户和奖励旅游团体通常会使用住宿名单来预订，因为他们的出席人数是基本保证和可预测的。饭店应鼓励公司、协会提供详尽的住宿名单，这样可在很大程度上减少预订部的工作量。

（二）电话预订

电话预订是便捷、常见的预订方式，会议型饭店往往会申请一个易记的号码，方便客人拨打。随着信息科技的发展和饭店竞争的加剧，800电话（固定电话拨打免费）和400电话（手机拨打免长途费）越来越受到青睐。国内外不少连锁饭店集团和单体饭店都申请了这类电话号码，既树立了饭店的品牌形象，又方便了客人。如800-866-866就是原喜达屋饭店集团订房中心的电话，可预订全球各地的喜达屋旗下品牌的饭店。越来越多的客人和会议组织者通过拨打免费电话直接向饭店预订部进行客房等服务的预订。

（三）传真预订

传真预订的特点是比信函预订快，比电话预订安全有效。在互联网流行之前，因其正规、快速、安全，传真几乎成为远程商务信函往来的唯一渠道。会议型饭店与办会方签订的协议和预订确认书常通过这个渠道传递。饭店的预订部应做好预订传真的接收、归类、处理与存档工作，指派专人负责登记，以免遗漏与丢失。有的重要传真文件如需要长期保存，则要将其复印后保存，便于以后查询。

（四）网络预订

计算机的广泛应用和互联网的迅速流行使饭店业的预订方式产生了巨大的变革，网络预订蓬勃发展，甚至成为一些饭店的主要客源渠道。大部分饭店建立了自己独立的网站，并且提供在线预订功能，一些饭店还可在线付费（使用网银、支付宝、微信等第三方支付方式），很大程度上节约了成本，提高了效率。还有的饭店加入了国内外的大型网络预订平台，如携程网、Booking等，客人点击网站上的饭店介绍，就能看到实时的客房动态、预订价格和配套服务，确定后填写客人相关信息后即可完成预订与在线付费。

十、预订服务的注意事项

尽管预订方式越来越多样化和便捷化，但是应到未到和超额预订仍然是困扰饭店的两大难题。很多饭店设置了押金和保证金或者叫做预约金的方式来保证客人预订了之后能实际入住。国际上常用的做法是：客人提供其有效的信用卡号码，以确保在其未能及时入住的前提下饭店不会因此受到损失。

十一、会议型饭店前厅服务的其他功能

会议型饭店的前厅部应强化商务中心功能，添置为会议准备文件的商务设备和"所看即所得"的印刷服务系统，甄选优质的服务合作单位，以合理价格提供复印装订、名片

会议型饭店管理

制作、制证、数码快印、喷绘写真、电子文档制作、音频视频等服务,制作简易背景板和其他标板。提供有线、无线上网服务和电脑、复印机、打印机、传真机、对讲机等的租用服务。

大型的会议往往需要饭店提供场馆用电配置、照明器材、特种无线设备、红外线接收系统和同声传译设备、大型电子显示屏幕和其他显示设备、展架租赁,甚至有时候还需要协助会议主办方布置会场,组织摄影摄像服务,搭建摄影架。

有的饭店积极拓宽创收渠道,承接各类会议标识、导向牌的制作,安排文艺活动,提供化妆间,提供司仪、礼仪服务和鲜花等绿植的售卖和租摆。

第二节 会议型饭店的客房服务管理

饭店可以简化其他功能,但客房(住宿功能)永远是核心主题。饭店无论星级高低,其客房除档次规格和设施设备有差别之外,基本功能和组合结构大致相同。

一、会议型饭店客房的标准与用品布置

(一)硬件标准

国内外会议型饭店由于接待规格、客人层次方面的原因,多为高星级饭店,其客房的设计标准也比较高。

(1)装饰豪华,具有文化氛围,有舒适的床垫、写字台、衣橱及衣架、茶几、座椅或沙发、床头柜、床头灯、台灯、落地灯、全身镜、行李架等高级配套家具。室内满铺高级地毯,或用优质木地板或其他高档材料装饰。采用区域照明且目的物照明度良好。

(2)客房门能自动闭合,有门窥镜、门铃及防盗装置。显著位置张贴应急疏散图及相关说明。

(3)有面积宽敞的卫生间,装有高级抽水恭桶、梳妆台(配备面盆、梳妆盆和必要的盥洗用品)、浴缸并带淋浴喷头(另有单独淋浴间的可以不带淋浴喷头),配有浴帘。采取有效的防滑措施,采用豪华建筑材料装饰地面、墙面和天花板,色调高雅柔和,采用分区照明且目的物照明度良好。有良好的无明显噪声的排风系统,温度与湿度无明显差异。有 110/220 V 不间断电源插座、电话副机,配有吹风机,24 小时供应冷、热水。

(4)有使用方便的电话机,可以直接拨通或使用预付费电信卡拨打国际、国内长途电话,并备有电话使用说明和所在地主要电话指南。

(5)提供互联网接入服务,并备有使用说明。

(6)有彩色电视机,播放频道不少于 16 个,画面和音质优良,备有频道指示说明,播放内容应符合所在国政府的规定。

(7)有防噪声及隔音措施,效果良好。

(8) 有至少两种规格的电源插座,方便客人使用,并提供插座转换器。

(9) 有纱帘及遮光窗帘。

(10) 有单人间、套房,有至少 4 个开间的豪华套房。

(11) 有送餐菜单和饮料单,24 小时提供中西式送餐服务。送餐菜式品种不少于 8 种,饮料品种不少于 4 种,甜食品种不少于 4 种,有可挂置门外的送餐牌。

(12) 提供擦鞋、叫醒、留言及语音信箱服务。

(13) 有与本星级相适应的文具用品。有服务指南、价目表、住宿须知、所在地旅游景区景点介绍和旅游交通图、与住店客人相适应的报刊。

(14) 客房、卫生间每天全面清理 1 次,每日或应客人要求更换床单、被单、枕套,客用品和消耗品补充齐全,并应客人要求随时进房清理,补充客用品和消耗品。

(15) 床上用棉织品(床单、枕芯、枕套、棉被及被衬等)及卫生间针织用品(浴巾、浴衣、毛巾等)材质良好、工艺讲究、柔软舒适。

(16) 提供开夜床服务,放置晚安致意品。

(17) 24 小时提供冷、热饮用水及冰块,并免费提供茶叶或咖啡。

(18) 客房内设微型酒吧(包括小冰箱),提供适量酒和饮料,备有饮用器具和价目单。

(19) 客人在房间会客,可应要求提供加椅和茶水服务。

(20) 提供衣袋干洗、湿洗、熨烫及修补服务,可在 24 小时内交还客人,18 小时提供加急服务。

(二) 客房内必须布置的基本物品

客房内必须布置的基本物品,如表 5.1 所示。

表 5.1　客房内必须布置的物品

品　名	数量	品　名	数量	品　名	数量	品　名	数量
浴　巾	4	枕　套	4	手电筒	1	牙刷(膏)	2
毛　巾	4	浴　衣	2	雨　伞	1	木　梳	2
方　巾	4	睡　衣	2	烫衣板	1	剃须刀	2
地　巾	2	拖　鞋	2	电熨斗	1	沐浴露	2
枕　芯	4	鞋　擦	2	保险箱	1	洗发露	2
被　芯	2	鞋　拔	1	西服衣架	4	护发露	2
床　单	2	鞋　篮	1	裙　架	2	护肤露	2
被　套	2	洗衣袋	1	衣　架	4	棉　签	若干
浴　帽	2	防毒面罩	2	针线包	2	洗衣粉	2
电吹风	1	浴　盐	1	面巾纸	2	手　纸	2

(三) 服务项目簿及办公用品

服务项目簿及办公用品,如表 5.2 所示。

表 5.2 服务项目簿及办公用品

品 名	数量	品 名	数量	品 名	数量
服务项目簿	1	航空信封	2	圆珠笔	2
饭店介绍	1	航空信纸	4	办公用小工具	若干
本市地图	1	普通信封	2	客房送餐牌	1
旅游指南	1	普通信纸	4	电话簿	1
传真页面纸	4	床头柜便笺	1	清扫牌、勿打扰牌	各1

以上标准和清单根据目前标准房要求制定，饭店经营者可以按自身具体情况在材质、色别、款式、数量和布置形式上有创新安排。

二、客房服务

房务中心是客房部的核心班组，负责部门各项任务的组织、传递、协调工作。房务中心接到重大任务信息时，应立即将其分解并编排在房态表中，用各色记号笔清晰地标出此次任务入住客房中 VIP-A 级、VIP-B 级、VIP-C 级、普通客房的数量以及入住和离开饭店的时间、会务组的房号、工作人员的房号等。这样一目了然，大大方便了对客服务及楼层客房清洁工作。

房务中心更是客房部的信息枢纽，衔接部门内外各类信息的收集、处理、反馈，控制饭店所有房间的房态，监控每个房间的 SOS 报警系统，所有这些工作都通过电话、电脑来连接。所以，房务中心岗位人员的电话语言服务技巧相当重要。

服务员在接听客人电话方面应积累丰富经验。同样一个电话，会因语言及表达方式的不同产生不一样的结果，电话接得好，可以化解客人的怨气；处理不妥当，则容易招致客人的投诉。接听电话必须有记录，避免在电话传意上出错。

接待重大任务时的水果需求量非常大，客房物料员应根据任务规格提前预订水果，每天严格按照清洗消毒程序将其逐个洗净抛光，逐份摆出造型布置进房间。

大型、特大型国际会议的特点是会期长、高级别 VIP 客人多、分会场会议数量多、办公用房多，客房服务员要记住每位 VIP 客人的姓名，当他们致电或亲自到房务中心时，能亲切地称呼客人，使其有被尊重的感觉。

针对一些国际会议外宾占多数的特点，客房部应做好前期语言培训工作，如日常外语会话培训，使一线服务员能用外语为客服务，以更好地满足客人的需求。

（一）客房开夜床

客房开夜床一般设定在 19:00—19:30，通常这是客人用晚餐或外出活动时间，根据星级饭店评定标准的要求，夜床开启应做好以下服务内容。

（1）打开电视机，一般设定在饭店介绍或消防须知的画面。

（2）打开床被，角呈 35—45 度，放置早餐牌。

（3）床头柜上放置晚安卡、天气预报卡、矿泉水及杯子、小礼品或小点心，打开夜灯。

（4）靠床另一头安放一小筐，内置浴衣两件，洗衣袋（单）及擦鞋服务物品。

（5）检查写字台上会议代表名单、房号是否齐全。

（6）检查写字台上会议代表活动指南。

（7）检查清理卫生间，补足用品。

（8）检查窗帘及各类物品是否整齐。

（二）客房楼层服务

会议客人往往同进同出、团进团出，楼层值班服务员要热忱地满足客人需求。

（1）如果客人使用客房送餐服务，要与餐厅协调好，按时收取客人餐后的空碗盘。

（2）如果客人晚饭在店外食用，要注意其回房后有无身体不适现象。

（3）会务组客人要准备第二天会议的材料，如打印文件、召集会议等，注意提供相应的服务。

（三）走客房的处理

（1）会议结束后，客人收拾行李离开时，楼层服务员必须及时检查房间，查看有无遗漏物品，如发现要及时与会务组联系。

（2）客房服务员及时清洁房间，主管要按标准规范检查。

（3）行李员应持有走客房离店清单，上有时间、房号、客人姓名、下一站目的地，如是会议客人，还需要有会务组联系人姓名和移动通信号码。在搬运会议客人的行李时，行李员应当着客人的面把行李卡系在行李上，并移交给客人，手续要齐全，以免贵重物品发生意外。

（四）行政管家

行政管家服务是楼层服务的演进，是以客人为中心、营造回家感觉的服务方式，是从一般到特别、由面到点的服务理念（见图5.5、图5.6）。会议型饭店高峰会议多，接待规格高，其行政管家服务更要注意品牌效应、名人效应与首长效应，主要体现在以下八个方面。

图 5.5　Volvo 沃尔沃汽车年会 VIP 代表客房礼遇

图 5.6　2021 国际展览业协会(UFI)中国会员年会客房礼遇

(1) 为客人提供快速响应的客房服务。
(2) 及时为客人收送洗熨的衣物。
(3) 开启夜床,补充和布置客房用品。
(4) 提供擦鞋、烫衣等小服务,协助客户主任做好其他服务。
(5) 为会议客人提供专门服务,如资料打印传送、物品分发等工作。
(6) 掌握 VIP 客人情况,及时主动地为 VIP 客人做好个性化服务工作。
(7) 做好电梯口、房门口、十字路口的迎客礼仪。
(8) 客房内可布置规格较高的用品、用具以及客人爱好的物品。

三、会议型饭店的客房特殊要求

参加会议的住店客人往往事务繁忙,希望在会议期间完成更多的交流活动,甚至回到房间后还要忙于公务。所以,会议型饭店客房要有完善的办公用品,照明亮度合理,写字台面积较大,座椅符合人体工程设计原理。参会客人往往携带便携式电脑,客房要有互联网络接口,保险箱体量能容纳便携式电脑,操作方便。

会议型饭店的客房应根据会议需要配置数量充足、制式齐全的电源接口,不间断电源数量能满足需要。纸质礼品袋制作精良,有会议饭店标识。房内配置纪念品或礼品,且包装精美、内容明确、标价清晰。

会务组房间面积较大,靠近电梯,交通方便。应配备多部电话、插头、接口、打印机、传真机、写字台等。有办公会客条件,配备直线电话。会议主办方领导的房间会客厅面积较大,可召集小型会议,主客卫生间分置。

会议型饭店应设置一定数量的数字客房,在房间配备经过定制的电脑;可设定固定电脑硬件标准,预留外部设备接口。除具备视频互动系统的功能外,还可以为客人提供常用软件、宽带上网、游戏娱乐等服务。有扩展 VOD 系统功能,使客人能在房间确认账单,缓解会议客人的退房压力。程控电话交换机应满足客人及饭店的语音应用需要,包括自动/人工选择电话开通等级、主叫被叫信息显示、电话会议、自动语音信箱等,并能通过接口与饭店管理系统连接,实现丰富的饭店功能。除有线电视、卫星电视外,还应实现多媒体综合通信功能,包括视频点播、可视电话、电视会议、综合信息查询和远程办公等功能。建立或完善会议通知系统,减轻会议的叫醒压力。

四、花卉服务

花房是为满足住店客人用花、宴会用花、会议用花和饭店公共环境布置用花而设立的,一般纳入房务部管理。会议型饭店的用花主要是客房、会场、接见厅、宴会厅和其他公共区域所用各种鲜花、绿植和盆景等。

饭店要根据使用规模大小储备多种绿植、盆景,以防会议紧急需要。这类绿植、盆景经常用作布置会场环境、背景、舞台、主席台。花房根据会议任务通知书布置花卉,会场避免使用有刺鼻香味、异味的鲜花。花房负责人要了解会议客人忌讳、爱好,小到单人 VIP 客房的鲜花布置,大到大型会场的盆景摆设,都要谨慎把关,并获得会议方负责人的确认。

房务部所辖的各部门,每次接到市场营销部派发的会议任务通知书后必须认真核准和对照,及时与相关部门加强沟通,根据会议的不同规模、规格和重要程度,制订接待预案和应急预案,使整个房务工作做到信息及时、服务到位、指挥畅通、管理有序。

第三节 会议型饭店的公共区域清洁管理

公共区域清洁管理简称 PA(public area)管理,饭店的 PA 一般归属于房务部管理,会议型饭店的 PA 也不例外。由于会议场地、展览场地、宴会厅、餐厅、大堂等公共区域面积庞大,需要大量人员来完成保洁工作,因此,会议型饭店的 PA 部服务员的数目往往多于一般饭店。

一、会议型饭店 PA 工作的特点

与商务型、度假型饭店相比,会议型饭店的 PA 工作有如下特点。

(一)会议场馆的保洁

由于搭建舞台、安置相关设施设备(如仪器、花卉等)造成的场馆脏乱,必须在短时间内得到改观,PA 主管应全力以赴地组织人员立刻清理会场。

会后参会人员开始撤场时,PA 人员要进场清洁,进行场地检查,看是否有客人遗忘物品,如发现应及时与会务组联系,万一联系不上,则告知会议部或安保部。

（二）大型、特大型会议的PA工作需注意的事项

大型、特大型会议人数众多、人员杂乱，PA任务繁重，要及时对客人活动区域的卫生间进行清洁，避免引起不必要的投诉；注意地毯尤其是迎宾红地毯的及时清洁，对明显脏湿痕迹要第一时间清除，避免在媒体摄像取景时产生不好印象；花草的除虫和清洁尽量不要用刺激性强的药剂；要确保会议室、餐厅等区域无异味。

二、会议型饭店PA工作的三大区域

会议型饭店的PA区域范围分为三部分：一是会议场馆区域；二是饭店服务区域；三是建筑物自身保洁及周边公共环境卫生。

对会议、展览、办公区域尤其是人员进出频繁的区域，要制订详细的保洁计划。会展场馆在会前、会后都要集中较多人力和机器设备进行清扫，清洁原则上安排在夜间进行，以减少对场地使用的影响。

饭店服务区域的大堂、电梯、公共走道和餐厅、宴会厅等的保洁可按照计划清洁要求进行，尽量不干扰住店、用餐客人的正常活动。

会议型饭店所在大楼的屋顶、外墙面、夹层尤其是各平面屋顶的下水道口，要注意防雨、防漏，要做好应对暴风雨等灾害天气的预案。大楼周边公共场地的环境卫生关系到会议型饭店的整体形象，要以巡检、抽查、定期保洁的形式加以清洁，有利于饭店的整体经营和管理。

思 考 题

1. 会议型饭店的客房管理与传统星级饭店有哪些不同？
2. 会议型饭店可为会议客人提供哪些个性化服务？在此过程中要注意哪些问题？
3. 怎样巧妙地缩短会议客人登记入住的时间？
4. 会议型饭店与其他类型饭店相比，其PA工作有何特点？
5. 会议型饭店如何把握协会类会议人员出席会议和预订客房的不确定性？如何处理因预留客房和餐位以及会议场所而带来的资源空置？

第六章

会议型饭店的餐饮宴会与厨房管理

成都世纪城天堂洲际大饭店

本章导读

　　不管是宴会厅、普通会议室、多功能厅、休息间还是客房，都牵涉到餐饮服务，需要餐饮服务人员和厨房出品人员进行联动，根据会议规格和要求，及时、快速地提供餐宴、茶歇服务。会议客人逗留时间长、消费能力强、社会层次高、影响范围大，餐饮服务的好坏，直接关系到会议型饭店整体形象的优劣。

第一节 会议型饭店的餐饮服务

餐饮营收常占整个会议型饭店餐饮总营收的50%以上,是创收的主力军。餐饮也是利润的主要来源,利润率高是业内不争的事实,主要来源于各种机构的接待宴请、会议用餐、茶歇服务三个方面。由于宴会厅、会场、客房都牵涉到餐饮服务,且内容广泛、要求多样,因此尤其需要统筹兼顾。为了参会方便,会议客人的早、中、晚餐和会间茶歇往往都选择在饭店内进行,这就为餐饮部增效创收提供了契机。

会议型饭店的餐饮部设立餐饮总监,与行政总厨共同负责整个饭店所有与餐饮相关(特别是重大政治接待任务)的服务和出品工作,加强和会议总监的协调与沟通,检查各项工作,落实执行情况,解决存在问题。同时,要抓好产品品种的更新换代和服务质量的创新提高,以市场为导向,以需求为目标,进行促销,并督导团队实施规范化操作、标准化检查,计时计量规范管理,经营实绩量化考核。

餐饮总监尤其要建立良好的公共关系体系,包括与各部门以及与客人的关系,听取客户意见,改进工作。部门人员的培训和考核、大型会议的食品安全和服务接待安全,也是餐饮总监要重点关注的问题。

一、零点服务

会议型饭店应按照市场需求和饭店定位,优化餐饮结构,提供足够数量的私密性较好的包间,以会议设施的配置来确定合理的餐厅数量、布局、菜系、风味,应分设团队餐和零点餐,设立全天候服务餐厅,为会议客人提供更多的选择余地,提高会议期间的用餐质量,餐位数量能满足会议规模。

零点服务需要注意以下七个方面。

(1) 与一般商务、旅游饭店不同,会议型饭店的点菜服务往往受会议时间影响,中午和晚上的用餐未必准时,要根据会议实际进度而定。

(2) 会议用餐的时间和人员均高度集中,要抓紧服务时间,让客人能在最快的时间内完成用餐。

(3) 部分参会者乐于寻找熟识的朋友或同事在别处用餐,应抓紧时间与会议主办方沟通信息,予以确认。

(4) 对会务组织人员、后台技术人员、现场翻译人员和受邀专家、贵宾领导的用餐应特别安排。

(5) 设计两种以上的标准套餐,以满足不同客人的需求。

(6) 凭有效会议证件可享受饭店客房、酒吧、娱乐、健身等服务的优惠价格。

(7) 尽量将会议用餐服务与散客点菜分开,以免影响散客用餐的情绪和氛围。

会议型饭店管理

二、宴会服务

宴会服务是会议型饭店餐饮服务的重头戏，也是赢利创收的重要源头。饭店根据不同类型的会议要求，提供欢迎宴会、送别晚宴、招待会、酒会等，也可以协助会议主办者的要求帮助其设计创新宴会，并营造良好的宴会氛围和效果，配置适度的娱乐设施。宴席设计能集中体现饭店的形象，可以营造核心品牌宴席，能创新重点菜品，保证出菜质量，营养搭配符合客人需求。按照规格，宴会可以分为国宴、正宴、便宴、家宴；按照餐别可以分为中餐宴会和西餐宴会；按照时间，可以分为晨宴、午宴、晚宴；按照主题，可以分为发布宴、颁奖宴、答谢宴、满月宴、寿宴、婚宴；按照进餐形式，可以分为固定桌型和自助式型。

会议型饭店的宴会服务一般有两种情况：一种是会议结束后不安排参会人员用餐，只另辟小宴会厅安排贵宾用餐，这样大大减轻了宴会服务的压力。比如2009年中国国际互联网游戏大会，由于参会人数众多，国内外游戏开发者和玩家蜂拥而至，超过4 000人在陆家嘴地区分散用餐，主办方则安排出席大会的贵宾的圆桌用餐。另一种是安排贵宾与参会人员共同用餐，但设立主桌或副主桌作为贵宾席。这种情况的工作任务繁重、不可控制因素多，所需服务人员也多。如2007年5月，非洲开发银行峰会在上海国际会议中心召开，中国政府总理出席。政府委托该中心承办1 200人的宴会，共计120桌，其中，主桌、副主桌共12桌，其余108桌为普通桌；共使用值台首席服务员125人，走菜服务员63人，现场分8个区域管理，主管或经理8人；酒水饮料临时供应吧台4个，每个吧台2人，共计8人；强化厨房厨师配置60人，其中，12人上灶，每人做10桌，48人为排菜、分菜、中式点心、西式点心和水果准备；配备食品监督员2人，政府派驻2人。

三、自助早餐服务

相比商务型和旅游型饭店而言，会议型饭店的自助早餐时间较早，一般在7：00—8：00，客人也比较集中。针对这一特点，厨房在早晨供菜时配的第一批菜要足量，服务员要安排充足；厨师长要在自助餐厅关心出菜情况，餐厅经理要适时关注服务员的工作标准和状态；饭店可安排会议客人在专门餐厅用早餐，也可在同一餐厅里把会议客人和其他客人分隔在两个区域用餐，避免两者相互干扰。会议型饭店的自助早餐绝大多数是房价中含早餐，但如果是房费自理的客人，就不一定全是房价含早餐。

四、送房服务

送房服务也叫客房送餐服务，是饭店根据客人要求，将客人所需要的餐食送到客房中的一种服务项目。由于会议日程一般比较紧凑，常驻会议型饭店内的会务组通常工作到很晚，往往提出送餐到客房的要求；参会者因工作原因或时差原因耽误正常用餐时间,也需要在客房用餐;对于住店的参会贵宾,会务组也委托饭店安排送房服务,为其提供夜间点心。送房服务往往占会议型饭店餐饮总营收的 2%—3%,如果接待的是大型的境外客人居多的国际会议,这一比例甚至达到 3%—4%,因为这类客人需要克服时差的障碍与本国进行频繁地交流和沟通,往往耽误了所在饭店正常的餐饮营业时间。

会议型饭店的送房服务有其特殊性,要注意以下五点。

(1) 经会务组委托为与会贵宾提供送餐服务时,在客人用完后,服务员须及时收取盘碗,切忌使碗盘留在客房门外,引起其他参会客人的猜疑和不满。

(2) 会议型饭店必须提供 24 小时的送餐服务,尤其是接待国际性会议多的饭店更要确保这一点,以免引起参会客人的不便和投诉。

(3) 送房服务人员接听客人电话时,要确认点菜品种、用餐人数及需送达时间,避免误会。一般送房标准服务时限为 40 分钟之内,但具体送达时间应根据客人要求执行,做到人性化服务。

(4) 在餐饮部成立专门的送房服务小组,以提高送餐的效率,减少差错。

(5) 制定详尽规范的送房服务标准,确保接听电话、接受订餐、备餐送餐、结账签单的程序有条不紊,做到精细化服务。

五、大型宴会服务

大型宴会服务一般指接待 300 人以上的宴会,这是会议型饭店的擅长和特色项目,更是主要盈利来源。大型宴会会议餐品种要适宜,保证菜品的相应温度,餐饮服务队伍应具备大规模快速服务的能力,有规范的服务语言,重点菜品有适度解说,服务节奏有序,按照客人的宗教信仰、风俗习惯配置餐饮,提供特殊服务。以上海国际会议中心为例,4 400 平方米的多功能厅(上海厅)可举办 2 000 人的中式圆桌宴会,也能承担 3 000 人的冷餐会或鸡尾酒会。其总营业收入中餐饮收入占 50%,其中,大型宴会占 70%、其他宴会占 11%、婚宴占 13%、茶歇占 6%。大型宴会一般分为中式圆桌宴会、中西结合冷餐会和西式酒会三大类,主要有以下七大特点。

(1) 讲究规格和档次。
(2) 通常席间有演出,气氛热烈。
(3) 参加宴会人数多,层次高。
(4) 对服务员走菜时间的控制有严格要求。
(5) 对主桌的鲜花摆放、餐具设计、席卡布置、服务着装有详细要求。
(6) 席间贵宾讲话和祝酒需暂停服务员走动,并站立宴会厅两侧。
(7) 配套使用舞台、背景板、灯光和 AV 设施。

六、茶歇

在欧美国家,超过 3 个小时的会议,一般都会在会议间隙时间提供茶点服务,称为茶歇。随着国内外交流增多，很多国内会议主办方也愈加频繁地重视茶歇，以此来提高办会的口碑和交流的有效性。

由于成本较低、附加值较高，茶歇服务也成为会议型饭店餐饮服务赢利的有力保障之一。同时，随着健康饮食意识的增强，很多参会者更加倾向于在茶歇中寻找各种茶饮、鲜榨果汁、咖啡、酸奶、新鲜水果，对甜点、高热高脂的点心则唯恐避之不及。充满创意、体验感、各类主题、量身定制和具有地方特色的茶歇，受到会议主办方的追捧（见图6.1—图6.4）。

饭店餐饮宴会及会议管理团队在进行主题创作的时候，可从场景布置、食物搭配、现场制作、背景音乐及结合当地特色等方面进行精心安排，极力为会议注入新的活力。

在深圳福田香格里拉酒店设计了一场以"健康"为主题的茶歇，饭店将场地选在户外花园边的健身房内举行，参会者们可在健身房内品尝新鲜制作的能量饮品（如香蕉螺旋藻奶昔、蓝莓奶昔等）或健康美食（如香蕉燕麦蛋糕、黑加仑燕麦卷及全麦可颂等）。健身房内的杠铃及其他运动器材被用作会议的装饰品或被放在食物陈列台，服务人员也都身着运动服饰，配以动感的背景音乐。整个茶歇充满了青春活力，使与会者耳目一新，精力充沛。

在茶歇的安排上，既要从成本考虑，又要从最大程度地满足客人的需求着手。不是所有会议客户都会支付高额的茶歇费用，要设计不同档次的茶歇内容供客户选择，还要考虑到中外客人对茶歇食品的习惯，加上细微的附加性服务，往往能够博得会务组的青睐，使其在付款结账的时候心甘情愿甚至赞不绝口。

图6.1　会议茶歇摆台实景

第六章 会议型饭店的餐饮宴会与厨房管理

图 6.2 现场制作茶歇

图 6.3 绿色主题茶歇

图 6.4　上海滩怀旧风特色茶歇

七、外卖服务

外卖服务指餐饮服务单位根据团体膳食用餐者的临时订购要求,在餐饮服务单位加工场所集中加工膳食半成品或成品后,将膳食半成品或成品集中配送到团体膳食供餐点,再将半成品加工制成成品膳食或直接供应成品膳食的服务行为。现在有不少会议并非饭店的场地举办,而是寻求大型或具有特色的场地,如:创意仓库、园林、美术馆,博览中心等特殊场地,那些场地可能不具备供餐服务能力,往往需要饭店外卖服务。有些会议型饭店选址在会展中心附近,那就可获得不少参展商展台活动的业务,这些都是具有外卖资格饭店的竞争优势。饭店外卖要体现出饭店产品和服务的品质。

服务地点是由团体膳食用餐者设立或指定的,供餐饮服务单位现场制作、供应团体膳食的场所。此场所选址应按照《餐饮服务食品安全操作规范》(国食药监食〔2011〕395号)的要求,并能提供符合要求的生活饮用水和满足加工供应需求的电力。饭店在进行团体膳食外卖服务前,必须获取政府颁发的相应许可证。以下为获取许可证的具体要求。

(一) 申报及审核

将设计区域的图纸申报至所在的市场监督管理局审证科。经审核通过后,饭店进行施工。完工后由区以及市市场监督管理局审证科到现场审核。

(二) 加工经营场所设置、布局

餐饮服务单位加工场所的建筑结构、布局、场所设置、分隔、面积,除应符合《餐饮服务食品安全操作规范》规定的"大型餐馆"或"特大型餐馆"的食品加工经营场所要求,还应符合下列要求。

（1）加工配送团体膳食期间,加工场所（包括烹饪场所、冷膳食制作专间、即食果蔬制作专间、半成品冷却场所、膳食成品冷却场所等）应专用。做好原料采购验收、运输和贮存、食品粗加工与切配、食品加工用具进行清洗,保持清洁和消毒区域的划分。

（2）加工场所的面积和库房容积大小应与团体膳食配送的品种数量相适应,且满足 250 人份以上团体膳食加工配送的要求。

（3）需要有设置存放团体膳食的专用食品容器、专用设备设施的场所。

（4）有与加工品种和规模相适应的检验室,配备与检验项目相适应的检验设备和设施；设有准备间、缓冲间、洁净间。

（5）餐饮服务单位应根据供应的团体膳食规模、供餐方式和膳食品种,事先对团体膳食供餐点加工场所条件进行评估,确保供餐点加工场所符合相关要求。

（三）设施设备要求

餐饮服务单位食品加工供应的设施设备,除应符合《餐饮服务食品安全操作规范》规定的"大型餐馆"或"特大型餐馆"的食品加工供应设施设备要求外,还应符合下列要求。

（1）应配备食品快速冷却（如真空冷却机、冷却专间）、冷藏（如移动冰箱、可加载冰排的保温箱）、冷冻、加热保温（加热保温柜、保温箱）等设施设备,其数量、容量及其技术参数由餐饮服务单位根据团体膳食的品种和数量测算确定,且满足 250 人份以上团体膳食加工供应的要求。

（2）冷膳食专用场所、分装间应设有专用工具容器清洗消毒设施、空气消毒设施和独立空调设施,保证环境温度低于 25℃。应安装紫外线灯作为空气消毒设施；入口处应设置洗手、消毒、更衣设施。需要使用直接接触成品用水的,还应配备净水设备。

（3）运输时应使用冷藏车。采用相适应的封闭式专用运输车辆。车辆内部易清洗。可以自购车辆,也可向第三方物流租赁。包装的即食果蔬应在不超过 10℃ 的条件下储存运输。必须做到原料、半成品与成品分开。

（4）应配备测试环境温度、食品中心温度、即食食品环节表面清洁度、消毒余氯等快速检测设备和试剂,以及菌落总数、大肠埃希氏菌的实验室检验设备和设施。应对食品中心温度、专间及冰箱等环境温度、即食食品环节表面清洁度、餐饮具余氯和消毒液有效氯开展检测,每次供餐、每种项目检测不少于 5 件次。

（四）卫生管理

（1）食品安全管理机构与餐饮服务单位应按照《餐饮服务食品安全操作规范》的要求建立食品安全管理机构,配备专职食品安全管理人员。

（2）从业人员健康管理、个人卫生、工作服管理及培训按照《餐饮服务食品安全操作规范》的要求执行。

（3）餐饮服务单位应制定内部食品安全管理制度,实行岗位责任制,制定食品安全检查计划,规定检查时间、检查项目及考核标准。每次检查应有记录并存档。

（4）留样管理,配备留样专用容器和冰箱；超过 100 人的团体膳食外卖服务,餐饮服务单位应对提供的食品进行留样。

会议型饭店管理

第二节 大型宴会的操作流程及服务管理

一、大型宴会任务书的确认与实施

(一)任务书的确认

1. 明确分工并落实责任

本节所指的大型宴会为 300 人以上的中西餐宴会、冷餐会、鸡尾酒会等。餐饮部接到 Event Order(活动预订确认书,简称 EO 单),基本确认场地、时间、人数和宴会形式后,由餐饮总监主持召开专项任务协调会(如任务相当重要,则由总经理主持召开),要求厨房、会议部、市场营销部、工程部、采购供应部和安保部相关负责人参加。各部门在协调会上讨论分工、落实责任并协同实施,明确各自的岗位职责,排出员工上岗名单和初步落实时间,并在下次讨论时确认无误。宴会活动任务书如图 6.5 所示。

BANQUET EVENT ORDER

Account Name:		Contract Number:		PM:
Contact Name:		Catering Manager:		
Address:		Sales Manager:		
		Block Code:		
		Booking Name:		
Telephone:		Represented by:		
Fax:				

Sunday, 10/28/2018

Time	Room	Function	Set-up	Code	Exp/Gtd	Rental
00:00 - 17:00	Astor Ballroom	Set Up	Reception		10 / 10	CUSTOM
15:00 - 22:00	Bridal Room I	Bridal Room	Existing Set Up		10 / 10	CUSTOM
15:00 - 19:00	Boardroom I	Special Event	Special		10 / 10	CUSTOM
17:00 - 18:00	Pre-Function Area	Cocktail	Reception		100 / 100	CUSTOM
18:00 - 21:00	Astor Ballroom	Dinner	Rounds of 10		400 / 400	CUSTOM

Food	Beverage Service
Pre-Function Area 17:00 To 18:00 Custom Menu Please see the attachment/below Menu. 经典迷你兰姆糕*20 Mini baba with citrus syrup 迷你大理石芝士蛋糕*20 Mini marble cheesecake 巧克力慕斯配百香果凝乳*20 Chocolate mousse with passion fruit curd 芒果双重奏*20 Mango mousse with mango compote 黑加仑栗子挞*20 Blackcurrant chestnut tart Astor Ballroom 18:00 To 21:00 Custom Menu Please see the attachment/below Menu. 八彩迎宾宴意风味江南八小碟 Yanting special 8 piquant dishes 鸿运乳猪拼盘 Roasted meats combination platter 金蒜银丝蒸加拿大龙虾 Steamed Canadian lobster with garlic soya sauce 翡翠琥珀北极贝西班牙带子 Wok fried Hokkaido scallops with asparagus 淮山杞子老鸡炖响螺花胶 Braised fish maw with wild sea whelk and yam	Pre-Function Area Custom Beverage Menu 17:00 To 18:00 Please see the attachment/below Beverage Menu - one hour free flow of soft drink,juice,(pass around) Astor Ballroom Custom Beverage Menu 18:00 To 21:00 CNY 565.95 Per Table Please see the attachment/below Beverage Menu -3 hours free flow of soft drinks, chilled juice, local beer and wine. -The guest will bring wine by themselves, no corkage fee

Food	BANQUET SERVICE	
姜葱花雕炒青蟹 Ginger Fried green crab with shaoxing Huadiao chiew 宴庭葱烧海参 Braised sea cucumber with Scallion 脆皮茶皇润糯香鸡 Roasted crispy chicken with fragrant tea leaves 煎焗鲍鱼拼脆奶 Pan-fried 5 head abalone and crispy milk curd 头抽蒸印尼海捕老虎斑 Steamed tiger grouper with chef's superior soya sauce 秘制酱爆芦笋澳洲牛肉粒 Seared Beef Short Rib in Red Wine Sauce 竹笙碧玉四季时蔬 Braised vegetables with bamboo pith and conpoy 虾子金菇炆伊面 Braised long life e-fu noodle with shrimp roe and enoki mushroom 美点双辉 Fusion petite desserts platter 岭南佳果拼盘 Seasonal fresh fruit platter	Astor Ballroom	00:00 To 17:00
	BANQUET SERVICE NOTES -The supplier will set up at 00:00 am on Oct.28(over night set-up), Please arrange the staff standby.	
	Bridal Room I	15:00 To 22:00
	-准备挂烫机，衣架 -Coffee & Tea	
	Pre-Function Area	17:00 To 18:00
	please prepare one hour cocktail before dinner - 2 reception table with 4 chairs in white table cloth on foyer	
	Astor Ballroom	18:00 To 21:00
	- please see attached floor plan - One main table (2.4m round table) - 40 round tables, each table for 10pax - 40 use white table cloth and white chair cover - white napkin for each person - chinese dinner standard set up - all in family style serviece - 1 control table in room for DJ facilities - T stage in the middle(4m*19m) - one champagne tower and one bottle of champagne on small table -Flower -LED -test time:3pm Stage -9.6m*3.6*0.6m Wireless Microphone	
KITCHEN		
Pre-Function Area 17:00 To 18:00 PASTRY - 100 canapes - please see menu as below Astor Ballroom 18:00 To 21:00 CHINESE KITCHEN - 40 tables（一桌主桌39桌客桌） - all in family style service		
	ENGINEERING	
	Astor Ballroom	18:00 To 21:00
	- Please check light, air condition and equipment, ensure all facilities works properly. 请提前检查以上所有地点灯光、空调及设施设备，确保所有设备正常运作，以作备用。	
	FRONT OFFICE	
	Astor Ballroom	00:00 To 17:00
	-Set up Deposit: CNY20, 000	
	HOUSEKEEPING	
	Astor Ballroom	18:00 To 21:00
	- Please keep all above function space clean. 请保持以上宴会场地整洁。	
	SECURITY	
	Astor Ballroom	00:00 To 17:00
	-The supplier will come to set up at 00:00am and leave the hotel around 23:00pm	
	Astor Ballroom	18:00 To 21:00
	- per table one parking vouchers for 3 hours.	
	FINANCE	
	Astor Ballroom	18:00 To 21:00
	-CNY15 per hour,need 80 piece	
Billing Instruction		
Billing Instruction	Billing Instruction: PM No.: Price: Deposit: Total revenue: Internal Breakdown Notes: Room:	
Initials by 10/30/18	Approve by	10/30/18
Customer Initials		

图 6.5　宴会活动任务书

2. 宴会厅的布置设计

主办方往往会对宴会厅的布置设计提出具体要求，有的是口头要求，有的则提供具体效果图用于宴会舞台设计和厅堂场景布置，主要涉及舞台、灯光、音响、演出、场景布置、艺术造型、花草布置等方面。对于大型的、难度较高的设计，饭店宜建议客户聘请或者推荐专业公司执行（见图6.6）。

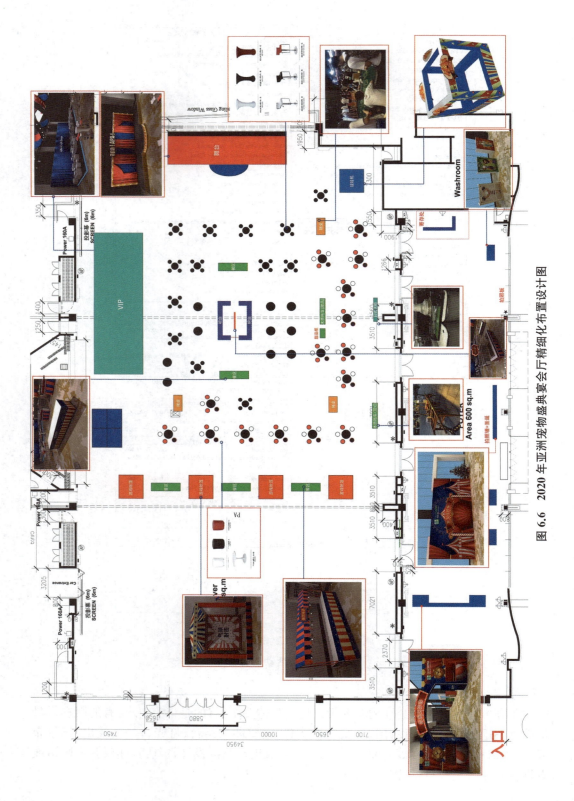

图 6.6 2020 年亚洲宠物盛典宴会厅精细化布置设计图

3. 分析宴会出席者

明确与会者的身份，了解其宗教信仰、个人忌讳、民族风俗、饮食喜好（如是否对海鲜过敏）、审美意向（如对花卉的选择）等个性化需求。大型宴会尤其是国宴、政府宴会、特殊颁授仪式、企业高层答谢酒会等的与会者往往具有较高身份，加强对客人的了解，有助于更好地为他们提供服务。

4. 菜单的确认、试菜与菜单的制作

菜单由行政总厨研制，并交餐饮总监送审，最后由宴会举办方负责确认。大型宴会的菜单申报程序复杂，一般要经过多重审批方能确认。

确定合适的时间试菜。试菜的目的在于使现场服务做到三个优：一是菜肴质量优；二是桌布、花卉、餐具、银器、玻璃器皿优；三是服务人员仪表仪容、服务态度优。

好的菜单还要有艺术造诣，将菜品的名副其实与菜名的艺术夸张相结合。菜单的制作首先要保证菜品的中外文菜名准确无误。菜单制作是一门艺术，也是点缀宴会桌面、营造气氛的一种有效方式。国宴菜单的封面由政府提供，印有中华人民共和国国徽，使整个宴会现场庄重而高级，无形中提升了宴会的档次。上海国际会议中心在涉外接待中，通常在菜单上加入诸多中国元素，使普通的菜单成为具备传统文化色彩的工艺品。这种菜单深受内外宾的喜欢，常常被来自不同国家和地区的客人会后带走收藏，成为宴会品牌服务的一大特色（见图6.7、图6.8）。例如，2021国际展览业协会（UFI）中国会员年会上主办方将海南当地的植物宽叶作为主题晚宴菜单材料，并手写菜名来提倡低碳办会的理念（见图6.9）。

图6.7　2013年第50届上海ICCA年会制作的菜单

图 6.8 特色卷轴菜单制作

图 6.9 2021 国际展览业协会(UFI)中国会员年会主题晚宴菜单制作

(二)宴会服务的实施

1. 宴会前的准备工作

精心的准备工作是宴会服务成功的前提和必备条件,餐饮部管理和服务人员要做到"三个心中有数":一是对宴会的主办单位、宴请对象、起讫时间、参加人数、宴桌台数心中有数;二是对菜式品种、出菜顺序、收费标准、宴会类型心中有数;三是对客人的风俗习惯、饮食忌讳、特殊要求心中有数。如果是高级别的峰会,还要熟知宴会的目的和主题、场次和座席、重要 VIP 的名字和概况、主办方的规定和特殊要求、文艺表演的起讫时间、散会的通道安排等。

大型宴会一般提前两天做准备，1 000人以上的宴会提前三天做准备。

（1）准备所有瓷器、玻璃器皿、银器，清点数量，洗涤消毒。

（2）准备餐桌、椅子、备菜台、临时酒吧桌及传送工具、托盘等。

（3）准备布件、台布、椅套、口布、小毛巾及员工服装。

（4）准备配备服务员，含走菜服务员和值台服务员。如遇国家元首级宴会，服务员应接受人力资源部的政审、面审等资格审查。

（5）根据宴会规模、类型和特殊需求进行铺台，做好场景布置和台型摆设。

（6）演练和正式彩排，包括与厨房的沟通和配合。

（7）正式宴会举行前半小时，服务员站立到位，明确任务分工和各自分配的每桌宴会参加人员的情况。中式宴会前半小时，桌面上只上冷盘菜。如是冷餐会，前半小时上好所有的菜品。

2. 宴会进行时的重要环节

宴会进行时要注意三点：一是把握好厨房出菜的节奏；二是确保宴会厅服务无差错；三是工程技术保障万无一失。厨房出菜听从宴会厅专人指令，每道菜要保持应有的温度、点缀、装饰和造型。确保宴会服务水准一流。主桌宴会的服务专员要好中选优、业务精湛、身高一致、仪容端庄、典雅大方。服务专员上菜时要介绍菜名，斟酒时不能外溢。走菜服务专员要注意不能翻盘，回厨房取菜时要带走宴席上撤下用过的餐具，并送入洗碗间。工程技术保障方面要做到技术人员到位、设备运行安全、宴会大厅室温舒适，特别是强电、弱电支持系统和AV播放系统要确保万无一失。

3. 宴会结束后的后续工作要点

当宴会主持人宣布宴会结束时，全场服务员要停止走动，不要再往客人杯中斟酒。宴会结束后，要主动给客人拉椅子，征求客人对服务和菜肴的意见，并提醒客人不要遗忘座位上的物品以及衣帽间寄存的物品。主桌宴会结束后，首席服务员须热情陪同宴会主人和主宾离开宴会厅，礼仪人员应前来迎接引领，做好环节上的接口工作。

应先等客人全部撤离宴会厅再关闭部分强照明灯和舞台灯，以节能降耗。服务员根据分工先撤走桌面上的银器、玻璃器皿，再撤走瓷器餐具、台花、台号等，最后将小毛巾、口布和台布撤下，抖落残留杂物后，按规定包扎，送洗衣房。餐饮总监等管理人员应在现场督导、指挥，多次检查、反复巡逻，直至宴会厅所有用具用品收拾完毕。舞台、音响、灯光应由专业公司、专业人员负责撤场，由饭店工程人员和安保人员监管现场。房务部PA的清洁卫生要及时跟进，负责场地清扫。

管事部是餐饮服务的后台支持部门，负责厨房清洁卫生、碗筷清洗和酒水饮料管理。大型会议或宴会结束后，碗筷和玻璃器皿的清洗量特别大。以2 000人的大型晚宴为例，清洗工作需配备60人，洗涤时间若从21:00开始，要工作到凌晨2:00。管事部负责酒水饮料的领用和保管、宴会酒吧工作台的供应、厨房日常清洁以及用具清洗。银器餐具的洗涤、保养和储存要有严格的操作程序和规范，银器仓库温度应保持在17℃，不常用的银器必须装入塑料袋并封口，避免因二氧化碳侵蚀而变色。

4. 宴会任务完成后的服务

大型宴会的服务接待工作有一定的服务风险和安全风险。服务风险主要在于由于人数众多,对客人的照料上和服务的环节链接等细节上容易出错,且宴会散场时客人容易遗忘物品。餐饮总监等管理人员除了关注现场以外,还要主动征求主办方的意见,必要时做好弥补工作。安全风险主要在于食物安全,客人用餐后一般观察时间为四小时,如果没有因食物问题而引起的不适,饭店方面才能真正认为该次接待任务圆满完成。

总之,做好善后服务是宴会接待的重要工作,听取反馈信息、总结经验教训,对今后改进提高接待水平大有裨益。

二、大型宴会管理

(一)宴会厅的台型设计与布置

设计制作大型宴会桌型图,在图纸上按比例将舞台等配套使用设施留出,将宴会主桌留出并定位,再安排副桌(见图6.10)。正式的中式宴会往往选择在宽敞明亮、金碧辉煌的无柱大功能厅举行,并在宴会厅周围摆放盆景、花卉,或者在主席台上后部位置用盆景、画屏、花坛作为点缀和装饰,以显示肃穆和庄重性。中式宴会现场布置要强调突出主台,分布错落有致,每桌所占面积为10—15平方米,餐桌间距一般在1.5—2米,便于服务专员流动服务。重大事件的正式宴会还会在宴会厅的主通道中铺设红地毯,所以,此类宴会的桌间距离要适当放宽。西餐宴会更侧重美观,宴会厅的桌椅、装饰物、餐具要摆放整齐匀称,室温要根据季节的变换保持在适宜的水平。

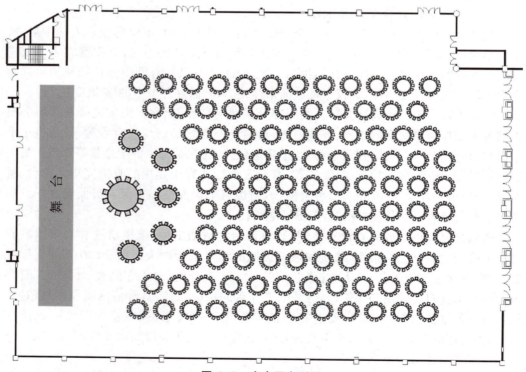

图 6.10　宴会厅桌型图

(二)宴会餐具器皿的铺台和布置

铺台分为中式铺台和西式铺台。中式铺台要求气氛热烈、餐具豪华、铺式整齐,避免拥挤堆积,台花适度点缀,避免过高遮脸、过分张扬,多讲艺术造型效果及灯光处理(见图6.11—图6.14)。西式铺台要求典雅、简洁。长条台形居多。刀叉铺设整齐,看盆大方合意,席位宽敞,间距合适(见图6.15、图6.16)。

图 6.11　中式圆桌主桌

图 6.12　中式圆桌副桌

图 6.13　中式主桌长桌

1 — 面包盆
2 — 黄油刀
3 — 大刀/叉
4 — 看盆
5 — 镂花纸
6 — 口布
7 — 银匙
8 — 筷子/筷套
9 — 牙签
10 — 黄油碟
11 — 酱醋碟
12 — 水杯
13 — 红葡萄酒杯
14 — 白葡萄酒杯
15 — 毛巾碟
16 — 筷架

图 6.14　中式铺台近观图

第六章　会议型饭店的餐饮宴会与厨房管理

图 6.15　西式长桌铺台

1—汤勺
2—小刀/叉(开胃刀叉)
3—鱼刀/叉
4—主菜刀/叉
5—甜品勺
6—甜品叉
7—黄油刀
8—面包盘
9—菜盘
10—水杯
11—红葡萄酒杯
12—白葡萄酒杯
13—黄油碟

图 6.16　西式铺台近观图

（三）仪表仪容

服务员仪表仪容整洁大方，宴会前提早1个半小时进行检查和训导，注意服务员发型、着装及手指无饰品，指甲修齐。

（四）宴会分区域管理

宴会服务经理按分工负责本区域任务。假如每一餐厅经理分管10桌宴会，则100桌宴会需要10名餐厅经理负责管理（见图6.17）。

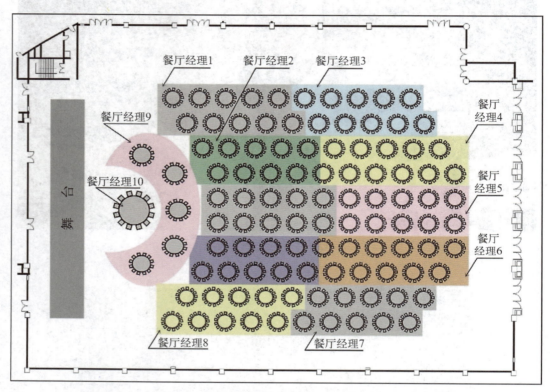

图6.17　餐厅经理宴会现场区域分管示意

（五）饮料吧台的设置

按宴会人数或桌数在宴会厅周边设置临时饮料吧台，为服务员配置饮料，服务员可以直接到饮料吧台上拿取饮料。大型宴会每隔250—300位宴会客人设置一个3—4米长的饮料吧台（见图6.18、图6.19）。

（六）宴会服务信息沟通

接待大型宴会最重要的是有条不紊、忙中不乱，应做到指挥者无叫喊和埋怨声，服务员无杂乱声。整个服务团队一致行动，做到说话轻、脚步轻、操作轻，全体服从指挥者管理。现代餐饮管理可充分利用无线耳麦呼叫系统，大型宴会的指挥通常由餐饮总监指挥（见图6.20）。

图 6.18　临时饮料吧台 1

图 6.19　临时饮料吧台 2

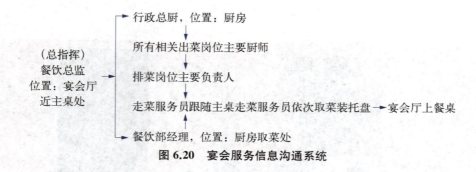

图 6.20　宴会服务信息沟通系统

第三节　餐饮服务的操作流程标准

操作流程标准是餐饮行业较流行的一种程序性管理模式,要求操作人员按照标准化的流程来进行服务,以减少差错和失误,提高效率和客人的满意度。以下为各类餐饮服务的操作流程标准。

一、领位服务

领位服务的内容和操作流程,如表 6.1 所示。

表 6.1　领位服务的内容和操作流程

领位服务的内容	领位服务的操作流程
站立迎宾	1. 仪表整洁端庄,站立于餐厅门一侧,微笑自然地做好迎宾准备 2. 见宾客前来,应面带微笑,主动上前使用敬语招呼"您好,欢迎光临。"或"早上好/中午好/晚上好"。对熟悉的客人,最好用他/她的姓氏招呼,以示尊重。对不熟悉的客人,则称先生、太太、女士等。对外宾讲英语,对中宾讲普通话 3. 问清客人人数,是否有预订,做好登记。然后后退半步做出请的姿态领位
热情引座	1. 走在客人左前方 2—3 步,按客人快慢行走,如果路线较长或客人较多,应适时回头向客人示意,以免走失 2. 领位时,应视不同对象、人数、灵活应变,将其领至最合适的位置
拉椅入座	1. 将客人迎至桌边 2. 征求客人对桌子及方位的意见"你们对这桌子还满意吗?"待客人同意后,请其入座 3. 将椅子拉开,当客人坐下时,用膝盖顶一下椅背,双手同时送一下,让客人坐在离桌子合适的距离,客人坐下后前胸与桌的间隔距离 10—15 厘米为宜 4. 站在客人右后方,用右手将打开第一面的菜单酒单给客人。要考虑先女宾、后男宾 5. 将值台服务员礼貌地介绍给客人

（续表）

领位服务的内容	领位服务的操作流程
礼貌送客	1. 微笑送别客人，说"谢谢，再见，欢迎再次光临。" 2. 就近电梯口时，应为客人打铃牌，送客人上电梯，再次微笑道别

二、斟酒服务

斟酒服务的内容和操作流程，如表6.2所示。

表 6.2　斟酒服务的内容和操作流程

斟酒服务的内容	斟酒服务的操作流程
向客人示酒	1. 客人选定酒的品种后，服务员即取来指定的酒在客人桌边，左手托住瓶底右手握住瓶口，抓住瓶子成45度角，酒牌对着客人，向客人示酒 2. 如果是白葡萄酒，在冰桶里放入碎冰，将酒瓶放入冰桶内，酒牌朝上，并且盖上一块口布，冰桶架放置在客人桌边 3. 如果是红葡萄酒，应将酒瓶放进垫有托巾的酒蓝中，酒牌朝上，使客人可以看清
打开瓶盖	1. 准备好开酒刀 2. 用酒刀延瓶口第一条线划开瓶封口，切时轻轻转动酒瓶 3. 揭去封口顶部，擦去瓶口上的浮灰及粘状物，插入酒钻轻轻转动钻柄，直至钻头进入瓶塞，酒钻应钻到罗纹全部进入瓶塞为止 4. 把酒刀支架小心地架在瓶口上，轻轻松动瓶塞。当酒刀柄拔足后，轻轻地转动着拔出瓶塞 5. 酒塞出瓶后，应放在骨盆内呈送到客人面前，让其检查塞壁上的商标与贴纸内容是否一致，经确认后，才可斟酒
斟　酒	1. 用干净的餐巾，擦净瓶口及瓶颈内侧 2. 在主人杯中倒两厘米的酒，让其尝酒 3. 右手握住酒瓶，左手拿餐巾，从第一主宾开始，站在客人右面按顺时针方向绕餐台进行 4. 斟酒举瓶高低适当，倒完后把瓶子往右转动，防止酒淌出。用叠成方形的口布抹去溅出在瓶口上的酒。通常白酒倒2/3，红酒倒1/2，应根据杯子大小决定 5. 为客人斟酒完毕，应后退1—2步，以示对客人的尊重 6. 服务过程注意观察，客人酒杯里不足1/3时应及时斟倒

三、结账服务

结账服务的内容和操作流程，如表6.3所示。

表 6.3 结账服务的内容和操作流程

结账服务的内容	结账服务的操作流程
结账前	1. 客人用餐完毕,问清不再需要添加什么时,可以为客人结账 2. 问清统一开账,还是分开结算。问清是用现金还是信用卡。住店客人还应要求出示房卡 3. 账单呈送前要与小票复核一下是否相符 4. 准备好客人签字用的笔
结　账	1. 用收银盘或收银夹送上账单,并说:"这是您的账单。"不要报出账单上的价格。如果客人签字,应为客人指点签字处。并核清签名和房号 2. 收受现金要点清,找零与加盖印章的账单放置于收银盆或收银夹内一起交还客人 3. 如果是信用卡,还应有一张客人签字后的信用卡顾客联,跟随信用卡和发票一同给客人
结账后	1. 结账完毕,向客人道谢 2. 结账之后客人又要点单,按照程序再进行一次 3. 提醒客人放好账单,如有客人遗留的账单,要交于经理妥善保管

四、中餐铺台

中餐铺台的内容和操作流程,如表 6.4 所示。

表 6.4 中餐铺台的内容和操作流程

中餐铺台的内容	中餐铺台的操作流程
铺台前的准备工作	1. 洗净双手,准备各类餐具、玻璃器皿、台布、口布等 2. 检查餐具、玻璃器皿等是否有损坏、污迹及手印,是否洁净光亮 3. 检查台布、口布是否洁净,是否有损坏皱纹
铺　台	1. 铺台布:方形台布中缝要居中,四边下垂长短要一致。圆型台布下垂后四周与地面距离要一致 2. 拿餐具:一律使用托盘。托盘用干净口布或毛巾铺垫,左手托盘,右手拿餐具。拿酒杯和水杯时,应握住杯脚部,拿刀、叉、匙时应拿柄部,拿瓷器餐具时,应尽量避免手指与边口接触,减少污染。落地后的餐具、口布、毛巾不可以使用 3. 铺餐具:每个席位铺一个骨盆,距离桌边 2 厘米,如有店标,应正对客人。骨盆内垫放一块口布。骨盆右边铺筷子,距离桌边 2 厘米。骨盆前放一只口汤碗,调羹放在口汤碗内,柄向右。汤碗右边放一只水杯,杯上店标应正对客人,桌上配齐调料,如没有牙签盅,则在筷子右边放上每人一份的牙签。按照铺设的席位配好椅子,椅子与席位对应
铺台后的检查工作	1. 检查台面铺设有无遗漏,是否规范,符合要求 2. 检查椅子是否配齐完好

五、中餐点菜服务

中餐点菜服务的内容和操作流程,如表 6.5 所示。

表 6.5　中餐点菜服务的内容和操作流程

中餐点菜服务的内容	中餐点菜服务的操作流程
准备工作	1. 班前会:① 检查仪表仪容,制服穿戴整洁,符合要求。② 接受工作安排。③ 听取工作情况注意事项。④ 了解厨房特色菜、缺货情况等 2. 服务员自查:① 开餐前复查一下所在区域台面布置情况有无遗漏,是否为预留客人留了座位。② 准备好点菜小票、笔、托盘、备用餐具、毛巾等。③ 准备就绪后站立于分工区域内,站姿端正,仪态端庄,微笑自然,做好迎客准备
领位服务	见餐厅领位服务程序
点菜服务	1. 饮料:① 领位带客人进入区域,值台服务员应主动上前协助领位拉椅让座,礼貌问候。② 顺时针方向为客人打开餐巾。③ 在客人阅读菜单时可征询客人是否先来点饮料或茶水,同意后立即开票领取;如果客人暂时不要,可在点菜时再征询一次。④ 上饮料要用托盘。⑤ 为客人斟第一杯,斟倒饮料酒水一律用右手从客人右边进行,一般斟倒八成。⑥ 斟酒时,酒标朝向客人 2. 点菜:① 见客人有点菜意图,立即上前征询"我能为你点菜吗?" ② 点菜时,上身微躬,目光要不时与客人有所交流。③ 客人对菜肴不能确定时,应向其主动介绍。④ 将菜肴及时记录,字迹清晰。⑤ 结束前应复述一遍名称。⑥ 对制作时间较长的菜肴,应征询客人意见。⑦ 有些菜肴还需问清喜欢何种生熟程度,如牛排、羊排等
上菜服务	1. 上菜前要提醒客人,避开小孩,以防不测 2. 检查菜肴与客人点的是否相符 3. 中餐按冷盆、炒菜、鱼、蔬菜、汤、饭(点心)、水果的次序上菜 4. 上菜要报菜名,作适当介绍,放菜时手要轻,有造型的菜和新上的菜要放在主客面前 5. 用完腥、辣、甜和多刺的菜要换骨盆,上水果前一定要换骨盆 6. 菜上齐后,要征询客人还需要什么,然后退至值台位置
餐间服务	1. 勤观察,提供小服务,如收走空盆等 2. 根据客人用餐情况,随时调节出菜速度。随时注意添加饮料、茶水,收走空瓶、空罐 3. 站立时,注意与客人的位置保持 2 米的距离,尽可能你看到客人而客人不太看得到你 4. 满足客人随时提出的要求
结账服务	见餐厅结账服务程序
送客服务	1. 客人离开时,应为其拉椅 2. 为客人递上衣帽,在客人穿衣时配合协助 3. 微笑向客人道别,并再次表示感谢 4. 及时检查是否有客人遗留物品,发现后及时送还客人或上交经理做好登记

(续表)

中餐点菜服务的内容	中餐点菜服务的操作流程
收台工作	1. 客人离开后及时翻台 2. 收台时先将餐具按大小类型整齐叠齐，筷子、筷架、银器集中在一个托盘里，玻璃器皿需要单独摆放 3. 按铺台流程重新铺好台，擦净调料，拉好椅子，迎接新客人

六、宴会铺台

宴会铺台的内容和操作流程，如表 6.6 所示。

表 6.6　宴会铺台的内容和操作流程

宴会铺台的内容	宴会铺台的操作流程
准备工作	1. 洗净双手，领取各类餐具、台布、口布、台裙、转台套等，保持布草的平整 2. 各类餐具、玻璃器皿要求无任何破损、污迹、手印、洁净光亮 3. 检查各类布草是否干净，有无破损等，不符合要求应该更换；口布需要折花 4. 各类用品分类堆放整齐，是大型宴会更应做到这一点 5. 物品准备结束，应将使用过的推车、用具等先进行一下归类，以保持场地的整洁和铺台工作的有序进行 6. 吧台准备饮料、打包盒、茶叶及各类调料等
宴会铺台	1. 铺台时，服务员站立在餐桌左侧或右侧，向前将台布抖开，台布花饰要端正，中间折线要正对主人位，四角下垂长短一致。圆形台布要求四周下垂的台布均匀，不可有高低 2. 转台摆在桌子中央，检查转台是否灵活，旋转时不移位 3. 拿餐具、玻璃器皿一律使用托盘。左手拿托盘，右手拿餐具。拿水杯、酒杯时，要握住杯柄；拿不锈钢及银器时，应拿柄部；拿瓷器时，应尽量避免与边口的接触。铺台时戴上手套，特别是大型宴会。落地的餐具一律不可上台使用 4. 铺餐具：① 席位正中铺底盆。或按照舞台或进门确定主人位，全场一致。② 底盆上铺上骨盆，底盆应比骨盆略大。盆边距桌边 2 厘米，如有店标，应正对客人。③ 骨盆右上方铺水杯、酒杯。左面为水杯，右面为酒杯。④ 口汤碗位于骨盆左上方，内放调羹一把，柄朝左。⑤ 骨盆右侧摆放每人每的席面羹和筷子，外侧铺上牙签，它们和骨盆一样距台边 2 厘米。骨盆左侧放上毛巾篮，毛巾通常在开席前一小时摆放，以保证卫生。⑥ 菜单一桌两张位于主人和副主人右侧。⑦ 转台中央放上鲜花或台号牌。方形、长方形场地，多桌宴会时要将台号牌朝向一致排列整齐。转台上的布置全场统一。⑧ 将折花的口布放于骨盆上。⑨ 根据需要摆放席位卡。按照席位配备椅子，椅子于座位对正，并相连成圆形
检查工作	1. 检查台面铺设有无遗漏，是否规范，符合要求 2. 检查场地内有无遗漏的杯筐，托盘等准备用品 3. 检查工作台有无备用餐具等 4. 检查场地内的环境、灯光、空调、卫生等

七、宴会服务

宴会服务的内容和操作流程,如表 6.7 所示。

表 6.7 宴会服务的内容和操作流程

宴会服务的内容	宴会服务的操作流程
宴会迎宾工作	1. 客到前 10—15 分钟,管理员、经理领位员在门口/梯口迎宾。大型宴会时,所有服务人员在各自服务桌的主人位后站立端正,全场服务人员排列整齐 2. 客人前来主动礼貌问候,迎宾到位 3. 为客人接挂衣帽,接挂时勿倒提,以防袋内物品倒出 4. 将先来的客人带入休息区,送上毛巾茶水。有条件的,可以递上一份杂志或报纸
宴会服务工作	1. 迎客入座:宾客进入宴会厅时,热情为客人拉椅,宾客坐好后,先从主宾开始,为其垫好口布,拆下筷套,顺时针依次进行 2. 斟酒:① 主宾或主人离桌上台讲话时,主桌服务员应准备红酒。祝酒仪式通常在宴会前要得到确认。② 席间主人或重要宾客前往敬酒,服务人员要随其身后及时添加酒水。③ 所有桌面上的服务员在整场宴会进行中注意随时添酒,不使杯空 3. 上菜:① 宴会前 10—15 分钟,冷菜上桌,荤蔬、颜色间隔摆放。席位冷菜要注意花色摆放的统一。② 上菜时站立在左或右的陪同位上菜。报菜名,将菜旋转 45 度至主人位示菜。③ 现场分菜时应站立在主宾右侧,先主宾后主人顺时针进行。工作台分菜后也应先从主宾位开始服务。④ 在上菜的间隙做好台面的清理工作,及时为客人更换骨盆。⑤ 上水果前必须更换骨盆,并将水果叉放在垫有骨盆的托盘内送上转台或直接摆放在客人右侧
宴会结束送别	1. 先为主宾客拉椅让路、递送衣帽,并协助客人穿衣 2. 向客人道谢礼貌送别 3. 客人离场时,服务人员不应抢先收拾桌面 4. 检查台面上下,提醒客人带好随身物品。发现遗留物品时,及时归还客人或交经理保管 5. 送客人到门口/梯口,按好电梯,等客人进入后再次微笑道别
宴会收台工作	1. 收台工作要有序进行 2. 现将毛巾口布拧其一角整理,大型宴会结束时应一桌进行捆扎 3. 台面餐具按类型、大小整齐叠起,五个一叠。筷子、口汤碗席面羹、调羹集中在托盘内。各类杯子集中在一个较大的托盘内。随后有走菜人员送入洗碗间 4. 清理服务区域,拾起地面上的散落的物品。将布草送往指定地点摆放。清理工作台 5. 最后将椅子按照三三二二规位摆放好

八、自助餐服务

自助餐服务的内容和操作流程,如表 6.8 所示。

表 6.8 自助餐服务的内容和操作流程

自助餐服务的内容	自助餐服务的操作流程
主动迎候宾客 （微笑、礼貌礼节）	1. 领位陪同客人进入区域，该区域员工（视线之内）应抬头微笑，面向客人问好，并且由离客人最近的员工为客人拉椅入座（双手、单手即可），该员工可以暂缓一下正在进行的服务 2. 离该员工最近的服务员继续他/她暂缓的服务（补位）或协助他/她拿来咖啡、红茶（斟倒） 3. 其余员工注意巡视，先前两位员工结束上述环节后应该立即复位或进入环节 4. 关于结账客人的交接上，一定要确认，并且区域内每位值台员工都必须知道结账客人的特征和台号
问咖啡、红茶的选择，并斟倒	1. "早上好，请问用咖啡还是红茶？" 2. "早上好，请问还需要添加咖啡和红茶吗？" 3. 略带微笑地注视客人（要有目光的接触）
巡视区域内餐桌	1. 带托盘巡视餐桌，及时收走用下的餐盆；（对不起，我可以撤走×××吗？） 2. 带上咖啡、红茶巡视餐桌："请问还需要添加咖啡和红茶吗？"
撤走用过的餐具和刀叉	1. 收下的盘子放入盘中的内左侧，杯子外左侧，刀、叉、筷子靠右侧 2. 收下的刀叉在餐具筐中分类整齐、朝向一致、轻轻摆放 3. 收下餐具放入长托盘中相位置：① 大小餐盘或垫盆，大盆两叠成行，每叠最多12只，其余小盆或垫盆，高度不超过大盆高度。② 口汤碗、咖啡杯、汤杯、盖杯（盖子头朝杯内）。上述物品排成行，可叠起的不超过4个。③ 果汁杯。④ 筷子
结　账	1. 为结账的客人指定座位（区域内的员工应相互告之） 2. 员工在与领位交接时，最适宜从客人着装、领带、眼镜、台号来区分客人，不宜用手指点客人或在离客人很近的地方指指点点，并且不适宜当着客人的面大声地交接 3. 应等结账的客人取完菜坐回原先位置，再将账单插入账单筒，以防由于其他客人而引起的结错账 4. 递账单时要用收银夹，客人签字完毕应致谢。并转告其他员工结账程序已经结束
收台并重新布置餐台	1. 收台需用托盘，按要求撤走桌面餐具 2. 左手托盘，右手拿口布将桌面的杂物扫入盘内。补充奶盅、糖缸 3. 将桌椅表面整理干净没有碎屑 4. 在干净的托盘上放入摆台餐具

九、西餐铺台

西餐铺台的内容和操作流程，如表6.9所示。

表 6.9　西餐铺台的内容和操作流程

西餐铺台的内容	西餐铺台的操作流程
准备工作	1. 了解情况,是否预订、留座,以及客人对菜肴、饮料、酒水的要求 2. 洗净双手准备各类餐具,检查玻璃器皿、台布、口布等有否破损和污迹,是否洁净光亮,不符合要求的应擦净或调换 3. 检查调味品是否齐全洁净 4. 折好餐巾
铺台工作	1. 铺台布:台布中缝居中,四边下垂长短一致,四角与桌角成直线垂直 2. 拿餐具:① 一律使用托盘,托盘用干净毛巾或口布铺垫。② 拿酒杯、水杯时,应握住杯脚部;拿刀、叉、匙时,应握柄把部;拿瓷器时,应尽量避免手指与边口的接触,减少污染。如有餐具落地,应更换 3. 铺餐具:① 在席位的正前方铺设底盆,底盆与桌边保留 2 厘米的距离。② 餐巾放在底盆中央。③ 刀、叉、匙应按菜单的顺序从外侧向里摆放,但为了把所有的刀整齐地放在一起,一般将头盆刀与汤匙交换放置,即汤匙放在最外。④ 在底盆右侧按菜单由外向里铺设汤匙、头盆刀、鱼刀、肉刀,匙心向上,刀口向左,柄把放成品字型,底部距桌边 2 厘米,中间的刀高出 3 厘米。⑤ 底盆左侧与右侧对应,由外向里铺设头盆叉、鱼叉、肉叉,叉尖向上,柄把放成品字形,底部距桌边 2 厘米,中间的叉比其他叉高出 3 厘米。⑥ 叉的左侧放面包盆,面包盆上放黄油刀,刀尖向上,刀口向外。⑦ 黄油刀上放黄油盅或黄油盆。⑧ 底盆上方放水果刀叉,叉在下,刀在上,叉尖朝上。⑨ 水果刀上方视需要放冰淇淋匙,匙把朝右。⑩ 在右侧刀尖上方,铺设酒杯。酒杯铺设如下:水杯、白葡萄酒杯、红葡萄酒杯、香槟杯(所铺酒杯还要视客人点酒而定,若有些酒客人不喝,服务时可以从客人右侧将酒杯撤去;也有的西餐厅在客人点酒后放上杯子,坚持喝什么酒用什么杯的原则)。⑪ 摆放调味品,放在中间,每三人一副。⑫ 放好蜡烛灯、花瓶。⑬ 按照铺设的席位配备椅子,椅子与席位对应
铺台后检查工作	检查台面上的铺设有无遗漏,是否规范、符合要求,检查椅子是否配齐完好

十、西餐点菜服务

西餐点菜服务的内容和操作流程,如表 6.10 所示。

表 6.10　西餐点菜服务的操作流程

西餐点菜服务的内容	西餐点菜服务的操作流程
迎客入座	同中餐服务
点菜服务	1. 饮料:① 客人就座后,服务员来到桌边,对客人表示欢迎。② 在客人右侧为客人倒冰水,冰水倒至六成即可。③ 站在客人右侧,呈上酒单,打开到开胃酒和鸡尾酒栏目,请客人点单。④ 记住客人点的酒水饮料,并向客人重复一遍 2. 斟酒或饮料:① 啤酒及有气泡的饮料应站在客人右侧徐徐倒入杯中至八成。② 斟酒见餐厅斟酒程序

(续表)

西餐点菜服务的内容	西餐点菜服务的操作流程
点菜服务	3. 点菜：① 从客人右边送上菜单。② 见客人有点菜意图,即上前征询:"我能为你点菜吗?"③ 点菜时,站立在客人斜后方,可以看清客人面部表情的地方,上身微躬。要有眼神的交流。④ 及时记录客人点的菜肴,字迹清晰,易于辨认。⑤ 结束点菜前,将客人点菜的内容复诵一遍,请客人确认。⑥ 点菜中有煮蛋、牛排、羊排等,要问清何种生熟程度。⑦ 客人用餐时间较紧的话,点的菜费时较长,则应及时提醒客人征询意见。⑧ 客人对菜肴有特殊要求,应该在小票上写明
上菜服务	1. 根据客人点菜,安排好上菜顺序：面包白脱、头盆、汤、主菜、甜点、咖啡 2. 用右手从客人的左边上菜,上菜报菜名 3. 根据所上的菜提供派菜,上调味品及各种沙司的服务,服务时站立于客人的左侧;从客人的右边撤盆 4. 上甜品前将主菜的餐具及盐、胡椒瓶、玻璃杯等撤去。左手托盘,右手拿叠好的口布轻轻清除台面上的面包屑。上水果时,一般应做好造型或准备每人一份 5. 从客人的右边上咖啡,咖啡杯放在底盆上,盆内放一把咖啡匙
餐间服务	1. 随时与厨房联系,调整出菜速度 2. 注意添加酒、饮料、面包、黄油、咖啡等 3. 满足客人的其他要求
结账	1. 客人用餐完毕,问清不再需要什么时,可为客人账单 2. 问清是否统一账单或分开打账单,呈送账单前将小票和发票复核一下是否相符,用收银盆或收银夹送上账单,不要报出账单上的价格,为签单的客人指点签字处 3. 授受现金要点清,找零与账单一起放在收银夹内一起交还客人。结账完毕向客人表示感谢
送客服务	1. 先为主宾客拉椅让路、递送衣帽,并协助客人穿衣 2. 向客人道谢,礼貌送别 3. 客人离场时,服务人员不应抢先收拾桌面 4. 检查台面上下,提醒客人带好随身物品。发现遗留物品,及时归还客人或交经理保管 5. 送客人到门口/梯口,按好电梯,等客人进入后再次微笑道别
收台工作	1. 客人离开后要及时收台 2. 按收台顺序依次收取台面上的餐具

十一、送房服务

送房服务的内容和操作流程,如表 6.11 所示。

表 6.11　送房服务的内容和操作流程

送房服务的内容	送房服务的操作流程
接受预订	1. 铃响三声内接电话 2. 用英语或普通话，正常语速表达 3. 客人点完餐，应向客人重复一遍菜肴、饮料、人数、房号 4. 向客人道谢："感谢您给我们来电。"让客人先挂断
准　备	1. 前往厨房取菜，必须使用托盘 2. 送房车台布洁净，铺放端正。送房用的大托盘，无破损、洁净，铺上垫布 3. 所有饮料，应检查日期；有开封饮料，应要闻味 4. 登记内容要写明菜肴、物品、房号、员工姓名等 5. 冬季时，保温箱应处在保温状态
检　查	1. 食品应放在保温箱内，或加盖后放在盘内。餐具干净、齐全，无遗漏账单，并有完好的签字笔 2. 调料、空杯子出餐厅前，锡纸封口。罐装饮料和瓶装饮料在进门后当客人面开启。以杯计算的饮料，应以锡纸封口 3. 妆容整洁，出餐厅时放松心情，选好最佳路径 4. 早高峰，应将路上时间算充分
送　餐	1. 在规定的时间内，送达房间 2. 应在右行驶，距靠墙30厘米。主动让客人先行，并立正，向路过客人问好 3. 按门铃后说："送房服务，我可以进来吗？"在征得客人同意方可进入房间 4. 向客人问好后，把餐车、餐盘放在客人同意的适当位置，并向客人逐一确认所点的食物，介绍食物的特色与使用方法和各种调味品，然后征询客人意见，打开饮料 5. 离开前说"请问还有什么需要？"有礼貌地让客人签单，向客人道别："谢谢，晚安。"离开时侧退1—2步，到达房门口时手扶住门把手轻轻将门带上（有车时，可先将车推出门外）
结　束	1. 在回来的路上，保存好账单 2. 同路回来有房间餐具要收，应将回收物品，稍加整理盖上口布 3. 收银处核对姓名、房号，在登记本上登记完毕时间及姓名
备　注	1. 每次送房都应放上回收餐具示牌和花瓶 2. 收餐完毕，做好详细登记，检查物品是否齐全 3. 当日，二次做好与夜班的物品交接登记

第四节　会议型饭店厨房管理的特殊要求

会议型饭店的厨房管理应重视三个主要问题：一是接待能力；二是食品安全；三是管理制度。

一、厨房的硬件要求

由于要满足数百上千甚至更多客人的用餐要求,会议型饭店的厨房在设计阶段就应考虑到大规模会议用餐需求。同时,食品加工过程中的标准化、规模化也对厨房的硬件设施提出了更高要求。

根据笔者的实践经验,会议型饭店的厨房应有三大重要的设备系统。

(一) 餐前准备系统

这是指冷菜、点心(中西式)、蒸熟加工的菜肴(如汤类、清蒸类、烧烤类菜)的准备系统。这个系统的设备是指固定的厨房设备。

(二) 储存和运输系统

大规模的用餐,最难控制的是供菜的及时和保温。事先准备好的成品应储存在加热保温箱或制冷保温箱内,并移动至宴会厅门口,以便能在最短时间内出菜。这个系统的设备是指可移动的保温设备,最好是保温车。

(三) 现做热菜供应系统

这类设备主要指炉灶,一般大型宴会厨房至少要配10个中菜炒菜炉头。在出菜排菜区域必须留有200平方米以上面积,方便服务员和排菜厨师周转。排菜台须有三组到四组的台面,每组约有8平方米的保温台。这个系统的设备也是固定设备,但不同一般饭店厨房的是炉灶配备量大,用于排菜的保温台面积也要充足,因为会议用餐必须保证菜品是热的,出品菜肴时,像是一场战斗的"总攻击"。

另外还有餐具的清洗。按2 000人用餐计算,每位客人所使用的玻璃器皿餐具如表6.12所示。

表6.12 客人使用玻璃器皿一览(2 000人用餐计)

品　名	数　量	品　名	数　量
底　盆	1只	冷　碟	1只
面包碟	1只	热汤盅	1只
筷　架	1只	水果盆	1只
各式玻璃杯	3只	饭　碗	1只
骨　盆	5只	汤　碗	1只
筷　子	1双	汤　匙	1把
银　匙	至少1把	水果叉	1把
刀	至少2把	点心叉	1把
叉	至少2把		

每位客人所使用的餐具有25件,如果按2 000人用餐计算,使用餐具共25件×2 000人=50 000件,每桌6道大菜用大盆,由服务员派送,6件×200桌=1 200件。由

此可见，较大规模宴会（2 000 人）餐具就达 51 200 件，管事部清洗必须配 3 台带消毒、蒸汽的洗碗机和 30 名洗碗工来承担 4 小时左右的清洗工作。

二、厨房的操作管理要求

举办大型会议时，早上和中午客人一般用自助餐，晚上通常为圆桌宴会。要保证好这三餐的接待，厨房必须重视以下工作。

（一）菜单的设计

行政总厨事先要对菜单进行设计。重要会议（如元首峰会）的菜单须经有关方面审定并试菜。菜单内容设计要做到三个"非常"。

1. 非常合理

菜单从食品原料到成品上桌，要做到中西菜厨房任务兼顾；在烹调手法上融合炒、蒸、烤、炸等厨艺；所选原料要容易采购，便于粗加工和烹调，便于作业面分散。

2. 非常精致

按照厨师长设计的菜单制作后，菜肴点心的色、香、味、形能达到精致水平。精致要使菜的味道达到"味尖"水平，造型要中西结合，富有立体感，盘子要颜色得体、形状得体，热菜热盆，冷菜冷盆。

3. 非常特色

大型宴会的菜单设计要突出重点，兼顾全局。

突出重点是指有特色。参加宴会的客人无论来自任何国家、地区和民族，一般都有入乡随俗的意识，希望能品尝到当地的特色菜，这也是成功宴会的亮点所在。

菜单设计要在菜名字韵上抑扬顿挫、有起有伏；菜式上中西结合与适度；菜色上道道有别、款款有色；口味上味差明显，兼顾清淡少油；口感上松脆爽口，兼顾嫩滑细软。

兼顾全局是指口味多样。麻辣、清淡、糖醋、时鲜各种口味应有尽有。菜单应为客人设计，满足其需求和愿望，为避免差错，一般以全清真菜单为妥。

（二）严格把握操作流程中的关键

对厨房来讲，接待大型宴会任务时食品安全是第一位的。这里的安全涉及两个方面：一是食品原料安全；二是操作流程规范。

食品原料指主料和辅料两大类。行政总厨必须参与采购进货验收，精选优质食品原料。

规范的操作流程必须控制好八道关：一是采购原料关；二是验收关；三是粗加工关；四是装箱备用运输关；五是切配上浆精加工关；六是排菜上灶检验关；七是烹调关；八是食品走菜上桌、采样化验关。大型接待宴会切忌用奶制品和生食品；特别重要的宴会，要使用无公害绿色蔬菜；不可使用国家保护的动物作为食品原料。

（三）操作中的卫生工作

（1）消毒水要达到使用标准要求。

（2）用具、餐具使用高温消毒。

（3）厨房灶具、器具、地面使用消毒水冲洗。

(4)任何人进入冷菜和熟菜专门厨房应两次更衣、换鞋。

(5)生食品一旦加工、上浆、浸泡待用,必须分别平摊(厚度不超过10厘米)于盘中,用保鲜膜或保鲜盒密封后放入4—5℃的冷藏冰箱中,当天使用。切忌大面积堆积和带热冷藏。

三、厨房的管理制度

(一)安全管理制度

厨房内严禁吸烟,严禁存放易燃、易爆、有毒物品。气体管和固体酒精由专人负责,并指定安全存放地点,随用随领。开油锅时,注意控制油温;厨师不得随意离开,以防油锅着火。在炉灶明火使用区域,需要配置消防灭火毯。

使用各种电器设备,必须严格执行安全操作规范,不得带湿、带水操作,防止电器设备触电和机械设施伤人。发现异声、异味和不安全因素,要立即查明原因,迅速处理并通知工程部进行检修,同时上报安保部。

经常检查厨房的各种电器设备,发现漏电、短路和超负荷现象,应及时通知工程部进行检修,同时上报安保部。加强岗位值班,禁止无关人员进入厨房。员工下班前,必须认真检查厨房的水、电、天然气、蒸汽、各种电器设备及刀具存放情况,开关、门锁逐一把关,保证安全,并做好安全记录。厨房配置相应的消防设备和器材,所有员工都必须明确摆放的位置及使用方法。加强防火和安全意识,确保饭店财产安全和人员生命财产安全。

(二)食品卫生管理制度

严格把好食品卫生关,认真贯彻执行食品卫生法规。员工必须保持良好的个人卫生,上岗工作必须衣帽穿戴整齐、干净,员工不得留长指甲,不得涂指甲油,佩戴首饰不得外露,男员工不得蓄留长发,女员工不得散披头发。

进入冷盆间必须二次更衣,洗手消毒,非冷盆间员工不得入内;冷盆间不得存放杂物和私人物品。冰箱内的食品应分类存放,做到生、熟分开,荤、素分开,成品与半成品分开,面点与菜点分开,鱼和肉分开。先进先用,半成品进冰箱必须覆盖保鲜膜或者进储物箱,并标上保质期,防止食品污染串味和储存时间过长。

冰箱应定期除尘、清洗,做到无油垢、无异味、无血水。厨房内的用具设备必须清洁,橱柜、台面、抽屉要整齐无垃圾。保持灶台清洁、无积垢、无残渣,工作台辅料、调料容器要有盖。每日做好清洁卫生、收尾交接工作,每次结束做到所有食品进冰箱,调料容器上盖,用具、容器摆放整齐。厨房必须每日清扫,必须保持干净整齐,地面无油垢、积水,厨房无"四害"。厨房卫生实行分工包干责任制,做到定时、定点、定人,并实行定期检查制。

(三)食品验收制度

加工间应根据各厨房的食品原料订购(包括质量、规格要求),正确无误地通知采购部。对食品原料,应根据不同原料的特性进行验收,并了解原料的生产日期、生产厂家、保质期,即有无"三证"。如发现问题,应及时报告采购部,同时拒收不合格的食品原料。

每个厨房在根据每天原料订购、领料时,要进行验收并签收,发现有不符合要求的原料,应及时退货。供应商和入录商品名单应全部进入电脑管理系统,确保食物进货后的溯源追责。

厨房在切配制作过程中,首先要对原料检验清楚,是否有不卫生、被污染、已过期、已变质、有杂物等情况。厨房炉灶在烹制过程中,首先要检查原料配制,是否有不卫生、被污染、已变质的情况。对已经烹制好的食品,厨房排菜员要用眼(看形态与色别)、鼻(闻气味)和嘴(试口味)检验是否有变质或异味情况。

新冠肺炎疫情酒店防控应急处置预案

为指导落实好《关于某市文化和旅游行业新冠肺炎疫情常态化防控下加强管理与服务工作的通知》等文件精神的各项工作要求,推动酒店稳步有序工作,特制订本应急预案处置预案。

一、首先加强酒店员工健康监测

(一)做好员工健康管理

酒店要切实掌握员工流动情况,按照本市防控要求进行健康管理,进入酒店员工由保安部员工做好体温测试、扫健康码等并做好记录工作。部门经理及时掌握部门缺勤人员健康状况,每天将缺勤人员报人事总监。

(二)实行健康状况报告

酒店设立可疑症状报告电话,员工出现发热、呼吸道症状时,要及时向部门经理报告,由部门经理如实报告人事总监。发现异常情况及时报告酒店执行组长、副组长或酒店组长,并采取相应的防控措施。

二、做好工作场所防控工作

(一)加强外来进出人员登记管理

酒店要由保安部负责所有通道进行严格管理。酒店承接大型活动市场销售部要协助保安部员工,应在入口处检测体温、扫健康码,核对参会人员的个人信息,并了解是否有疫情防控重点区域旅居史、途经史,或确诊、疑似病人接触史,做好信息登记。体温者正常方可进入。

(二)保持工作场所通风换气

酒店在条件允许情况下首选自然通风,如室温因通风有所降低,应提醒工作人员适当加衣保暖。酒店使用空调时,要确保供风安全充足,所有排风直接排到室外;不使用空调时应当关闭回风通道。

(三)保障洗手等设施正常运行

在酒店入口处均配置免洗消毒用品,以确保客人和员工可以使用。工作场所应设置洗手设备,洗手、喷淋设施应保持正常运行。会议厅等主要场所如无洗手设备,应配备好免洗消毒用品。

（四）做好工作和生活场所清洁消毒

酒店电梯、卫生间、洗手池、通勤工具等公共区域及相关物品，应由公共区域专人负责定期消毒。电梯按钮、门把手等频繁接触部位应适当增加消毒次数（每小时一次）。公共区域清消人员要做好个人防护工作。

（五）控制人员聚集

酒店将监督会展活动主办方将参会人数在有效控制数内，人均不少于2平方米，保持社交距离1米以上。严格按照《关于某市文化和旅游行业疫情常态化防控下加强管理与服务工作的通知》等文件精神，切实做好疫情防控工作。在酒店电视屏播放电梯使用人限要求。

（六）做好医务服务

酒店必须要调配必要的药物和防护物资，配合疾控部门规范开展隔离观察与追踪管理。酒店与当地医疗机构保持联系，确保客人及时得到救治或医疗服务。关心客人心理健康，及时疏解心理压力。

（七）规范垃圾收集处理

在公共区域设置口罩专用回收箱，加强垃圾箱清洁，定期进行消毒处理。加强垃圾分类管理，及时收集并消运。

三、指导员工个人防护

（一）强化防控宣传教育

采用多种形式加强疫情防治知识科普宣传，使员工充分了解防治知识、掌握防护要点、增强防护意识、支持配合防控工作。

（二）落实个人防护要求

员工要减少不必要的外出，避免去人群聚集尤其是空气流动性差的场所。在人员密集场所应按照《不同人群预防新型冠状病毒感染口罩选择和使用技术指引》的要求，正确佩戴口罩等防护用品。养成勤洗手的习惯，打喷嚏或咳嗽时要用纸巾、手绢、衣袖等遮挡，倡导合理膳食、适量运动、规律作息等健康生活方式。

四、做好异常情况处置

（一）明确单位防控责任

酒店总经理是疫情防控组长，业主代表、酒店经理是疫情防控副组长，执行组长由医生负责，各部门总监是主要部门责任人，部门考勤员是班组责任人，建立酒店内部疫情防控组织体系，明确疫情防控应急措施和处置流程，把防控责任落实到部门和个人。

（二）设立隔离观察区域

当客人出现体温大于37.3度或更高、干咳、胸痛等可疑症状时，及时到该区域进行暂时隔离，报告当地卫生防疫综合办，并同时报备当地派出所。按照相关规范要求安排客人就近就医。若出现疑似病例，酒店要配合主办方和防疫部门医生，做好送医工作。

（三）封闭相关区域并进行消毒

发现可疑症状后，应立即隔离其工作场所，并根据医学观察情况进一步封闭其所在的区域,严禁无关人员进入,同时在专业卫生防疫部门的专业指导下对其活动场所及使用物品进行消毒。配合有关方面做好密切接触者防控措施。

（四）做好发现病例后的应对处置

酒店如已发现病例,要实施内防扩散、外防输出的防控策略,加强病例流行病学调查、密切接触者追踪管理、疫点消毒等工作。

五、物资储备及分发使用方案

（一）采买

行政人员提前采买充足的防控物资包括医用口罩,体温计（水银、电子枪）,消毒液,洗手液,消毒纸巾,一次性手套,防护服等。

（二）分配

口罩、消毒湿巾做好分配规划,按需分配。对申领口罩的员工要求做申请登记。

六、宣传保障方案

（1）员工教育,确保员工日常提高自我防护意识和能力。

（2）利用微信工作群对全体员工开展新型冠状病毒感染的肺炎预防、个人防护等知识的宣传教育,微盘等网盘中上传宣传文件,将疫情应对方案和应急措施张贴在员工宣传栏里。

（3）在酒店电子屏内宣传教育资料。

（4）提醒外来人员进入前佩戴好口罩,做好防护。

思 考 题

1. 为什么说会议型饭店客人的餐饮要求与一般旅游饭店有所不同？主要表现在哪些方面？

2. 会议型饭店的自助早餐在餐厅管理、厨房出菜方面应注意些什么？

3. 请简述会议型饭店大型宴会管理的基本步骤和内容要点。

4. 请参考本章内容撰写一份300人以上大型宴会的组织策划书。

5. 为什么会议型饭店往往要求会议组织方保证用餐人数和时间？怎样处理用餐人数少于或者大于保证人数的情况？

6. 如果你担任宴会经理,请阐述一下你的职责。

7. 茶歇是会议型饭店餐饮营收的重要组成项目,提供茶歇服务应该注意哪些方面？如何提高茶歇的盈利能力？

8. 会议型饭店的厨房食品卫生着重要把哪几道关？

第七章

从峰会的接待看会议型饭店的管理

上海国际会议中心

本章导读

　　本章从峰会的概念入手,介绍了其定义和类型、会前准备和接待工作及相关注意事项,结合笔者的从业经验和管理理念,阐述峰会接待中的详情,旨在让读者对峰会有一个更加直观和清晰的认识与了解。在此基础上,笔者还列举了近几年来我国举办的其他峰会接待的案例,旨在让读者对峰会有一个更加直观和清晰的认识。

第一节　峰会的接待筹备

峰会,英文称为"summit",意为高级别会议,在国际上,最高级别的会议是由各国元首参加的多国会议。顾名思义,峰会中的"峰"即高峰、顶峰,也有权威、领先、敏锐之意。提到峰会,人们首先会联想到二十国首脑"G20峰会"、瑞士小镇达沃斯的"世界经济论坛"、海南博鳌的"博鳌亚洲论坛"。首脑峰会都要对世界的政治、经济大事发表宣言、表明态度,所谈论的观点历来为各国民众所关注。

这类会议通常称为"××峰会",其特点是规格高、影响大、涉及面广、安全保卫的需求严格。会议的性质、结构决定了会议的规格、程序和各项要求,这类会议的举办一般有以下两种情况:一种是峰会的年会,这类年会的举办是由成员国轮流作为东道主承办会议。每次会议召开后,下一次会议的时间地点就在这次会议上明确。另一种会议是经过各国元首磋商以后举行的元首级会议,不是年会。在外交的框架内,还会有总理级、部长级的会议。在我国,峰会的含义出现了泛化的趋势,若干高级别国际性政治、经济或商务大型会议,也往往由于宣传的需要,被称为峰会、高峰论坛等。

一、峰会召开前的总体准备工作

(一) 迎接会场考察

主办方决定峰会选址前,都会反复考察备选会场的各项条件,确保被选中的会场管理团队能圆满地完成接待任务,考察的重点包括以下两个方面。

1. 软件和接待经历

备选会场有召开国际会议的经历;有能力接待大型、特大型国际会议;会场管理团队和员工队伍工作状态是否良好;管理制度严密;管理水平一流上乘;政令畅通;管理团队具有良好的执行力;在历次接待中有良好的记录;服务质量和菜品质量优良。

2. 硬件支持保障系统

会场整体布局合理;会议厅的功能配套完善;空调、照明和传送系统状态良好;会场装饰、六面体(包括天花、墙面、地面)以及会场空间和灯光等符合会议的要求。主要包含以下八个方面。

(1) 信息化管理应用系统。

(2) 供热系统(包括锅炉、热水、蒸汽等)。

(3) 空调系统(有净化空气和调节温度的功能)。

(4) 供水系统(其中的自来水须经过卫生和环境检测部门的检验)。

(5) 供气系统(天然气直接影响到厨房的使用和供水系统的正常运转,要严格检修,防止意外泄漏,同时避免发生供应不足的问题)。

(6) 供电系统(双路备用电、自备发电机、SUP紧急备用电源,当地供电局外围保障)。

(7) 动力系统（工程部加强检修,电梯厂对电梯的检修和机房保驾）。
(8) 消防系统（设备完好,整体联动系统良好,员工消防知识熟练）。

（二）峰会管理系统设置

1. 确立峰会接待领导团队和指挥中心

为确保峰会服务工作万无一失,应成立峰会接待工作领导团队和指挥中心（见图7.1）。

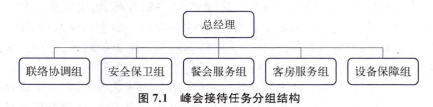

图 7.1　峰会接待任务分组结构

总经理在服务接待工作中负总责,是第一责任人,下设五个工作小组。

(1) **联络协调组**：负责与主办方及相关部门协调、合同签订、财务预算,收取款项等工作。

(2) **安全保卫组**：负责安全保卫、人员政审等工作。

(3) **餐会服务组**：负责餐饮与会务保障工作。

(4) **客房服务组**：负责入住客人的客房相关服务工作。

(5) **设备保障组**：负责相关会场与设备的保养维修、施工改造等工作。

2. 编制峰会接待预案

经过调研制定书面预案文本,按照预案落实各项准备工作。饭店接到会议通知书或议程表后,各部门就应迅速做出服务接待预案,包括会议部、餐饮部、客房部、前厅部、市场销售部、安保部、工程部、人力资源部和总经理办公室。每一部门的预案做好以后,由总经理召开会议同市场销售部及会议联络员做好第一次统筹工作,认真地检查会务工作的预案是否有遗漏。经过再次确认后,由总经理办公室会同市场销售部作出统筹计划安排。

（三）峰会的前期考察

为了更好地筹备峰会,在接到峰会任务后,饭店除了马上成立峰会接待领导团队外,还应制订前期学习考察计划,研究该峰会历年与当年举办的情况,通常,高规格的峰会都会提前1年接到任务,给予饭店相应的准备时间。2014年北京APEC会议举办前,服务方北辰集团就广泛取经,赴印尼巴厘岛学习考察2013年APEC会议,2014年又考察了正在上海举办的亚信峰会。对没有服务峰会经验的饭店,还可请专家来饭店传经送宝、培训团队,做好峰会接待预案。

二、各部门的具体工作

（一）工程部

(1) 编制峰会设施设备整修工作计划以及各相关设备保障预案,须对所有设施设备进行全面检查,进一步加强保养,落实专人负责,确保安全运行,检查高空悬挂设备和物品的安全,严防坠落。

(2) 设备的运行除有正常操作工当班外,必须配足值班的维修人员。部门各级管理人员要加强现场管理,在夜间应轮流值班,恪守职责。选派各类专业技术人员,加强定位值班,严格操作程序,确保设备的安全运转,无关人员不得进出重点部位。

(3) 对重点设施设备实行专人保驾。督促保驾单位做好保驾人员的政审工作,提供政审合格的证明材料并由保驾单位法人代表签字,加盖公章,报安保部备案。经核实确认后报现场警卫值班室。

(4) 认真做好各施工场所的检查和申报工作。加强对施工单位的安全管理,严格按安全要求施工,认真仔细地与各施工单位签订安全责任书,责任到人,严格审核施工单位的资质及人员,做好记录,报安保部备案。

(5) 根据有关方面的要求将危险品移至饭店外保管。

(6) 安排相关人员配合警卫局人员进行清场。

(二) 安保部

1. 对内协调

(1) 成立饭店临时安全保卫指挥部,指挥部 24 小时有人值班,做好值班记录。要求本部门所有员工认真执行保密制度,须按部门制度的密语进行无线通话。

(2) 加强与各部门的沟通联系,督促各部门做好各自的安全自查工作,统计各部门自查情况,上报饭店领导。以各部门为基础及时掌握峰会参与人员的动态,确保政治可靠、业务过硬、反应灵活、处事不慌。

(3) 会同各部门负责人对饭店各区域进行安全复查,并做好复查记录。根据要求做好停车场的控制及内部所有车辆的移放工作,完成车辆出入证件的制作。

(3) 做好与各有关业务部门之间的沟通与协调工作,互通信息,相互配合,做好各项接待服务工作。

(4) 配合人力资源部做好服务人员的人事材料工作,督促相关部门做好外借单位派出人员的人事材料工作,严格遵循"谁派出,谁政审"的原则。

(5) 根据人力资源部提供的服务人员名单和人事材料,一并报饭店领导签字确认。待领导确认后,安保部及时通知各部门收集服务人员的照片,为制证之用;及时掌握饭店员工离职、录用的变动情况,并做好记录。

(6) 配合工程部做好对施工单位的安全检查工作,贯穿始终;配合工程部做好场所装修、改建、扩建等施工项目的申报工作。

(7) 会同工程部做好内部监控系统的检查、维护和保养工作,督促工程部做好器材的备份工作,确保正常运行。

(8) 督促相关部门做好食品原料采购来源的审核工作、做好食品供应、削洗、加工、烹饪等每一道程序的监管、化验等记录工作,确保食品安全与生产安全;督促相关部门做好对各类餐饮器皿、餐巾和厨房工作器具的清洁、消毒、保管和食品、饮料等保管的监督、记录工作,确保相关物品的清洁、安全。

(9) 与销售部门保持密切联系,及时掌握峰会动向和客房使用情况,并做好统计工作。

(10) 峰会中、峰会后对峰会资料的保密处理由安保部集中解决。

2. 对外协调

(1) 配合警卫局对本单位做好清场、滚动安全检查、封场等各项工作。

(2) 配合消防等部门对饭店各区域的安全检查指导工作,发现问题,督促相关部门及时整改,并做好记录。做好对饭店消防设施设备的检测工作。应及时做好消防培训和演练的各项准备工作,督促相关部门对监控、消控中心进行24小时保驾,确保监控、消控中心设施设备正常运转。

(3) 配合公安部门做好饭店内外环境的排摸工作;配合消防、警卫和公安等部门完成对饭店各楼层、重点区域、重点机房等的图纸制作及汇编工作。

(4) 告知各部门峰会期间急需调整、增加的设施设备或物品,须由警卫局、消防局和饭店三方签字确认,方可放行进入饭店。

(三) 前厅部

(1) 峰会前做好服务培训工作,包括仪容仪表、礼节礼貌、语言规范、服务标准、安全防范、保密工作。

(2) 除峰会有关人员外,应帮助其他住店客人在峰会前办完离店手续。客人离店后必须配合警卫局对客房安检,随时做好住房控制和调整的准备。

(3) 客人入住总统房时,应有预案通知电话总机,并由电话总机立即在机台上将总统房的各门分机上升至最高级。电话总机应装配来电显示和录音功能。

(4) 峰会期间,前厅部应在饭店正门保持24小时有专人服务,贵宾通道等应根据需要设岗。前厅部门童需做好上岗准备工作,岗位根据要求而定。峰会期间,总台应留有服务人员,服从有关职能部门的安排。除此之外,前厅部应视情况配备相应的工作人员在休息室待命。

(5) 峰会期间若有其他客人入住,前厅部须将每日住宿登记情况报现场警卫值班室。

(6) 饭店内商场在峰会期间暂停营业,确保接待工作顺利完成。

(7) 峰会期间代表团入住的接待工作:① 配合做好清场工作,与会者到店前确保散客的正常入住及退房。② 根据销售部要求,与客房部、预订部配合,做好与会者的入住工作及入住期间的问讯服务(从第一岗门童开始,各岗位保持最好状态)。③ 根据要求做好贵宾接待工作,由部门经理、大堂经理和"金钥匙"服务专员负责。④ 做好报纸、杂志订阅及派送工作(包括贵宾休息用房)。⑤ 做好对行李寄存、信件收发的安全防范工作。⑥ 做好电话接听、传真收发的安全保密工作。⑦ 根据要求做好商场或外包商场临时暂停营业工作。⑧ 随时待命,做好对其他相关部门的支援工作。

(四) 客房部

1. 客房部一般情况下的具体准备工作

(1) 警戒楼层,应指派专人进行全天候的值台及客房服务接待工作,值台服务员名单报人力资源部进行二次复核,并报安保部备案。

(2) 及时记录来访人员情况和进房清洁、服务的时间,客房部负责人应亲临现场督导,发现相关情况及时向有关部门报告。

（3）峰会前，须积极配合警卫部门做好客房的安检工作，警戒楼层安检后，须根据要求实施封闭。

（4）应对所有客房设施、设备和配备的物品进行全面检查，并对检查情况记录备案，以确保安全使用。

（5）外墙清洁人员应在峰会前做好一切清洁工作，峰会期间根据要求待命。

（6）峰会期间，客房部对客房内所需的鲜花、水果等物品的运送应及时与安保部联系，做到专人专车专送，积极主动地接受安全检查。并做好供货单位、供货数量、供货车辆和供货人的登记，以备查询。

（7）康乐中心员工要做好服务场所接待准备工作，包括场地和设备的安全，随时按规定做好接待服务，游泳池根据警卫局的要求决定是否蓄水。

2.客房部接待贵宾前的准备工作

（1）客房部接待贵宾的布置规格及要求，如表7.1—表7.3所示。

表7.1 用 品 类

布置用品	布置品种	摆放位置
餐 具	银制餐刀、餐叉、银勺、银制洗手盅、艺术10寸底盘、银制酒篮、镀银冰桶、银质开瓶器	客厅方形玻璃茶几
生活用品（必备）	洗发水、护发素、沐浴露、泡泡浴露、浴盐（各1件）	主人房及夫人房卫生间内按摩浴缸旁
	洗发水、护发素、沐浴露（各1件）	主人房及夫人房卫生间的湿蒸房内
生活用品（男宾特备）	活肤洁面乳、柔肤水、沐浴露、香水、剃须刀、须刨、须后水、高级梳子、高级牙刷牙膏（各1件）、毛巾2条	主人房卫生间大理石桌面上
生活用品（女宾特备）	洗面奶、柔肤水、润肤霜、香水、高级梳子、高级牙刷牙膏（各1件）、毛巾2条	夫人房卫生间大理石桌面上
	真丝睡袍1件、真丝绣花拖鞋1双	主人房及夫人房的起居室内
报 纸	当日各种报刊（包括英文版）；开夜床时摆放当日晚报	书房写字台上
欢迎信	由客房部负责起草	客厅方形玻璃茶几上

表7.2 食 品 类

布置食品	布置项目	摆放位置
夜床点心	工艺篮精装夜点心	卧室内右床头柜上
茶 类	咖啡、洋参茶、高级茶叶	主人房及夫人房卧室内吧台上

(续表)

布置食品	布置项目	摆放位置
酒 水	红葡萄酒、香槟各 1 瓶	客厅方形玻璃茶几上
	依云矿泉水各 2 瓶	主人房和夫人房的吧台、餐桌及小酒吧内
	鲜榨汁各 2 壶	
干果小吃	精美糖缸盛放 4 种干果	客厅方形玻璃茶几上
水 果	10 种以上进口水果挑选	客厅方形玻璃茶几上(用精美工艺盆盛放)

表 7.3 鲜 花 类

布 置 位 置	鲜花类型
玄关琴桌	艺术插花
会客厅左边角几	大瓶花
会客厅右边角几	艺术花
餐厅餐桌	艺术花
书房茶几	单面高花
主人房茶几	单面高花
夫人房茶几	瓶花
主人房、夫人房、客用化妆间梳妆台	小插花
主人房、夫人房按摩浴缸旁	小插花
主人房、夫人房、客用卫生间大理石台面	枝花
电梯口圆桌	艺术花
电梯口茶几	艺术花

(2) 贵宾休息室卫生间布置标准,如表 7.4 所示。

表 7.4 贵宾休息室卫生间布置标准

男 休 息 室	女 休 息 室
润肤露	润肤露
高级男用香水	高级女用香水
护手霜	护手霜
精制高级木制排梳	精制高级木制排梳
卷发梳	卷发梳
衣刷	衣刷

(续表)

男 休 息 室	女 休 息 室
棉签	棉签
白色手巾	白色手巾
精制吹风机	精制吹风机
抽式面巾纸	抽式面巾纸
陶瓷香熏	陶瓷香熏

（3）楼层工作间服务用品的准备，如表 7.5 所示。

表 7.5　楼层工作间服务用品

物 品 名 称	数 量
3 磅热水瓶	3 个
5 磅热水瓶	2 个
熨斗、烫板	1 套
多功能插座	4 只
矿泉水	2 箱
靠背椅	4 把
托盘(红色垫布)	4 只
盖杯	30 只
酒杯(葡萄酒杯)	10 只
威士忌杯	5 只
漱口杯	10 只
咖啡杯及调匙	10 套
电视遥控器	1 只
布草用品	3 套
手提电脑	1 台
高级茶叶	1 听
真丝睡袍	4 件
欢迎巾、竹篮	30 套
其他生活用品	数套
花露水	1 瓶
接线板	2 只
开瓶器	1 只

(4) 布件准备：接待峰会之前对客房使用的新布件进行过水清洗，并单独存放，保持通风良好，用前再次过水清洗，并做好标识，专项使用。检查各类餐饮台布及客房用布件的质量，确保布件质量清新整洁。贵宾使用的布草单独存放，单独运送，专人负责。备足峰会所用的布件数量，必要时及时送到。

(5) 制服准备：对制服进行一次全面普查，特别是对不合体制服进行更新调配。任务期间对每一件发放制服进行严格把关，确保质量。

（五）餐饮部

(1) 严格按餐饮部有关重大任务接待的要求执行，无关人员不得私自进入厨房区域，在安检完毕后，厨房进行专人专岗控制。

(2) 严格做好服务人员和厨房工作人员的人事材料工作，对为贵宾服务的所有服务员和主桌厨师的名单，应及时报人力资源部进行备案。

(3) 对各类餐饮器皿和厨房工作器具落实专人进行清洁、保管和监督，并记录备案。确保餐饮部所涉及的厨房、厨具、调料、洗涤用品、厨房用水、储藏柜、餐具、餐巾等有关物品的清洁、安全。

(4) 餐饮部负责人应到现场进行督导，为贵宾提供最佳服务。严格挑选骨干服务人员为主桌进行服务。对出菜、送菜、上菜的每一道服务程序落实专人负责并记录备案，对主桌的食物应安排专人进行全过程监督，做好工作记录。

(5) 在贵宾专用的食品、饮料的制作过程中，必须确定专门的制作人员，并派出安保人员在食品制作的场地守卫、控制，严禁无关人员出入。制作人员名单经核实后交安保部上报现场警卫值班室。

(6) 峰会所用食物要有专人负责，对食品原料的供应、洗理、加工、烹饪的每一道程序落实专人负责监督把关，并记录备案，严格按照食品卫生法规的要求进行加工操作。

(7) 在指定的卫生防疫部门的指导下，采取严格措施，确保仓库内所有食品的安全、卫生，并配合卫生防疫人员做好食品卫生的采样化验工作，发现问题及时上报。

(8) 应安排若干服务员听候待命临时任务，其数量根据峰会需要而定。

(9) 根据负责会议的政府部门要求，应提前做好餐厅的布置及所需物品的准备工作。

（六）会议部

1. 峰会用品的准备工作

峰会所需瓷器（茶具、咖啡具、毛巾盆）、玻璃器皿（水杯）、小毛巾、薄荷糖缸等用品以及茶叶、红茶、咖啡、矿水、薄荷糖等饮品应在峰会之前到位。同时，不同类型的峰会要有不同的安排。

(1) 圆桌会议的准备：① 圆桌以及与圆桌配套的会议台布、台裙。② 圆桌会议专用椅子。贵宾用特制高背皮椅子，高官用高级皮椅子，后排工作人员用套椅套的会议椅子。

(2) 小型圆桌会议的准备：① 圆桌以及与圆桌配套的会议台布、台裙。② 贵宾专用特制高级扶手椅子，随员使用高级会议椅子。

(3) 新闻发布会的准备：① 主席台、台布、台裙。② 主席台上用高级扶手椅子。

③ 讲台。

2. 峰会的前期准备工作

(1) 根据峰会要求将会场布置完毕。

(2) 做好同声传译、音响话筒、视频、同步信号传送、现场转播等准备工作。

(3) 配合绿化公司布置好各会场内绿化工作。

3. 峰会物品的管理

(1) 特制桌子、椅子,确保牢固、安全、舒适。

(2) 定制台布(呢)、椅套干净、平整。

(3) 新购置瓷器(茶具、咖啡具、毛巾盆)、玻璃器皿(水杯),须进行清洗、消毒,放在专用箱子内。

(4) 茶叶、咖啡、薄荷糖、矿水、牛奶、小包装糖等,要选择指定品牌并按规定程序进行采购,放在专用箱子内。

(5) 新购置的小毛巾要进行清洗、消毒。

(6) 凡涉及峰会的所用物品,有一间专用仓库妥善保管,由专人负责。

4. 峰会前布置

(1) 开会二小时前,会议桌、椅布置完毕,桌面上的水杯、矿泉水、专用桌垫、专用文具、会议专用纸、薄荷糖、小毛巾及同声传译器、话筒等全部准备就绪。

(2) 各会场的温度、湿度、洁净度、空气流速、灯光符合会议要求。

5. 贵宾休息室的服务

(1) 鲜花布置。

(2) 提供茶水、毛巾服务。

(3) 扩音、同传服务。

(4) 礼仪服务。

6. 会场台布(呢)、台裙、椅套的颜色

建议台布(呢)、台裙从 PANTONE 色卡内的三种颜色选一种。椅套的颜色选白色或与台布(呢)同色(也可另选其他颜色)。

7. 其他物品建议

(1) 茶叶:西湖龙井茶。

(2) 红茶:祁门红茶。

(3) 咖啡:蓝山咖啡。

(4) 矿水:崂山矿泉水、农夫山泉等选其中一种。

(5) 薄荷糖:水晶薄荷糖、上好佳薄荷糖等选其中一种。

(6) 牛奶:光明牌牛奶。

以上物品须选用国产品牌,请上级部门加以选择确认,如不合适,请另选其他品牌。

(7) 峰会用的高级文具(桌垫、笔等)、峰会专用纸由外事部门统一制作。

8. 其他注意事项

(1) 将主会场服务人员及专梯操作人员和其他直接为重要宾客服务的人员名单报人力资源部备案。

（2）峰会期间，提供专梯操作人员的名单，定人定岗。贵宾电梯操纵人员应自觉听从有关职能部门的调动，为贵宾提供优质服务。贵宾电梯操纵人员根据实际需要拟定工作时间，但需配备人员值班，以备急用。

（3）对各类用具进行清洁、消毒、保管和监督，落实专人负责并记录备案。

（4）根据负责此次峰会有关部门的要求，应提前做好会议场所布置所需物品的一切准备工作；并做好所需用物品的供货单位、供货数量、供货车辆和供货人的登记，以备查询。

（5）应安排若干服务人员听候待命，其数量由负责峰会的有关部门决定。所有参加此次活动的员工必须严格执行保密制度。

（6）活动前须积极配合警卫部门做好对会场的安检工作；警戒区域安检后，须根据要求实施封闭。

（七）财务部

（1）根据饭店各部门的实际需要，提前做好物品采购的详细计划并呈报相关部门，事先做好物品采购的定样、选样工作，有的物品定样工作最后由相关部门决定。

（2）对日常工作中的物品采购、运输、入库、储藏和领料等各个环节安排专人负责，进行监督和把关并记录备案。

（3）对供货单位、运输单位等外来单位及人员做好资质审查。督促供货单位做好送货人员的人事材料工作，提供合格的证明材料并由供货单位法人签字，加盖公章，报安保部备案。

（4）对重要宾客专用的食品、饮料的采购、运输，要做到定人、定车、定点。采供部要将供货人员的名单、车辆牌照、出货单位名称、进货路线经核实、确认后，交安保部上报现场指挥值班室。

（5）对重要宾客专用的食品、饮料的储存，做到专人看护，严防无关人员接触。看护人员名单经核实确认后，交安保部上报现场警卫值班室。

（6）库存物品要有专人进行监护，送至厨房加工的原料应有专人进行全过程监护，对入库、储藏和领料等各个环节的工作人员也要记录备案。

（八）人力资源部

（1）做好各部门参加会议的人员统计工作，对饭店所有参加会议的员工做好人事材料工作，并将结果送安保部备案。

（2）根据会议接待的实际要求，做好一线人员的增补或更换工作。

（3）配合饭店一线服务部门对所有参加会议的服务人员进行内外借调，集中培训和专项培训，让每位员工明确服务流程、操作流程和职责要求，为客人提供最佳服务。

（4）对员工进行安全保密、外语和相关需注意的礼仪服务规范的培训。

（九）市场销售部

1. 客房及会场的预控

（1）关闭峰会期间所有会场预订。

（2）事先做好峰会前的房间控制，保证峰会开幕后所有会议用房都能顺利启用。

（3）即日起停止所有公司、订房中心、旅行社、网络OTA、散客等各个预订渠道在峰会期间的订房。

(4) 检查所有已预订好的订单,与客人再次确认抵、离日期,确保峰会前与峰会无关的客人全部离店。

2. 对内协调

(1) 及时掌握峰会期间入住饭店的峰会主办方相关工作人员用房、用餐及工作要求,出具准确、详细的任务书。

(2) 安排专人跟踪服务,及时将峰会期间用房信息和房内布置要求、名单以书面的形式提供给客房部,并每日将更新的信息通知客房部。

(3) 安排专人跟踪服务,及时将峰会期间代表用餐、领导用餐等信息通知餐饮部。

(4) 峰会前期,配合工程部做好工程改建维修和会场预留工作,并及时根据装修进度与前厅部协调好排房工作,将装修带来的影响降到最低。

(5) 提供合适的时间,以便安排接待演练。

3. 对外协调

(1) 与政府、外事办公室或大型会议办公室保持紧密联系,及时准确地掌握峰会期间代表团的入住及用餐安排。

(2) 及时递交在峰会准备过程中需要会议组织方定夺的事项。

(3) 协调并落实峰会期间相关保障单位进退场事宜。

(4) 保留适量房间作为饭店自用房,以保障参加接待的第一线员工和管理人员因加班而使用。

三、峰会接待的注意事项

(一) 人力资源的综合管理

人力资源的组织与安排是峰会接待能否成功的关键要素之一。人力资源部要会同安保部和市场营销部,充分做好人员数量的配备、素质的考察,以确保能在峰会准备期间与召开期间提供良好的人力资源保障。

1. 员工配备管理

峰会召开时,无论是场馆还是饭店,都处于特殊使用状态,一般不对外接待其他业务。在这种情况下,所有员工均应服从峰会的接待工作安排。在峰会准备阶段,饭店要投入大量的人力、物力、财力,按照峰会筹委会的要求进行硬件设施的改进、完善、提高,这样势必牵扯工程部门的大量精力。所以,工程部人员配备应是全员上岗,抓紧时间,完成计划任务。其他部门的员工要进一步强化训练,根据峰会的要求,熟练掌握服务程序,保障服务的质量。

峰会召开前 1—2 天,达到"万事俱备,只欠东风"的状态,各项工作均验收合格,此时,员工上岗人数应严格控制,与接待工作无关的岗位要实行精简,减少上岗人数,把人数压缩到最有效率的状态。压缩后的员工名单要交送与本次会议有关的部门进行审核、办证。

人力资源部应根据工作量,会同安保部在最后确定参与接待员工名单之前,对所有员工进行审核。具体方法是饭店人力资源部与安保部联合向员工住所有关部门发出本单位员工的审核函,要求其将员工在社区的基本情况如实反馈清楚。

各部门要将峰会所启用岗位、人数详尽地向人力资源部报告,人力资源部根据岗位需求与员工数量进行配备。如果由于峰会的工作量大于人力资源的配备,人力资源部则要考虑向峰会筹备组提出增加用工(志愿者)或增配力量的请求。志愿者一般都来自大学生队伍,他们的外语水平较好,能协助做一些场外的辅助工作。

2. 员工区域分布管理

参加峰会的服务员按照不同服务区,分为核心区、周边区、一般区和后台人员四种类型。

(1) 核心区人员。指为元首贴身、近距离服务的工作人员,他们是在员工中优中选优的服务人员,基本条件必须是个人素质好、业务能力强、技术水平高、机动灵活,反应敏捷,这类人员的配备是要根据核心区域人数的多少而确定。运行时至少要配备直接指挥的部门经理。

(2) 周边区人员。指主会场外的直接为主会场提供服务的保障人员,他们一般是做会议召开时宴会的准备工作。还包括卫生检验的服务人员,AV 系统调音师,现场工程保障人员(空调、用电)、厨房主要骨干厨师、为会场准备茶歇的服务员、安保人员等。这些服务人员是在员工中挑选出的业务骨干,他们虽不在主会场内直接为元首服务,但对整个会议的流程非常熟悉。

(3) 一般区人员。指会场服务区之外的人员,包括大堂、总台、礼宾部等前厅岗位人员、冷冻机房、锅炉房、配电房、电梯机房等工程岗位人员以及巡逻、监控等安保岗位人员。

(4) 后台人员。指其他的一般办公区域人员,如行政办公室、销售部、计划财务部,这些部门的人员在峰会期间应精简到最少。

3. 员工排班管理

当会议型饭店被确定为峰会接待的主要场馆后,政府的公安警卫系统会在峰会召开期间实施交通管制,制订车辆通行的相关规定。届时,饭店员工上下班通行会受到严重影响。为了应对这种特殊情况,人力资源部可以分情况加以解决:对于一般员工,可以用专门车辆进行接送,并在员工食堂或者职工区域提前通知临时班车的具体时间;对于主要骨干,则要求其必须在峰会召开前的1天直到峰会闭幕为止,坚守并且留宿在饭店内,不得随意离开。

4. 员工培训管理

会议型饭店在接到峰会任务后,需要对饭店上下进行不同层级的培训。可通过内部培训和外请专家,结合饭店实际情况,提出问题、分析问题,勤学苦练,为接待峰会工作打好基础。培训内容主要分为峰会背景知识培训、语言培训、服务礼仪培训、仪容仪表培训、技能培训(餐饮服务技能、客房服务技能、会议服务技能)和志愿者培训。可以邀请经常接待国家元首的饭店管理人员前来指导。

(二) 峰会场地的整修改造

峰会等大型会议往往需要长时间的准备。在筹备的几个月甚至是一年中,越临近会议开幕,越可能有变数。根据笔者参与接待的多次峰会来看,会场所在的饭店要根据国家提出的要求准备整修改造,达到接待标准,必须注意以下五个方面。

1. 确保场地的使用

明确时间、地点、任务,主要工作是大致确定主会场、分会场和所需要启用的其他设施设备。饭店在接到任务之后,必须马上查询饭店的电脑预订系统中的原有预订情况,按照最高级别会议的要求,充分考虑饭店封场的可能性。必要时及时清理原预订单,包括所有的会场、宴会厅、客房。其中,有的是已经签订合同的客户,有的则是尚未确认的客户,要根据不同的情况与客户会面或者电话商谈。要处理好在这种特殊情形下与客户的关系,切记简单粗暴的工作态度和方式,要尽量争取为客户联系最近或者最合适的饭店,避免客户因突发事件而产生损失。已经签订合同的,须按照合同违约金的规定给予客户适当的补偿。饭店应该根据会议筹备方的要求与峰会本身的等级来决定如何关闭原本对外营业的场地:是全部关闭还是部分停运;是隔离处置还是适度开放。

2. 硬件整修改造

峰会接待是一场重大的国事活动,在硬件整修方面,饭店应该根据国家要求进行整体升级,整修改造由外到内进行一一改造。主要指对饭店的外立面、内墙、绿化景观、标识、室外灯光、饭店外围道路、饭店前厅、会场、宴会厅、通道、客房、贵宾休息室、卫生间、设施设备(如电梯、灯具、安防系统、消防系统、楼宇自控系统等)、地面清洁、网络覆盖等整修改造,使用的装饰材料须持有本国或者国际通用的环保认证。

3. 应对反复,不断完善

在会前相当长的一段时间内,往往有会议主办方和筹委会的领导多次来考察并提出变更要求,峰会特别联络员要耐心地做好各方面的协调工作,尤其是内部营业部门和工程部门的关系。饭店的管理决策层要制定出工程进度表,狠抓落实,按质按量完成。

4. 准备会务用品

(1) 环境。会场、宴会厅、贵宾休息室、贵宾通道、门厅所涉及的软装饰、工艺品、花卉、灯具以及墙画都要作出系统的调整、布局和定位。

(2) 对器具的选用标准是材料上乘、制作精良、坚固安全。使用的会议桌椅、餐台等器具要根据会议的台型布置、规格要求,有的要进行特制加工,有的可以利用原有的器具。其中,对元首所使用的桌椅要慎重选用,要根据政府规格实施(如双边会议桌椅)。

(3) 会议场馆所使用的布件和器皿是烘托会场和宴会厅气氛的重要因素,因此,选料一定要精细,颜色要高雅,搭配要得体。峰会一般会用到的布件有会议桌布、椅套、餐巾、小毛巾、员工服装等。会议桌布应采用质感好、面料厚、色调雅的台呢。台裙要具有良好的垂直感和布艺的造型,其在会议桌的前方下垂,只许离开地面 8—10 厘米,以达到最佳视觉效果。小毛巾的数量则要充分考虑到与会者在会议期间可能多次使用,必须根据人数的 2.5—3 倍进行提前准备,以备不时之需。小毛巾必须用新的,且须经过高温消毒、洗涤、烘干,再用净水泡湿拧干的后折叠成型使用,不得添加香精。宴会用的餐巾桌布可以根据现场情况和会议筹备组要求准备,按照 10% 的数量进行备份。员工的服装要与布件、地毯、窗帘等的色调相协调。

(4) 峰会用器皿。一般情况下,峰会往往会用到以下器皿:饮用矿泉水的水杯、饮用中式茶的盖杯、饮用西式饮料或者红茶的咖啡杯以及供桌面布置用的水果糖缸等。对这些物品的采购备货,均应事先请有关方面(如峰会筹备组)鉴定样品以及提出是否需要在器皿上印制峰会标志。样品的决定应该事前邀请有关方面进行实地决定,避免因远程联络或者人为因素造成理解和沟通的失误。所有相关器皿均应按照人数的10%进行另外备份。

(5) 峰会用文具一般由峰会筹备组负责定制,包括印刷有峰会标识的信纸、铅笔、圆珠笔、文具盒以及垫板等(峰会和大型的国际会议往往使用羊皮垫板,而不使用牛皮垫板,原因是为了尊重来自对牛有相关禁忌国家客人的风俗习惯)。

(6) 峰会工服设计。为了提升峰会接待服务的人员形象,接待饭店应为直接面客的重要岗位重新设计工服。在设计过程中,既要把握与峰会整体风格、用色相协调,体现中国元素与特色,还应结合不同部门的特点进行设计。比如厨师工服,取消了衣服和裤子的口袋,避免携带手机等物件上岗。

5. AV 系统

音响影视系统是会场中保证会议顺利进行的重要设备。音频的音质、视频的画面以及信息传送的优劣程度是会议能否成功的关键所在。参会者不仅要能顺畅地使用此系统,而且要能享受到优质的音画环境,从而在轻松愉悦的感觉中完成会议进程。AV 系统的前期工作主要牵涉到以下三个方面。

(1) 全面检查所需 AV 设备,在数量、质量与品种规格上做好准备工作,要准备 2 套,可应急备用。

(2) 请该品牌的供应商来进行全面的质量测试和维修保养。

(3) 经过质量检验后的设备要以实战形式布置好场景并且进行模拟演练,尤其要对话筒、音响、调音台、扩声系统、屏幕画面、投影系统进行全面检测。话筒要做特别备用,可在主要领导席的台花内设置无线话筒,以作备用。

(三) 峰会冲刺阶段的准备

峰会前最后两天进入冲刺阶段,所有服务工作人员和主要骨干均不能擅离职守,应该细化以下工作。

1. 全面清理场地

以 PA 为主的清洁团队在峰会前两天的晚上应集中对地毯、器具、绿化区域、大理石地板、门框、玻璃门窗、灯具、艺术品等进行全面清洁保养。

2. 布置会场

这种布置工作一般在筹备组的督导下按照施工图纸进行。同时还有主席台、演讲台、新闻采访台和演出台以及合影留念台等的搭建工作。在会前两天的"冲刺"中,工作人员只需将物品做到出样布置即可,全面布置在会前的一个晚上进行。

3. 准备验收

会前两天的下午和晚上基本布置到位,按照峰会召开时元首活动路线和活动场馆顺序进行全面验收检查,并根据会议召开的时间节点(会议程序)将过程逐一梳理。往往筹备组的领导会亲临现场监督检查,因此,饭店方在安排人员上岗时,应通知全部参与会议接待的员工出席。

4. 初次验收后的整改

会前一天,要根据之前的检查情况,进行有必要的细微调整,同时应注意以下五个方面。

(1) 服务员站立的姿势、服务的方式、提供服务的时间节点的把握和掌控。

(2) 音频、视频系统要进入定位状态。

(3) 花卉一般应在前一天就全部布置到位,但是由于室温影响,往往要再进行喷水、清理和养护。

(4) 接受有关部门的安全方面的检查。

(5) 封场待命,在封场之前饭店可以将整个会场拍照留存并且归档。

在四个阶段的后半阶段,峰会筹备组往往根据全局准备情况,至少安排一次仿真模拟演练,一般在前一天 23:00 后进行,以免影响交通与城市正常运行。饭店应积极配合仿真模拟,全面落实峰会筹备组的全部要求,备齐所有会议必需的物品,通知全部参会接待员工按照实战状态进入岗位,将宴会厅桌台全部铺妥、走菜上桌,使得演练环节无一遗漏。当模拟的元首在相关人员陪同下走进会场时,整个饭店按照既定规格和程序进行运转。这样经历 1—2 次演练,当峰会正式开幕时,饭店对圆满接待峰会已经成竹在胸。

迎接峰会召开的演练工作,筹备组会把整个峰会可能发生的交通问题、消防应急等综合起来,把元首到达的时间按分秒押住时间,因此,这种演练是一个整体性的。

饭店也可以根据准备情况增加 1—2 次演练。演练之前,管理层要向员工再次确认清楚会议流程,使每个服务员均明确自己的工作职责,包括除元首之外与会人员的国籍、风俗习惯、忌讳等可能出现的差错。与元首一起参会的其他人员,也是服务的主要对象,对他们各种情况的掌握也需要经过事先严格的培训。

峰会在主会场召开的时间一般是半天到一天。元首在各成员国礼宾司外交官陪同下分别进入会场。一般情况下,主会场所在的饭店不安排元首入住,而是安排东道主国家的会议筹备组以及与本次会议相关的人员。

第二节 峰会期间的接待服务

一、贵宾在店期间服务规程

(一) 贵宾到达的迎宾服务程序

(1) 部门经理、主管到场,带领专职管家(一般配一男一女)在电梯口迎接客人。

(2) 见到客人,使用礼貌敬语主动问好。随后由专职管家将事先按接待要求准备好的毛巾、茶水用托盘送进客人房间。

(3) 首次引领客人进房,用流利、简洁的英语或国语向客人介绍客房的特色及设施、设备的使用。

(4) 退出客房前,礼貌地向客人说:"如果您有什么需要,您的专职管家在电梯口24小时为您服务。祝您愉快,再见。"然后按规范标准退出客房。

(二) 贵宾驻店期间的服务

贵宾客人入住以后,随时注意为客人提供各种服务。当客人每一次外出时,要及时对房间进行小整理。

(1) 总统套房的物品根据菜单选购全新的配套餐具,包括瓷器、银器、玻璃制品和布件等。准备相应的饮品、酒类、咖啡和茶叶等。

(2) 清洁浴室内客人用过的洁具和台面、"四套巾"、浴衣。

(3) 清倒垃圾,清洁地毯及地面杂物,如有污迹应迅速清除,并注意看清有无贵重物品。

(4) 更换房内用过的茶具、酒具,整理客人用过的床铺。

(5) 清点整理小酒吧,及时报账和补齐酒水。

(6) 观察贵宾客人的进出动态,服务员应在电梯口站立,随时等候服务。

(7) 专职管家应做好贵宾进出房间的时间、次数的记录工作。

(8) 对临时发生的服务内容,应及时、从容、高效地满足客人。

(9) 对客人的行动严守秘密,配合做好保卫、保密工作。

(三) 收送贵宾客衣服务

(1) 专职管家在整理贵宾客房时,应主动、礼貌地询问贵宾的秘书、贴身陪同或警卫,贵宾是否要洗衣服务,问清洗涤要求,仔细核对洗衣单上填写的姓名、房号、日期、时间等项目,并在洗衣单上注明贵宾。

(2) 检查客衣是否存在质量瑕疵或遗留在衣物内的物品。

(3) 客衣洗净后,由专职管家送进房内,替贵宾挂好,如贵宾的客衣需贴身陪同、警卫等收受的话,则当面交予他们手中,并查点清楚。

(四) 夜床服务标准(峰会元首一般住总统套房)

1. 总统套房的卧室

(1) 收取床上靠垫、抱枕、压脚毯等棉织品,折叠好放在衣橱。

(2) 将靠近有电话机这边的床头柜的被角翻折成30度角,并在被角上放置一支玻璃纸包装的玫瑰花。在床头柜上放置晚安卡和精美小点心,以示致意。

(3) 为贵宾合拢窗帘,开启电视机画面。

(4) 整理贵宾的衣物,整齐地挂在起居室的衣柜内。

(5) 卧床旁放置长毛垫巾,在垫巾上放置一双皮拖鞋(注意贵宾的宗教信仰)或真丝绣花拖鞋。

(6) 房内保留夜灯和两个床头灯,其余照明均关闭。

(7) 退出时,卧室房门虚掩45度角。

2. 总统套房的书房

(1) 在写字台上放好当日的中文报(或英文报)一份。

(2) 为贵宾合拢房内薄窗帘。

(3) 房内保留一只台灯,其余照明均关闭。

3. 总统套房的客厅

（1）调换房内所有用过的茶具。
（2）补充贵宾已用过的酒水、饮料及水果。
（3）冰桶内放置冰块。
（4）将房内薄窗帘合拢。
（5）房内保留 2 盏壁灯，其余照明均关闭。

4. 总统套房的主卫

（1）将贵宾用过的洁具进行清洁消毒，并补充棉织品及易耗品。
（2）在冲淋房、浴缸及面池前的地坪上放置质地较厚的且具有防滑功能的垫巾，将浴袍挂在明显的位置上。
（3）在清洁的同时检查浴缸及冲淋龙头等设备（包括水温及下水道是否畅通等）。
（4）只需将夜灯打开，其余照明均关闭。
（5）卫生间虚掩至 45 度角。
（6）在做好的夜床上可以放置折叠好的真丝睡袍。

5. 总统套房的客卫

（1）卫生洁具清洁消毒，并补充好棉织品、易耗品。
（2）只需将夜灯打开，其余照明均关闭。

（五）贵宾离开楼面时的欢送程序

（1）贵宾离店前，至少专职管家等应提早在电梯口送行，专梯到达楼层时，请客人进入电梯，电梯门关上 1/3 时，面向客人鞠躬道别："感谢您的光临，欢迎下次再来。"
（2）道别贵宾后，专职管家应立即回房检查房间，发现遗留物品，应在第一时间设法送交贵宾，并及时汇报部门经理。

二、食品卫生保障规程

要确保峰会食品安全，必须重视厨房卫生，各类食材送入厨房前需要被留样检验，再对其分类送入各加工间，一般需要经过收货、验货、储藏、粗加工、细加工、出品、传菜、试菜 8 道工序后才能上桌。

（一）物料、食品卫生控制程序

（1）领用时查看食品质量。水果要色泽鲜亮、味道纯正；袋装食品（如咖啡等）无结块，在保质期前期内。
（2）厨房定制的点心、巧克力等要做到原料新鲜，做工道地，保管运送安全。
（3）水果清洗按程序执行。
（4）果盘器皿、刀叉清洗按程序执行。

（二）消毒程序

制冰机消毒周期为每周一次，但峰会举行前必须特别清洗，其清洗过程如下。
（1）关闭电源。
（2）取出冰块。

(3) 用配备的消毒水清洗内侧。
(4) 用配备的消毒水擦洗外部。
(5) 用清水二次冲洗内侧，擦净外侧。
(6) 开启电源。

（三）消毒水使用程序

(1) 消毒水按比例配制。
(2) 每隔 4 小时换一次消毒水。
(3) 每次使用前后必须用清水冲洗冰铲。
(4) 使用冰铲后必须把冰铲放入消毒水中。

（四）水果消毒程序

(1) 带皮水果。先用清水初洗，然后放入配备的消毒水中浸泡 3 分钟，再用清水充分漂洗。用干净的口布擦干擦亮，装入盆中。
(2) 不带皮水果。由专人将带皮水果送至食品专间进行加工制作。

（五）餐具消毒程序

(1) 客房内客人用过的餐具统一收至工作间清洗及消毒。
(2) 将杯子及餐盘内的杂物等收刮至垃圾桶内。
(3) 用清水冲洗干净。
(4) 将洗净的餐具浸入配备好的消毒液浸泡 10 分钟。
(5) 用清水将餐具漂洗干净并擦干，同时将已损坏的杯子及刀叉及时挑出。
(6) 将擦干的餐具分类放入消毒柜消毒 30 分钟，或进入高温消毒。
(7) 餐具消毒后，从消毒柜中拿出放入杯格内，用干净口布盖好待用。
(8) 存放在消毒柜内的餐具每天应打开消毒柜电源，消毒 30 分钟。

三、峰会进行阶段的安排

（一）峰会会场指挥

会场所在饭店应设立指挥部，地点宜在监控中心。每个重要岗位均配备呼叫装置，与监控中心直接相连，从而使指挥部能在第一时间掌控全局形势。

(1) 元首进入饭店时，门卫或礼宾员应及时向指挥部报告 VIP 已到，以便指挥部负责人对下一站重要岗位通报。
(2) 元首离开饭店时，或中途有其他临时安排时，所在岗位人员应立即向指挥部报告，以便指挥部及时调配人员加以处理。
(3) 元首如通过贵宾通道专用电梯出入饭店，应事先安排专人在电梯旁等候，由专业人士操作电梯，充分保障元首的安全。

峰会中如有多次会场的正常转换，不仅在本层转换，而且在楼层之间进行转换时，会给整个会议的安全保卫工作带来较大挑战。在这种情况下，既要保障元首的移动安全，又要使会议流畅不忙乱，需要饭店方和筹备组积极主动地配合和协调。

（二）峰会会场服务

（1）由于会议将在中央媒体或全球媒体进行实况直播，所以，应严格控制服务员在现场活动的频率，以免影响拍摄。

（2）峰会与会人员对于服务要求不会太频繁，一般半天内为3—4次。

（3）服务员在峰会中的每一次服务均应以整体团队形式统一行动。每次行动时间在1分钟左右。如有客人需要特别服务，也应将时间控制在3分钟内。

（4）服务员提供的服务主要有茶水的补充和矿泉水的替换、小毛巾的更换、咖啡红茶的配备。在会议桌上可以布置若干小点心，如小甜饼、清凉糖果等。服务的频率控制在间隔20分钟到30分钟一次。

（5）峰会现场服务员尽量安排男性，这是为了尊重来自伊斯兰国家客人的风俗习惯。

（6）会场提供的咖啡要现磨、红茶要现泡，以保证口味的新鲜程度。因此，会场须准备3台以上咖啡机，由专门的服务员准备好咖啡豆，做到咖啡一杯杯磨、红茶一杯杯泡。牛奶白糖和黄糖要随同咖啡一起为客人奉上，以便其自助添加。

（7）峰会期间卫生间的服务：峰会期间卫生间一般配备专人服务，元首使用的卫生间应与一般客人分开。由于在一般情况下，元首专用卫生间的使用频率不高，因此，配备的专门服务员无须在卫生间内站立服务，而是在元首使用完离开后，立即进入清理，清扫完后马上离开，在一个最近也最隐蔽的地方等候下一次服务。

（三）峰会期间协调

1. 关于随同人员

随同元首出访的人员数量较多，如生活服务人员、秘书文书人员、安全警卫人员、会务统筹人员、翻译团、医务工作者、新闻记者、商务代表、使领馆人员。一般情况下，每个国家会有60—100人的规模。其中，有的人员在会前到达，有的在会议结束后逐步撤走。饭店应充分考虑好这个群体的接待问题，为其开辟专门的通道，为其工作提供方便，协助外事部门尽最大能力把会议随同人员的食宿等基本生活问题解决好。

2. 关于新闻记者

峰会期间，记者应持有特别的证件方能进入主会场。会前十分钟一般安排摄影、录像。记者与核心主会场之间有一条黄色或者其他颜色的隔离带，以示记者不能超越这根警戒线，确保元首安全以及会场的秩序。为使录像达到最好效果，可在现场旁边搭建一个30厘米高的平台，以留出摆放机位和操作机器的空间。因为峰会现场直播或会议现场直播录制的情况，对会场的场景要求更加严格。

3. 关于舞台搭建

舞台的搭建或舞台背景板均应突出会场中心与会议主题，在舞台的背景板上均应明确标明具体年份、会议名称、本会届别等。舞台背景板应采用亚光材料，保证无反光现象，背景板字幕除中文外，应有英文及其他成员国使用的文字。

舞台正上方应安装舞台灯架及灯光，元首头顶上方不允许吊有大型悬挂物。舞台的前沿可布置各类花卉。如果有参加峰会的元首要上舞台合影，事前须在舞台地毯上粘贴带有号码的标识，以使每个国家的元首上台后能及时准确地找到自己应站的位置。

饭店服务员应配合会务组工作人员,将元首引领上台并找到合适的位置。舞台一般由饭店搭建,也有的由会务组指导专业搭建公司完成。

4. 关于会场准备服务

会场服务是峰会的重点,在峰会期间,相关服务人员原则上均由饭店统一安排住宿,随时待命。会议准备服务应于峰会正式开始前 4 小时进行。

(1) 起床整理内务、化妆、检查仪容仪表等工作应控制在 30 分钟内。

(2) 抵达会场,了解今天会议内容及相关服务要点,第一轮检查会场。

(3) 检查后使用早餐,应控制在 30 分钟内。

(4) 早餐完毕后,服务人员应召开班前例会,细化今日会议服务岗位分工,注意服务中的转换环节,例会应控制在 20 分钟内。

(5) 全面检查会场,如会议室温度、各类大小摆设、桌椅摆台、照明、标识等,应控制在 30 分钟内。

(6) 服务人员再次相互检查仪容仪表,峰会开始前 1 小时到达各自岗位,陆续迎接贵宾。

第三节 峰会案例精选

会议型饭店往往是一个国家或城市标志性建筑,由于其功能齐全,通常被政府以及国际集团、跨国公司指定为举办会议定点场馆。当然,这类会议型饭店的综合服务功能必须要与国际峰会、大型国际国内会议的需求相匹配。

一、2001 年 APEC 上海会议

(一) 会议场馆

上海国际会议中心自 1999 年 8 月开业以来,其场馆设计较合理,功能较齐全,设备设施配置先进,会议接待水平专业,接待能力强劲周到,目前在国内依然具备明显的优势。从初步接触国际国内会议市场开始,其已接待的重要峰会有 1999 年《财富》全球论坛上海年会、2001 年 APEC 系列峰会、2002 年中俄总理第七次定期会晤、2006 年上海合作组织成员国系列峰会、2007 年非洲开发银行集团理事会年会、第 35 届亚洲开发银行理事会年会、2010 年上海世博会开幕式欢迎晚宴、2014 年亚洲相互协作与信任措施会议欢迎晚宴等,可谓成绩优秀,硕果累累。

上海国际会议中心是一家典型的会议型饭店,不但具有豪华的饭店设施还有供举办会议的各种会议场地,包括多功能厅、展厅、各种大小会议室、VIP 厅等 33 个。

(二) APEC 的概况

1989 年成立的亚太经合组织(Asia-Pacific Economic Cooperation,简称 APEC),是亚太地区最大的区域性经济组织和政府间的合作论坛。APEC 的基本框架分为五个层次,即领导人非正式会议、部长级会议、高官会议、专业委员会和工作组、APEC 工商咨

询理事会。领导人非正式会议是 APEC 最高层次的会议,每年下半年举行。APEC 第一次领导人非正式会议于 1993 年在美国西雅图举行。

中国于 1991 年 11 月加入 APEC。1997 年 11 月,时任国家主席江泽民在加拿大温哥华亚太经合组织第五次领导人非正式会议上宣布 2001 年亚太经合组织会议在上海召开。这次会议的主题是"新世纪,新挑战:合作、参与,促进共同繁荣"。

(三) APEC 会议接待的筹备

1. 上海相关部门的选址

上海对 APEC 会议的主要活动场馆提出了多个方案。当时经筹委会研究,确定了 APEC 会议各项活动的主要场地,其中包括上海国际会议中心、上海科技馆、上海东方明珠电视塔等。上海国际会议中心为 APEC 会议的主要会议场馆。

2. APEC 领导人会议前的准备工作和系列会议

上海国际会议中心是一家标志性的会议型饭店,集饭店客房 271 套,宴会厅、康体配套等 50 000 多平方米,会议场馆、多功能厅等 40 000 多平方米,经多方勘查考证,该饭店完全具备承办召开国际峰会的能力。

(1) 1999 年下半年,中央政府下达给上海承办由 21 个国家和地区领导人参加的 APEC 会议任务。上海国际会议中心接到任务后,用三个月的时间进行硬件改造和设备设施添置。全方位地给全体员工进行业务培训和外语培训。

(2) 自 2001 年 3 月起,上海国际会议中心开始人力资源的配备和 APEC 会议预案的研制准备。该会议的召开,至少对上海来说是我国改革开放以来会议规格最高、参会国和地区的领导人最多,会议程序和会前、会中、会后、会内和会外的活动、流程最复杂的一次会议。要把这次会议开好,必须精心准备、认真筹划、预案仔细、运作严谨。

(3) APEC 会议的系列会议。从 2001 年 6 月起,APEC 会议前期的系列会议都在上海国际会议中心召开(见表 7.6)。

表 7.6　2001 年 APEC 会议的系列会议

2001 年 6 月 6—7 日	APEC 贸易部长会议
2001 年 7 月 11—13 日	APEC 青年节暨杰出青年企业家论坛
2001 年 8 月 13—14 日	APEC 海关与 ST 商界对话会
2001 年 8 月 27—30 日	APEC 中小企业部长会议
2001 年 10 月 15—16 日	APEC 第 13 届部长级会议非正式高官会议
2001 年 10 月 17—18 日	APEC 第 13 届部长级会议
2001 年 10 月 20 日	APEC 领导人第 9 次非正式会议

在 APEC 领导人会议召开之前在上海召开的六个系列会议,都成功地在上海国际会议中心举行。这进一步考证了上海国际会议中心在承办这样的国际元首级峰会上有

着良好的大型会议功能和服务管理的运营能力。

(四) APEC 会议的预案准备

1. 预案准备工作的范围

预案准备工作分为会议必备预案和紧急预案,必备预案是根据会议流程、要求、规格预先进行设计的准备时期、召开时期和会议结束时的方案。方案的主导思想是根据会议召开方面的总体要求和特殊要求,会议型饭店进行硬件、软件和服务管理系统的配套。紧急预案是必备预案的预案,是对某些设备发生紧急故障(如电梯、视频音频、电力、水和煤气等发生意外时以及火警发生)时备份的紧急使用方案。

2. 预案的内容

根据会议型饭店的运营要求,必备预案的制定工作涉及如下十一个方面。

(1) 安全保卫工作。含与公安、警卫系统的合作。

(2) 消防安全工作。含与消防局的宾馆重点处合作。

(3) 设备安全运行工作。含与设备供应商、定点保养单位的合作。

(4) 水电煤供给保障工作。含与城市公用事业局、电力局等相关单位的合作。

(5) 后勤支持保障工作。含采购供应商、员工生活安排。

(6) 人力资源配置工作。含城市志愿者队伍的管理。

(7) 房务系统服务工作。所有客房和会场内外的清洁卫生、绿化、花草布置整理及与绿化局的合作。

(8) 餐饮系统服务工作。含厨房菜品加工及食品卫生监督。

(9) 会议场馆服务工作。含专业公司的舞台、背景板、灯光等作业面。

(10) 网络、视频、音频、卫星转播支持保障系统。含中央电视台、中央人民广播电台、地方电视台直播、录播。

(11) 场外环境布置及安全。含绿化、花草、国旗、彩旗布置等与警卫局、外办、绿化局的合作。

(五) APEC 会议服务接待工作

1. APEC 会议场馆召开对话会和吹风会

APEC 会议服务接待工作中,对话会和吹风会的具体安排。如表 7.7 所示。

表 7.7　APEC 会议服务接待工作——对话会和吹风会安排

时间	安排
14:50—15:25	各经济体首脑依次进入大堂
15:25—15:50	各经济体首脑移动,走红地毯
16:00—17:00	各经济体首脑走红地毯入会场
15:30—16:00	高官从另一大门入大堂并走入会场
15:30—16:00	双方部长从另一大门入大堂并走入会场
14:50—16:00	随行人员从另一大门入大堂后在另一大厅等候
17:30—18:30	吹风会结束,退场

以上行动路线、电梯、门口均有男女礼仪司仪迎宾引领,并以规定的礼貌用语、肢体礼仪动作配合完成。

2. APEC会议晚宴及观看焰火

APEC会议服务接待工作中,会议晚宴及观看焰火的具体安排。如表7.8所示。

表7.8　APEC会议服务接待工作——会议晚宴及观看焰火安排

18:40—19:20	中方领导人在大堂等候
18:50—19:20	各经济体首脑夫妇依次在每间隔一分钟到达饭店门口的时间节点,从大堂门口步入与中方领导人握手后,并在另一厅内等候
18:55—19:25	各经济体首脑先在主宴会厅边的大厅内参加餐前酒会
18:00—18:40	1 000多名各国来宾步入主宴会厅等候
18:00—18:40	双方部长在另一候场宴会厅参加餐前酒会
19:15—19:35	其他各候场参加餐前酒会的部长、随员先步入主宴会厅后,各经济体首脑有司仪和礼宾司人员陪同,奏迎宾曲,步入宴会大厅。顿时灯光齐亮,全场起立鼓掌
21:00—22:00	宴会结束,领导人步入观看焰火区域,其他客人退场。
22:00—23:00	焰火结束,领导人在各自陪同、警卫人员的陪同下,离开上海国际会议中心,回住地

3. APEC会议晚宴服务档案

(1) APEC会议国宴菜单。如表7.9所示。

表7.9　APEC会议服务接待工作——国宴餐单

菜　　单	原　料　内　容	操　作　方　法	口　味　特　点
迎宾冷盘	鹅肝、红鱼籽、芦笋、烤鸭	——	
鸡汁松茸	松茸、竹笙、小菜胆、鸡汤	炖	咸鲜、清香
青柠明虾	对虾、青柠檬、南瓜、土豆泥	烙	
中式牛排	牛肺利、地瓜、荷兰豆	煎、烧	微甜
荷花时蔬	橄榄菜、茭白	炒	咸鲜
申城美点	蔬菜包、萝卜酥、豆泥包	蒸、烤、炸	酥、甜、咸
硕果满堂	木瓜、猕猴桃、芒果、西瓜	拼装在艺术冰雕的冰盘中	

(2) APEC会议国宴、文艺演出流程,如表7.10所示。

表7.10　APEC会议服务接待工作——国宴、文艺演出流程

18:30—19:23	背景音乐
19:20	男司仪宣布注意事项

(续表)

时间	内容
19:24	男司仪宣布：欢迎主宾入场
19:28	主宾全部入座（服务员询问饮料品种并赴服务台取饮料）
19:30	领导入座后迎宾音乐变成喜庆音乐。灯光渐暗，在灯光变化中欣赏牡丹花背景
19:31	音乐渐弱，女司仪说开场白：旁白结束后，指挥起棒
19:31:30	《好一朵茉莉花》
19:35	小朋友献花
19:36:30	第一道菜（迎宾冷盘）上桌服务员同时拆口布花，打开银盖
19:38	21个经济体著名音乐联奏《太平洋美丽的风》
19:47	第二道菜（鸡汁松茸）上桌
19:50:30	舞蹈《踏歌》
19:54—19:55	上海交响乐团伴宴
19:55	民乐"三女杰"《丝竹乐韵》
19:59—20:02	上海民族乐团伴宴。第三道菜（青柠明虾）上桌
20:02	女声独唱《我爱你塞北的雪》
20:05	上海民族乐团伴宴
20:06	杂技《快乐的男孩》
20:11—20:14	上海民族乐团伴宴，第四道菜（中式牛排）上桌
20:14	独舞《雀之灵》
20:19	上海民族乐团伴宴
20:20	《缤纷戏曲》
20:25—20:27	上海民族乐团伴宴，第五道菜（荷花时蔬）上桌
20:27	技巧芭蕾《东方的天鹅》
20:32	上海民族乐团伴宴，点心（申城美点）上桌
20:34	男中音独唱《快给忙人让路》
20:39—20:41	上海民族乐团伴宴。水果（硕果满堂）上桌
20:41	少儿舞蹈《中国风》
20:47—20:50	上海民族乐团伴宴，咖啡、茶上桌
20:50	尾声《友谊天久地长》
20:58	领导人退场

4. APEC会议现场服务管理指挥

（1）所有服务岗位必须严格、熟练地根据预案流程工作。

（2）所有服务岗位必须严格、熟练地按照每一个规定的基本动作完成任务。

（3）在大型活动中，饭店配合会议主办方完成每一个时间、接点、人物、做什么、怎么做的任务。

（4）每一个岗位的主要负责人都佩戴耳麦，饭店的指挥中心设在监控信息中心，饭店主要负责人根据预案要求和会议主办方人员的现场要求进行指挥。每当完成一个程序，该岗位主要负责人向监控中心报告情况。

（5）各会议场馆的会议召开，提前一天已经将会场布置完毕，并经验收。服务员不能在开会时久留不走，当服务好一个程序后，会场只留下一位岗位主要负责人，随时听从指挥。

（6）晚宴从 18:30 开始，至 20:58 结束。在 19:36:30 时第一道菜（迎宾冷盆）上桌，做台服务员同时为领导人拆开口布花，铺好口布。当乐队演奏完《太平洋美丽的风》音乐时，第二道菜（鸡汁松茸）上桌，每一道菜都扣住演出每一个节目的间歇，不使客人因服务员走菜服务而影响观看演出。

（7）观看焰火。APEC 会议的晚宴和观看焰火是整个会议的高潮。焰火设在黄浦江上燃放和浦江两岸大楼建筑群顶上燃放。领导人夫妇宴会后在上海国际会议中心的沿江楼层里向外观望，并以每两个国家领导人夫妇为一组。由于国际会议中心大楼落地大玻璃窗超大宽阔，身在室内，犹如亲临其中，焰火的直观效果尤佳。

整个过程的指挥是在三次排练基础上，餐饮总监根据规定程序指挥，并由行政总厨和会议总监紧密配合完成。

二、2014 年亚信上海峰会

（一）亚信峰会介绍

亚洲相互协作与信任措施会议（简称亚信会议，Conference on Interaction and Confidence-Building Measures in Asia，CICA）是一个有关安全问题的多边论坛，其宗旨是在部分亚洲国家之间讨论加强合作、增加信任的措施。

亚信峰会是哈萨克斯坦总统纳扎尔巴耶夫于 1992 年 10 月在第 47 届联合国大会上提出的，主要目的是要在亚洲大陆上建立起有效的、综合性的安全保障机制。倡议一经提出，就得到了包括中国在内的亚洲不少国家的赞同和积极参与。中方担任 2014 年至 2016 年亚信轮值主席国，于 2014 年 5 月 20 日—21 日在上海世博中心举行峰会，峰会主题为："加强对话、信任与协作，共建和平、稳定与合作的新亚洲"，晚宴设在上海国际会议中心。此次峰会共有 46 个国家和国际组织领导人、负责人或代表与会，是亚信会议自举办以来规模最大的一次会议。

（二）亚信峰会时期的会场改造

亚信峰会欢迎晚宴使用上海国际会议中心东方滨江大酒店 4 000 平方米的上海厅，为迎接国宴的顺利举办，酒店对主人团入口通道、主人团车队停车场、主人团休息室等进行了调整,对主宾方团组入口处和通道等也进行了调整。

整个会议中心的所有灯光进行了节能灯可控光源改造和 UPS 不间断电源保障支持系统配套工程。大宴会厅的巨型伞灯全部采用透明尼龙丝网保护措施。大宴会厅地毯采用金黄驼色并具有明显层次感的中国故宫文化祥云图案,充分显示出中国丝路文化历史的悠久。

(三)亚信峰会的饭店无线电安全保障

亚信峰会保障的一个重要任务就是电磁环境的管控。这一点在一般会议上很少涉及,作为亚信峰会接待国家元首及国际组织 VIP 的酒店周边无线电安全保障是一项重要任务,净化重点场所电磁环境被摆到前所未有的高度。

(四)"丝路盛宴,中西合璧"——亚信峰会国宴

2014 年亚信峰会的欢迎晚宴在上海国际会议中心举行,有 300 多位各国嘉宾参加了此次晚宴(见图 7.2)。作为一个拥有上千年美食文化的国度,上海国际会议中心交出了满意的答卷。接到艰巨任务时,离峰会的召开仅有半年,此次国宴围绕着亚信峰会"一带一路"文化主题来设计,根据要求进行菜单设计,期间多次修改。

图 7.2　2014 亚信上海峰会晚宴

欢迎晚宴采用的是中国地方家常食材,尤其是江南的时令食材得到充分利用。晚宴的菜单包括冷餐六味小碟、五道热菜、一例汤。此晚宴是上海国际会议中心继 2001 年 APEC 会议、2010 年上海世博会欢迎晚宴后再次成功地完成国家交予的任务,既有继承、又有创新。

1. 江南食材,家常为主

峰会在上海召开,首选具有江南风味的菜品,既要保证所有食材选自国内,大多原产于上海本地,还要突显"时令"两字,这是当时菜单设计的核心。一道素菜"丝瓜青豆瓣",蚕豆和丝瓜在种植过程中不能喷洒农药,是立夏后最好的时令蔬菜,挑选上海本地的丝瓜,保证了口感糯滑细腻。大多数菜肴是百姓餐桌上常见的菜品,峰会上的三款中式点心(印糕、葛粉卷、四喜素饺)都是上海本地的特色点心。

2. 烹饪创新,中西合璧

为了适应各国贵宾的口味,一些菜式烹调手法也是中西合璧,尝试中菜西做,口味复合。例如"煎焖雪花牛"这道菜,选用大连牛肉,前半段采用中式焖制,后半段采用西式的黑胡椒、白兰地煎烹,满足各国来宾的口味。先焖后煎,煎焖雪花牛,必须做到入口即化,同时从营养角度配了秋葵、酸黄瓜和草莓三种蔬菜水果。这是以前从未有过的尝

试,经过探讨研究和反复尝试后最终确定了这一创新方案。再如丝瓜,很可能翻炒后发黑,反复琢磨后发现可以先在丝瓜中放少许咸盐,腌制十分钟后清水漂尽,最终呈现出完美的色彩。

此外,考虑到本次国宴宾客大多来自亚洲地区,亚洲人偏好微辣带甜的口味,一道双味生虾球,既有干烧微辣,又有荠菜鲜炒,满足不同的口感需求。考虑到有些贵宾来自伊斯兰国家,熬汤食材特地选择了以清真食材为主。

3. 芋头长城,元首称奇

中国美食既讲究色香味,又讲究摆盘技巧和寓意,如今更讲究创意。此次亚信峰会上的一道"夏果炒鲜带",就是用鲜带配以多种有机蔬果,将鲜带摆在土豆丝做成的"雀巢",就取自成语"筑巢迎凤";印糕、葛粉、四喜素饺等中式江南小食三款,用古色古香的小蒸笼盛上,印糕上刻有的亚信峰会标志很是养眼;水果盘上圆形冰雕寓意团团圆圆。"夫人午宴"上椒盐葫芦酥,有吉祥如意的意味;迷你粽上缠绕的13道线,则隐喻13画的汉字"福",象征幸福美满。

在餐桌主位的前方,有面泥捏出的和平鸽,有糖艺荷花,还有一段约1.2米长、30厘米高用芋头雕刻的"长城",令各国元首啧啧称奇(见图7.3)。

图 7.3　2014 亚信上海峰会晚宴主桌布置(芋头长城)

4. 75 分钟,上菜精确

国宴对厨师来说难度最高的是对时间的把握,时间一定要严控。规定必须在75分钟的用餐时间上完,一分钟不得耽误,出菜要在晚宴的演奏间隙上完成。厨房用替代品进行了多次演练,对于一家具有多次接待峰会经验的饭店而言,演练是发现问题和解决问题的最佳方法。

5. 餐具设计,丝路特色

此次国宴的骨瓷餐具设计也费了一番心思,采用的是"丝路盛宴"。底盘图案设计是两束盛开的牡丹花,因为"丝绸之路"最早起源于洛阳,洛阳盛产牡丹,而牡丹更被誉为中国的国花(见图7.4);每位政要面前摆放一只精美的"和平鸽"瓷瓶,用来放盐和胡椒等调味料,呼应着"共建和平、稳定与合作的新亚洲"的峰会主题;盛汤的"丝路宝船汤盅"设计灵感来源于"海上丝绸之路"的古船造型,汤盅的盖揪设计为一艘扬帆远航的古船帆,寓意"海上丝绸之路"的历史文明,汤盅的整体造型设计既是一艘古船,也是一个金元宝的造型,寓意"海上丝绸之路"的建设必将推动沿途国家经济更好地发展(见图7.5)。为国宴挑选瓷质餐具,既要考虑到菜品的尺寸、造型、功能等,还要体现出庄重、高雅、喜庆的民族文化特色,以表达中国人的好客之道。本次主桌上的装饰点缀品争奇斗艳。在主餐桌中央铺有一条长达34米、印有骆驼图案的黄沙色云锦桌旗,上面摆放着鲜花,寓意"丝绸之路"上鲜花盛开。

图7.4　2014亚信上海峰会国宴鱼盆餐具　　图7.5　2014亚信上海峰会国宴"丝路宝船"汤盅

三、2016年G20杭州峰会

(一) 2016年G20杭州峰会介绍

G20峰会于2016年9月4—5日在中国杭州召开。20国集团(G20)是一个国际经济合作论坛,于1999年9月25日由八国集团(G8)的财长在华盛顿宣布成立,属于布雷顿森林体系框架内非正式对话的一种机制,由原八国集团以及其余12个重要经济体组成。2016年中国杭州二十国集团领导人第十一次峰会的主题为"构建创新、活力、联动、包容的世界经济"。

20位G20成员领导人、8位嘉宾国领导人、7位国际组织负责人密集地开展双边和多边外交活动,杭州峰会成为G20历史上发展中国家参与最多、代表性最广泛的一次峰会。G20峰会的目的是让有关国家就国际经济、货币政策举行非正式对话,以利于国际金融和货币体系的稳定。

(二) G20杭州峰会的服务保障工作

杭州国际博览中心作为2016年G20峰会的主场馆,主要由北京北辰集团会展团队服务此次峰会,北辰提出了"安全运行万无一失,接待服务滴水不漏"的承诺,以"最高标准、最快速度、最实作风、最佳效果"展现大国风范、江南特色、杭州元素,让世界看到中国的独特风采(见图7.6、图7.7、图7.8)。

第七章 从峰会的接待看会议型饭店的管理

图 7.6 2016 G20 杭州峰会主会场

图 7.7 2016 年 G20 杭州峰会午宴餐具

图 7.8 2016 年 G20 杭州峰会午宴宴会厅

1. 安全运行万无一失

经过北辰管理团队的努力,峰会筹备工作已经取得了初步的成效,2016年5月改造工程完工后,人员、物资、培训已经基本步入正轨,北辰管理团队和杭州政府又把目标做了进一步的细化,提出重点抓三项工作:一是全面排查设备隐患;二是严把食品安全关;三是举办综合演练,从中发现问题、解决问题。

在前往四层主会议厅的途中,参会国领导人需要乘坐手扶电梯上楼。领导人通过乘坐手扶电梯,最终到达距离地面30米高度的G20峰会主会议厅。为了确保大扶梯的安全运营,北辰组织了超负载乘梯实验,要求员工模拟客人连续乘梯,以检验扶梯在满载和峰值时的运转效果,由于连续大强度的上下周转,让人身体产生不适,但大家仍然坚持,直到扶梯测试完成为止。

展览区、会议区以及办公场所的所有空调进行不断调试;对音视频系统进行全面测试,直至达到最佳效果;电力系统也接受满负荷检验,确保整个系统在会议期间平稳、安全运转。

2. 接待服务滴水不漏

G20峰会的服务人员经过了高标准、严要求的专业专项演练。时刻保持微笑,礼仪姿态优雅,具备全面的涉外礼仪技能,保证信息接收的准确程度,提供更加完善周到的国际服务。峰会会场服务人员专注细节,不管是用餐区、会场区还是迎宾区,都需要根据现场情况作即时变动。他们对各区域进行精心布置,为达最佳效果,对会场摆设、桌面布置及餐具摆放等各项现场工作进行精确地调整。服务还延伸到了卫生间的用具和品牌,如毛巾厚度、拖鞋样式、梳子质地、衣架选材等。

服务人员在筹备时期,每天都经过6—8个小时的演练,体现了精益求精的细致服务。如主会场有个直径20米的大圆桌,周围摆放着36把椅子,是专为20位国家元首和联合国等国际组织代表准备的。从表面上看,椅子的靠垫、脚踏是一样的,实际上靠垫的大小、脚踏的高低都是为参会者量身定做的,还有为女元首放包特制的小架子,以及每人桌前一个特制的呼叫器等。

3. 服务中的工匠精神

"工匠精神"如今是社会高度关注的一个热词,在G20峰会筹备期间,工匠精神展示了服务精雕细琢、精益求精、追求完美的一面,为以后服务峰会留下了精神上的榜样。如杭州最好吃的面包,就是工匠精神在制作过程中的一个最好体现。一个普通的小面包,按说同样的配方、同样的原料、同样的制作,从北京到杭州口感、味道就变了。究其原因主要是南北天气和温湿度的差异,导致面包成品不够劲道。为此,食品保障组的厨师团队通过反复精细调整面粉和糖的配比,把控面筋的大小及蛋白质的含量,最终完成了适合杭州气候的峰会面包。为了确保最佳口感,食品保障组严把总仓订货、人员安排、物资准备等每一个环节,以确保面包醇香可口。

北京烤鸭作为具有世界声誉的中国著名菜式,自是高官午宴菜单首选,在本次峰会亮相。为保证其地道口感,杭州国博特邀拥有丰富接待经验的北京北辰团队支援本次餐饮服务。据了解,本次峰会所有烤鸭的用料均是直接空运到杭州的"北京鸭"。但由于杭州气候比较潮湿,烤鸭在制作过程中也受到了不小的挑战,很难做到外脆里嫩。大厨们根据南北气候差异反复调整火候、用料、烤制时间等因素，才完美制作，让所有嘉宾品尝到了色泽红艳、肉质细嫩、味道醇厚、肥而不腻的正宗口感北京烤鸭。

峰会上有一个环节，餐前酒会设置在户外屋顶花园内，而夏末初秋的杭州温度还在30度以上。如何在抵抗高温的同时展现精致可口的餐品成为一大难题。为了解决这个难题，运营团队广泛征集方案，最终提出用冰雕降温的方案。在每组冰雕附近还设置了无叶风扇，共同营造舒适的就餐环境。

4. G20峰会的茶歇服务

在餐饮服务方面，除了中西完美结合、精雕细琢外，主打中国风采、江南风格、杭州特色的精致可口的会议茶歇。

在主会场周边，按照G20峰会需要配置了中、外方领导人专用贵宾休息室、茶歇区等配套活动空间。茶歇场地设于主会场两侧长廊，茶歇品类中西结合，将峰会元素及杭州特色融入其中。选定具有杭州特色的绿豆糕、龙井酥等中式点心，西式甜点中也融入了中华文化概念，如加入茶元素的布朗尼，绘有断桥、乌篷船等杭州元素的扇面型黄油曲奇等，更有香芒牛油果、白玉兰酥等精致甜点，以满足各国领导人的口味。

值得一提的是，为展现最佳服务效果，服务团队经过150多次演练，人员调整10余次，实现了为36位领导人同时同步提供咖啡服务；在15分钟茶歇时间段内同时进行两路服务，将主会场内各领导人的茶杯、奶、糖及矿泉水全数换新，同时完成两侧长廊的茶歇服务，将会议茶歇服务任务有条不紊、一致有序地圆满完成。

四、2017"金砖国家"领导人厦门会晤

（一）"金砖国家"领导人会议概况

"金砖国家"是指巴西（Brazil）、俄罗斯（Russia）、印度（India）、中国（China）和南非（South Africa）。由于这五个国家的英语名称的首个字母组合"BRICS"与英语单词的砖（Brick）类似，因此被称为"金砖国家"。

2001年，美国高盛公司首席经济师吉姆·奥尼尔首次提出"金砖国家"这一概念，特指世界新兴市场。2009年，"金砖国家"领导人在俄罗斯叶卡捷琳堡举行首次会晤，之后每年举行一次。"金砖国家"领导人会晤机制的建立，为"金砖国家"之间的合作与发展提供了政治指引和强大动力。多年来，"金砖国家"在重大国际和地区问题上共同发声，积极推进全球经济治理改革进程，大大提升了新兴市场国家和发展中国家的代表性和发言权。2010年南非（South Africa）加入后，其英文单词变为"BRICS"，并改称为"金砖国家"。2017年1月1日，中国正式接任"金砖国家"主席国。2017年9月3日至5日，"金砖国家"领导人第九次会晤在福建厦门举行，主题是"深化金砖伙伴关系，开辟更加光明的未来"。

（二）"金砖国家"领导人会议会场的主题与改造设计

"金砖国家"领导人厦门会晤主场馆设计以"国际语言，中国韵味，闽南情怀"为主题，运用了大量中国传统文化元素与闽南当地文化元素隐喻浸润其中，设计方北京市建筑设计研究院有限公司曾经也参与了2014年北京APEC峰会、2016年杭州G20峰会

等会场的设计,将海洋文化与闽南文化紧密结合,营造出"金砖国家"领导人厦门会晤主场馆"圆润舒展、风尚大气"的空间气质(见图7.9)。整个会场分为会场主入口、门厅大堂、迎宾"白鹭厅"、以"融"为主旨的新兴市场国家与发展中国家对话会场"鼓浪厅"、以"升"为主旨的大会场、以"合"为主旨的小会场。

图7.9　2017"金砖国家"领导人会场外观

厦门"金砖国家"领导人第九次会晤的会场改造设计中主要有以下三个特点。

1. 工期紧、功能要求高

厦门国际会议中心和厦门会展中心是本次"金砖国家"领导人厦门会晤的主场馆,由于其原先没有接待过此类活动,所以,急需根据接待要求改建,且工程时间紧。从改建的功能要求看,主要涵盖会场布局设计、内部装修、配套设计到艺术品设计、家具设计、绿植布局、标识系统设计、桌面系统设计等,功能复杂。

2. 利用原有空间,重新定位功能布局

"金砖国家"领导人厦门会晤将全部重要会议统一安排在一组综合体里,利用原有会场空间进行改造,并以少拆巧建的设计原则,在建筑中心连廊部分设计了单一的会议核心区,以满足会场的使用功能。并通过多入口、多会议流线的方式,与会议核心区共同组合出多个国家礼仪空间,保障了本次会晤的迎宾需求(见图7.10)。

3. 安全、绿色、节能环保理念深入

安全、绿色、节能不但是举办峰会的要求,也体现在会场设计改造中。主要表现在建材模块式安装,保证了速度和环保性,现场空气质量达标;改建中为会场补充和增强了建筑的空调系统,在降低成本的前提下大幅提高了供冷保障能力;利用CFD仿真模拟、变频控制、净化装置等技术,增强系统的调控能力,有效降低了室内PM2.5和污染物的浓度,提供了一个舒适安全的室内环境。

(三)"金砖国家"领导人会议的国宴策划

2017年9月3—5日,"金砖国家"领导人第九次会晤在福建厦门举行。建发旅游集团承接了此次会晤接待活动中所有国宴菜肴与茶歇的策划与出品。将"国际范、中国风、闽南味"呈现在世界面前。

第七章 从峰会的接待看会议型饭店的管理

图 7.10　2017 金砖国家领导人会议主会场

建发旅游集团于 2017 年 1 月便成立了国宴菜肴研发工作小组，正式启动菜肴研发工作。本次国宴及茶歇要求全部使用清真食材，且食材必须确保安全，不仅要考虑选材的安全性，又要避免重复选材，克服食材选用面窄和供货变数大的困难。

2017"金砖国家"领导人厦门会晤三场国宴菜单的设计定位为：欢迎晚宴"中国风味、闽菜呈祥"；双边宴请"八闽特产、喜迎贵宾"；配偶午宴"闽南佳肴、家乡风味"。晚宴菜单颇具闽南特色，包含冷盘、四小菜、松茸炖鸡汤、荔枝龙虾球、油淋海石斑、沙茶焖牛肉、锦绣时令蔬，主食是厦门炒面线，点心是鲜果冰淇淋，饮品有咖啡、茶、长城干红 2010、长城干白 2011。

佳肴的品质保障是国宴服务的根本。建发旅游集团成立了食品安全保障组，配合做好此次会晤食品安全保障工作，配合做好宴会菜谱的食品安全审核工作。为做好食品安全保障工作，不断进行内部食品安全培训，共计完成 35 次食品安全培训。各个酒店设立食品安全管理员统一负责加强食品安全现场管理，确定重大会议活动的保障方案，责任具体到人、落实到岗。

（四）"金砖国家"领导人会议的餐具与国礼设计

值得一提的是，此次国宴中所使用的"先生瓷·海上明珠"餐具，设计创作灵感来源于厦门鼓浪屿的自然山水和人文景观。整套国瓷体现了"闽南核心、中国文化、时代印记、世界大同"的国宴风范。

瓷器团的设计都蕴含厦门元素，如瓷器顶盖提揪是鼓浪屿地图，外观图案则是厦门的海滨景观。除此之外，会议上还将福建当地的乌龙茶引入，宣扬起中国茶文化。准备给各国领导人的国礼大漆礼盒中放置了红、橙、绿、蓝、黄五色茶罐，分别装有武夷山大红袍、正山小种、安溪铁观音、福鼎白茶和福州茉莉花等五种福建名牌茶，意喻"和平、开放、包容、合作、共赢"。

会议型饭店管理

（五）"金砖国家"领导人下榻的酒店和服务特色

"金砖国家"领导人会晤各国元首下榻的酒店和服务特色如表7.11所示。

表 7.11 "金砖国家"领导人下榻的酒店和服务介绍

各国领导人	下 榻 酒 店	服 务 亮 点
印度总理	厦门润丰吉祥温德姆至尊酒店	酒店全体积极准备，身着闽南特色惠安女服饰的酒店员工在大堂区域迎宾。酒店配有2位贴身管家服务，给印度总理留下了深刻的印象
巴西总统	厦门马哥孛罗东方大酒店	20年历史的鹭岛老牌酒店，会晤前期，酒店斥资逾千万，对店内软硬件进行了全面提升，为接待工作付诸更高标准的学习及行动
俄罗斯总统	厦门源昌凯宾斯基大酒店	酒店与俄罗斯总统私人饮食团队合作为总统拟菜单，以及烹饪一日三餐的中式美食，酒店厨师精湛的烹饪手艺、一丝不苟的专业精神，赢得了总统及其饮食团队的高度评价
南非总统	厦门威斯汀酒店（唯一一家同时接待两个国家元首的酒店）	酒店早在2017年1月便投入巨大的人力、物力、财力对硬件、软件进行升级改造，共完成近30个硬件升级改造项，参加了30余项培训、38次模拟演练、6次技能大赛。酒店分别安排了24小时管家服务，获得了总统及夫人的高度赞扬。此外，对电梯的控制要求十分精确，对酒店的服务、安保也极具挑战性
墨西哥总统		

五、2018年上海合作组织青岛峰会

（一）上海合作组织青岛峰会介绍

上海合作组织简称上合组织，是中华人民共和国、哈萨克斯坦共和国、吉尔吉斯坦共和国、俄罗斯联邦、塔吉克斯坦共和国、乌兹别克斯坦共和国于2001年6月15日在中国上海宣布成立的永久性政府间国际组织。2015年7月在俄罗斯乌法峰会上通过印度、巴基斯坦加入上合组织。上合组织继2001年上海峰会、2005年上海峰会、2012年北京峰会后第四次来到青岛。青岛峰会也是上合组织扩员后举行的首次元首峰会。

（二）上合组织青岛峰会选址分析

峰会选址首选是城市，此次上合组织峰会选址青岛，有其必然的理由。

1. 青岛与"一带一路"联系紧密

2013年秋天，中国政府首次提出"一带一路"倡议，随后国家领导人在上合组织比什凯克峰会上建议："作为上海合作组织成员国和观察员国，我们有责任把"丝绸之路"

精神传承下去,发扬光大"。2017年,青岛先后在"一带一路"沿线26个国家举办了39场以"通商青岛新丝路、经济合作新伙伴"为主题的"丝路对话"活动,引进世界500强企业46家,"走出去"企业达1 400多家。

青岛已开通中欧班列、中亚班列、中蒙班列、中韩快线、东盟专列等国际班列。2016年至今,青岛港先后与吉布提港、埃及塞得港、马来西亚巴生港、俄罗斯圣彼得堡港等"一带一路"沿线港口建立友好港关系。2019年,青岛胶东机场投入运营,40余条国际航线,110余条国内航线将聚集胶州。

2. 青岛的文化与环境独具魅力

青岛有机结合了古代儒家文化和近代港口文化,自身散发着浓烈的文化气息。青岛林木绿化率已经达到40%,被评为国家森林城市和国家园林城市。据统计,2017年青岛空气质量优良天数达到342天。

3. 青岛具有举办国际会议的丰富经验

从2008年的奥帆赛、2014年的世园会、APEC第二次高官会、2016年的C20会议、以及多项国际重大帆船赛事活动,到2017年的国际教育信息化大会等,青岛已经成功举办过多个国际盛会和赛事,有着独到的国际视野和丰富的办会经验。

(三)上合组织青岛峰会的会场介绍

上合组织青岛峰会主会场青岛国际会议中心是一座体现山东风格、青岛特色的中国风建筑。犹如一只舒展两翼的海鸥,从空中鸟瞰,山、城、海、港、堤融为一体,交相辉映(见图7.11)。青岛国际会议中心地处青岛市中心,位于奥帆广场核心区域,峰会后将长期投入使用。

图7.11　2018上合组织青岛峰会会场外观

上合组织青岛峰会主场馆气势恢宏的钢结构悬挑大门,总建筑面积为5.4万平方米,其中,地下面积1.5万平方米;建筑高层22.6米,屋面起翘最高点28米。整个地上建筑主体使用了1.1万吨钢结构,实际工期不足半年,如果正常建设工期要两年时间。1.1万吨钢结构,5 000名建设者的全力投入,46天完成了所有吊装。

1. 节能环保的"现代风格"场馆

上合组织青岛峰会主会场整栋建筑是一座节能环保的绿色建筑。如果俯瞰上合组织青岛峰会主会场,就能发现金属屋面上铺设有4 400平方米、相当于10个标准篮球场大小的光伏太阳能。太阳能与UPS不间断电源配合使用,就算停电,大部分会议场所及其他设施依然能够正常运转。在场馆内部,室内每平方米的甲醛含量不超过0.01—0.03毫克。

场馆的部分厅室加大了会议屏幕、增加了隔断,增加了地下和地上两处厨房。据介绍,针对青岛气候湿润多雨的情况,为给各国元首及工作人员提供最佳的室内环境,工程团队对温湿度的控制达到了几乎严苛的标准,充分利用中央空调、新风循环系统、排湿设备、排烟系统、空气净化设备以及电辅助加热等设备,并在大空间里安装温度传感器,24小时实时监控动态调整,终于使各厅室室内温度时刻保持在24.5℃,湿度控制在50%左右。

2. 主会场布局设计精雕细琢

(1) 一层布局。

迎宾大厅。一层门厅引导流线直入迎宾大厅,顶部灯具为八十一盏,在中华传统文化中以九为大,有"长治久安,盛世华章"之意,九代表无穷无尽,由起点到终点、由终点再到新的起点,这样循环往复,以至无限(见图7.12)。

图 7.12　2018上合组织青岛峰会迎宾厅

黄河厅(小型会议室)。黄河厅设计思路以"智"为本,以"亭"为体,以"水"为表。以明道融通、汇智和合来定义空间的精神。以八角型作为空间造型的基础,完善"亭"的概念,造型由下而上向中间聚合,取上合组织汇聚八方的美好寓意。

心海厅、安仁厅(双边会议室)。双边会谈就是指两个国家为了相互间的关系(经济或安全等方面)进行的一对一谈判。一层双边会议室以"信"为本,以"堂"为体,顶部水晶吊灯,墙面硬包体满足声学要求,光照明快,空间色调柔和,氛围舒适,满足会议需求。

(2) 二层布局。

泰山厅(大型会议室)。二层大会议厅是本次峰会最重要的会议厅之一,以"义"为本，以"殿"为体，以"人文"为表。用正义、情义、人间大义以及孟子所讲的"浩然之气"来定义空间的精神。顶部圆形造型灯具以传统文化中的如意造型作为基础发展而成，寓意祥和、包容与交流。

尚和厅（新闻发布厅）。二层新闻发布厅以"悦"来定义空间的精神。两侧的墙面造型简约舒展，与顶部极具体量感的重檐造型形成具有仪式感的宏大空间。顶部的灯具素材取自山东最有特点的玉佩造型。整个空间热烈温润又不失文化特点。

(3) 观海长廊。

观海长廊作为室内与室外建筑外檐的间接连接空间，形式延续建筑外檐的基本造型，在室内部分进行照明及材料工艺的精细化，做到室内装饰与室外造型的和谐统一，室内走廊墙面装点艺术绘画作品，为走廊增加空间艺术的体验感。

（四）上合组织青岛峰会的服务保障

2018年上合组织青岛峰会，是青岛市历史上承办的最高规格的国际大型会议，山东省政府、青岛市政府和青岛旅游集团高度重视，并与北辰集团共同为峰会服务。本次峰会有着同时主体承接保障任务最繁、场馆改造时间短、服务准备时间少、演练场景难、联合保障单位多、保障任务密、服务转场难度大、外部对接单位和人员杂等特点。北辰会展团队为上合组织青岛峰会服务团队做了全流程的指导，并参与其服务流程。如在青岛国际会议中心安仁厅里，每一场双边会见结束后，服务人员都要在2分半钟内，对桌面上的全部物资进行翻台调整，其中大到代表国家形象的国旗，小到不为人注意的杯垫。经过多次演练，翻台时，全体服务保障人员在各国媒体的聚光灯下，沉着大气地一次次亮出了中国服务的风度和风采。

会见中需要有4次上咖啡的服务，会务组也将每次上咖啡服务精准控制在45秒内。同时，为了维持现场秩序，在上咖啡时，需要用最少的人在最短的时间内呈现最好的服务。对于服务人员的人数和队形也有一番考虑。经过演练，由8名服务人员同时上场上咖啡的流程最为连贯舒适，上咖啡的环节也练出了最流畅的队形。

上合组织青岛峰会领导人欢迎晚宴在海上多功能厅举办，但是海上多功能厅里面没有厨房，为了给领导人准备温度适宜的餐饮，多功能厅一侧的海面上临时建起了分别为600平方米的"海上厨房"和备餐间，由于场地空间局限，将后场的服务边台改成了货架，以立体式的布局最大限度地利用空间，方便了人员的流动。晚宴共有28位各国领导人及200名官员出席。考虑到整场晚宴的用餐时间，保障人员将每道菜的上菜时间控制在5分钟左右。从"海上厨房"到餐厅，单程传菜最远距离的为100米。为了保证海上多功能厅的原建筑外形，200多名宴会服务人员只能从约30米长、5米宽的传菜通道通过。这5米宽的空间，还得容纳4人并肩托举装了菜的大托盘。狭小的厨房和备餐间、拥挤的传菜走廊里，必须先固定每名人员和物品放置的点位，明确传菜流线。在备餐间地板上标注红绿交织的服务流线箭头，经过演练，传菜时服务人员会用最快的速度给传菜人员腾出行走的空间。

"世界水准、中国气派、山东风格、青岛特色"是上合组织青岛峰会的办会目标，在餐饮上兼顾各国饮食文化差异的同时，制作出具有"山东元素"的茶歇和摆台，彰显了青岛地域性极强的特色美食（见图7.13）。例如，青岛的5月，正是崂山绿茶最好的时节，厨师团队利用新鲜的崂山绿茶,经过特殊工艺萃取,与绿色健康的天然食材相结合,研发制作出带有崂山绿茶口味的中西式糕点。结合 6 月青岛本地湿润凉爽的气候,大会研发的茶歇餐点在原有配方的基础上,不断进行调试改良,从水、面的比例,各种食材的配比不断完善,做到口感、口味和品质的绝佳呈现。

图 7.13　2018 上合组织青岛峰会的茶歇

峰会的晚宴菜品主打孔府菜,又被誉为宫廷菜,是鲁菜最重要的一支。晚宴的菜品包括四菜一汤:孔府一品八珍盅、孔府焦溜鱼、孔府神仙鸭、孔府酱烧牛肋排和孔府蔬菜。国宴选用的食材也取自山东和青岛本地,像胶州大白菜、金口玉牙芹菜等。为了尊重各国不同的文化习俗,晚宴全部为全清真菜品,以示对多元文化的尊重。

六、2018 首届中国国际进口博览会

2018 年 11 月 5—11 日,首届中国国际进口博览会及虹桥国际经贸论坛在上海国家会展中心的隆重举办,是迄今为止世界上第一个以进口为主题的国家级展会,是国际贸易发展史上一大创举。举办中国国际进口博览会,是中国着眼于推动新一轮高水平对外开放作出的重大决策,是中国主动向世界开放市场的重大举措。这体现了中国支持多边贸易体制、推动发展自由贸易的一贯立场,是中国推动建设开放型世界经济、支持经济全球化的实际行动。

首届中国国际进口博览会以"新时代,共享未来"为主题,共有 172 个国家、地区和国际组织参会,3 600 多家企业参展,展览总面积达 30 万平方米,超过 40 万名境内外采购商到会洽谈采购,累计成交额达 578.3 亿美元。

为了迎接"进博会"的举办，国家会展中心（上海）一方面对既有展厅内部进行了重新布局和搭建装修，另一方面对建筑外部进行了装点和环境提升。经过不到一年的改造，国家会议中心（上海）向世人展现。在此次改造中，上海市政府对展馆提升设计提出了"上海文化、江南特色、中国元素、国际气派"的十六字方针，着重体现"大国风范、海派韵味"的整体格调，将中国元素与江南水乡的特色相融合，完美地呈现了隆重、热烈、喜庆、开放、美好的设计理念（见图7.14）。此次场馆功能提升工程包括国家会议中心（上海）、平行论坛、立面改造、能源中心立面改造、景观工程、泛光照明工程、智慧安防、配套工程等。

图7.14　2018年中国国际进口博览会

思 考 题

1. 根据本章对峰会的定义和分类，谈谈你对峰会的认识和了解。
2. 成功接待峰会的因素很多，你能列举最重要的几个方面吗？
3. 根据本章对峰会接待规格的描述，请谈谈你对"细微之处见精神"的理解。
4. 峰会等大型会议往往需要长时间的准备，很多会场将根据会议要求进行整修改造，达到接待标准，请问需要注意哪些方面？
5. 人力资源的组织与安排是峰会接待能否成功的重要保障，你如何对人力资源进行综合管理？

第八章

会议型饭店的人力资源管理与行政管理

重庆悦来温德姆酒店

本章导读

在会议型饭店中，人力资源管理是预测组织人力资源需求并作出人力需求计划、招聘选择人员并进行有效组织、考核绩效、支付报酬并进行有效激励、结合组织与个人需要进行有效开发以便实现最优组织绩效的全过程，是以人为本思想在组织中的具体运用。业绩考核是人力资源管理的重要内容之一。对员工业绩考核的标准是根据其完成的工作确定的。

行政机构是全面落实总经理对行政工作的布置，并在贯彻执行过程中履行"督办、协调、落实、反馈"等职能的专设机构。与其他类型饭店不同的是，会议型饭店的服务对象以政府机关、专业学术团体、国内外商业机构等组织为主。这就使得其行政机构在人员配置上仅靠单一设置总经理秘书来履行上述职能是远远不够的。鉴于这些区别，本章在对会议型饭店行政管理以及岗位职责的描述中，对部分职能的释义作了细化补充并赋予其新的内涵。

第一节 会议型饭店的组织结构

一、组织结构模式与岗位设置

会议型饭店在日常管理中除遵循饭店管理的惯例之外,往往由于会议或展览等因素,造成业务部门有两大问题需要快速解决:一是会场与餐饮发生的业务联系;二是会场与多个部门(如工程、安保等)发生的业务,这就需要在管理的系统和层次上加以调整。根据多年来上海某国际会议中心的运行证实,实施扁平化管理是解决上述效率问题的较好办法之一。

(一) 扁平化组织结构模式

扁平化管理模式在一定程度上可以压缩管理层面,扩大管理跨度,精简审批手续,快速实现客户需求,有利于减少管理层面的协调和扯皮,加强横向部门间的合作。层级越多,不利因素越会逐级增加,其中的协调过程使得决策制定的时间明显延长。扁平化管理是当前国际饭店管理集团中流行的管理模式。

1. 饭店级管理层

适宜总经理一人、驻店经理一人。驻店经理就是执行总经理、运营经理,上对总经理负责,对下是全面负责。

2. 总监级管理层

总监级管理层属高级管理层。上司为饭店总经理,对下是部门经理。整个饭店可以分为业务部门和支持部门的高级管理层,通常可以把市场营销部、房务部、餐饮部、会议部、行政总厨的部分划分为业务部门;而财务部、人力资源部、行政办公室、工程部、安保部划分为支持部门。

3. 部门级管理层

部门级管理层主要是指各职能部门和业务部门的主要负责人,上司是总监,对下是主管。是在工作前线的执行者,部门级管理者也是直接的经营者,直接负责产品质量、服务质量和创收任务,是与饭店的员工密切联系者,与客户关系也是密切联系者。

4. 主管级管理层

主管级管理者是带班并负责某一区域、某一工种的管理人员,上司是部门经理,对下是资深员工或普通员工。主管是完成上级任务、设计产品和产品创新的重要管理者。

(二) 组织结构图

会议型饭店的组织结构没有规定模式,只有参照模式,图8.1的结构图是根据扁平式管理的要求,以大中型会议型饭店为标准,承担能力在客房500间,餐位数1 200个,会议区域约40 000平方米,康乐区域8 000平方米,员工编制约为900人,年营业收入约为3亿元人民币的规模。

会议型饭店管理

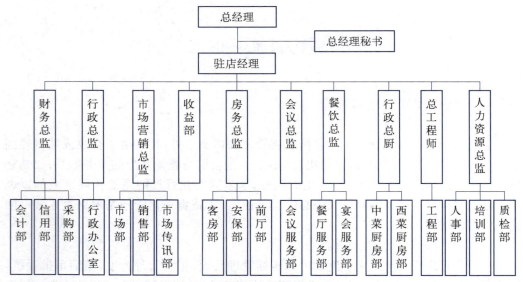

图 8.1　会议型饭店典型的组织结构

如图 8.1 所示，总监以上为饭店高级管理层，总监以下为部门级中层管理层。在中层管理设计上，采购部可以纳入财务部管理，会议部与餐饮部各自独立工作，功能分开。会议部要强调在会议型饭店中的地位与作用，配备优秀的管理团队，包括音频、视频专业技术人员和专业礼仪队伍。

饭店收益管理部门在组织设计中通常设立为独立部门，有些情况下也设立在市场营销部下，起着实现饭店收益最大化目标的保障作用。会议型饭店的收益部一般具有经营各渠道订房、对市场指标和收益要素管理，协调饭店前厅部和销售部共同完成工作的任务，尤其需要协调会议客人、旅游团队客人、散客之间的房价及隐形收益。

安保部从业务上考虑可以提升职级，但现在绝大多数国际酒店管理公司也将其设置在房务部内。工程部则在总工程师领导下开展工作。

行政办公室也称总经理办公室，称呼不同但职能相同。在设置行政总监的问题上，有不少饭店根据业务需要，将公共关系部职能与对政府事务部职能合并开展工作，有利于对外公关的一致性和与政府有关会议、事务的对口作用。现在也有将公共关系部职能设置在市场营销总监下，有利于饭店的整体营销推广。

从结构来看，有不少饭店主体与会议中心、展览中心分开建造，由于会议和展览部位的面积之大、设备之多，使得日常运营的工作量很大，组织结构要设置合理，应需设岗。

二、会议型饭店的薪酬设计和人工成本管理

（一）薪酬设计

1. 薪酬市场定位

一个饭店的薪酬设计要具有市场竞争力，要有能力将社会的同类优秀人才，通过具

有竞争优势的薪酬体系和员工福利吸引进来,并能够通过饭店良好的经营业绩去承受和覆盖这个庞大的成本开支。因此,员工的薪酬设计要等于或高于社会同类饭店水平,才能达到饭店的总体目的。

2. 付薪原则

饭店付薪可以分为固定薪酬和变动薪酬。固定薪酬一般每年以 13 个月发放。变动薪酬一般与业绩考核体系并举。在半年或年终时,按照既定的各种考核要素,经考核后发放,饭店通常还会与经济效益挂钩,让员工获得激励。

3. 薪酬总量分配

一个饭店的薪酬总量一般为营业收入的 19%—24%,其中的约 60% 可作为固定薪酬部分,40% 可以作为变动薪酬部分。如把固定部分看作一个总量部分,即除以 13 个月计算,可以得出每个月的固定薪酬发放总数,员工的薪酬可以分为若干个等级,通常在 30 个等级左右,每一个等级工资又可以分为 A、B 级或 A、B、C 级,各饭店可根据行业水平制定,还必须根据当地水平和各饭店经营能力制定,尚无固定模式。

(二) 人工成本管理

1. 定期按每月、每季、全年进行人工成本统计

人工成本是饭店在生产经营和提供劳务活动中所发生的各项直接和间接人工费用的总和。

2. 在人工成本统计的基础上进行人工成本指标的分析

(1) 人工成本总量变动情况分析。人工成本增加绝对值=报告期人工成本总量—基期人工成本总量;人工成本增长率=(报告期人工成本总量/基期人工成本总量)×100%。

(2) 人均人工成本分析。人均人工成本=报告期人工成本总量/报告期平均人数。

(3) 劳动分配率的分析。劳动分配率=(报告期人工成本总量/报告期企业增加值)×100%。企业增加值由经营利润、人工成本、税收净额三部分组成。

(4) 人事费用率分析。人事费用率=(报告期人工成本总量/报告期营业收入)×100%。

(5) 人工成本投入产出分析。人工成本的投入产出=报告期经营利润/报告期人工成本总量。

3. 预测

通过人工成本指标分析和横向比较,清楚本饭店人工成本在同行业中所处的地位,对人工成本的未来走势作出预测,对人工成本的不良趋势及时纠正,对人工成本的优良趋势加以肯定,从而影响企业的人工成本决定,及时调整人工成本政策,达到人工成本指标优质化的目标。

4. 制订积极进取的人工成本战略

饭店的人工成本战略应该是:绝对人工成本(人均人工成本)至少要等于并争取略高于同行业的平均水平,以保证在吸收人才的竞争中处于优势地位;相对人工成本(劳动分配率或人事费用率)至少要等于并力争尽可能低于同行业的平均水平,以实现人工成本投入后产出的最大化。人事费用率一般应控制在 25% 左右。要运用效益制衡原

则控制人工成本不适当的增长，实行人工成本"两低于"办法，即人工成本总额的增长要低于饭店经营利润总额的增长幅度，人均人工成本的增长要低于以正常营业收入计算的劳动生产率。

5. 控制

做好年度人工成本的预算工作，在预算人工费支出的基础上制定标准人工成本，并着重于过程控制，按月、按季监测实际达到的人工成本与预算人工成本之间的差距，加以揭示和分析，及时采取有效措施，把实际人工成本控制在预算人工成本之内，把人工成本的超支或浪费消灭在人工成本的形成过程中。

6. 劳动生产力的控制

员工上下班一般采用指纹考勤机，这使出勤控制有了较好的效果，企业明确了员工是否抵达饭店和离开饭店的信息，这无论是从员工安全，还是从为员工提供工作用餐福利方面都发挥了十分重要的作用。随着新兴技术应用，有不少饭店开始使用 AI 人脸识别技术考勤，增强岗位考勤制度，控制劳动生产力的效率。

第二节　会议型饭店员工的定员与招聘

一、岗位劳动定员

（一）定员范围和分类

1. 定员范围

定员范围是指会议型饭店正常服务和经营活动中所必需的工作人员，即在饭店中从事固定性或临时性工作，由饭店支付工资的各类人员。

2. 员工分类

员工分类工作是会议型饭店制定各级岗位职责的基础，也是对各类岗位的考核和评定工资的依据。饭店岗位按工种可以分为管理岗位、厨师岗位、服务岗位、工程技术岗位、普通岗位五大类；按性质可以分为生产服务人员、辅助生产服务人员、经营部门管理人员、后勤服务人员和其他人员五大类。

（1）生产服务人员，指总台接待人员、厨师、服务员、营业员、收银员、行李员、话务员、宾客理发员等直接从事生产服务的人员。

（2）辅助生产服务人员，指间接服务于生产的工程维修人员和洗衣房人员、绿化人员、为经营服务的警卫巡逻人员、车队人员等。

（3）经营部门管理人员，指在饭店各职能机构、业务部门工作，即从事行政及经营部门的管理人员。

（4）后勤服务人员，指服务于员工生活或带有间接服务于生产的人员，如员工浴室、员工宿舍、员工餐厅、自行车管理等后勤服务人员。

（5）其他人员。

（二）编制定员

编制定员是根据饭店的规模大小、经营范围、服务内容等，确定各类人员的数量和质量，是一种科学的人员配备的数量界限的依据。

编制定员应贯彻四个原则：一是要从服务和工作实际需要出发；二是精简、统一、效能，防止层次过多、人员臃肿，要建立统一的指挥体系以及精干的工作系统，提高工作效率；三是要先进合理，不宽大窄用；四是应变原则，在保持相对稳定的同时，视情况变化作及时调整。一般核编后保持一年不变，不断提高编制定员的管理水平。

1. 饭店计算定员的具体方法

（1）按岗位定员。根据岗位计算定员。采用这种办法，首先要确定饭店内部的机构设置、经营情况、服务规格和设施设备，再考虑各岗位的工作量、效率、班次及出勤率等因素。这种方法一般适用于无法按劳动定额计算定员的工种。如经营部门的行李员、大门应接员和非经营部门的采购员、仓保员、设备维修工等人员。

（2）按设备设施定员。根据饭店设备设施的数量和员工看管的定额计算定员。这种办法适用于房务部、工程部、餐饮部等部门中的部分工种。如客房服务员一般可按一人负责12间标准客房清洁工作，并按饭店房间数的70%—75%计算定员；餐饮工作人员应根据宴会餐厅与点菜餐厅的不同比例、炉灶数量的多少、其他服务功能等，并结合客人上座率，一般按70%—75%计算定员；工程维修人员的电工、管道工、机械工可视饭店的电器、管道等设备的多少和维修业务量的大小定员。以上定员应根据饭店的服务规格、设备设施的新旧程度等具体情况加以确定。

（3）按比例定员。按员工总数或某一类人员的总数的比例，计算某种人员的定员。在饭店内计算直接服务人员与非直接或辅助人员以及各工种之间的比例都可以采用这种办法。如员工餐厅厨师可按就餐人数的一定比例计算定员，尤其是后勤保障与职能部门人员应控制在一定的比例内，推行并岗优化。从整个饭店来讲，人员配备应首先依据比例定员办法进行宏观控制。

（4）按劳动效率定员。就是按岗位工作量和劳动定额计算定员。饭店不同于一般生产性企业，它是一种综合性的行业，劳动过程中随时服务的比率较大。因此，劳动定额很难确定，但又确实存在，只不过有显化和潜化两种表现形式而已。目前，按劳动效率定员的办法适用于饭店的洗衣房、餐饮等部门。

2. 实行编制定员的管理

实行编制定员的关键是实施工作过程中的管理。因此，应采取必要的技术组织措施，如引进先进设备、改善劳动组织；不得随意抽调经营部门人员从事非生产服务活动，经营部门人员外借要限期返岗等；要妥善调剂岗位余缺人员，特别要及时地把多余人员减下来，不然就会使编制定员流于形式；要保持定员水平的先进合理，可以采取调整某些环节的工作任务，或者采用临时调动和借用的办法来解决劳动力不平衡的问题，在接待任务特别繁忙而劳动力又无法平衡的情况下，可临时招用外借人员来解决，还要建立健全各项劳动管理制度，将编制定员工作真正落到实处。

二、劳务工录用管理

因为经常要接待大型会议，会议型饭店有部分岗位不适宜用合同工，而采取使用劳务工制度，这是会议型饭店用工调配的辅助形式，但是也应该予以严格控制，计入总编制控制数内，实行计划用工。

（一）劳务工的录用程序和手续

用工部门提出申请，人力资源部根据工作需要和编制，统一安排择优录用。经人力资源部和用人部门面试及体检、人事材料合格，并经短期培训合格后上岗。管理岗位劳务工，一般应具有高级技术等级及部门级以上管理人员经历和资格。聘用期由人力资源部和有关部门审核，然后报饭店主管领导批准。劳务工由人力资源部办理入店手续。办理手续时应验证身份证、体检报告及其他有关证件。饭店与劳务公司签定《集体劳务协议》，期限为一年。到期后，经双方同意，可以续签。

（二）劳务工的待遇和管理

人力资源部依据饭店规定负责劳务工的调配、跟踪考察、奖罚和解除劳务协议及辞退。劳务工在饭店工作期间，必须遵守饭店的各项规章制度，服从管理，积极工作，如有违反，给予解除劳务协议或辞退处理。劳务工的工资一般实行日工资制和计件工资制（计件工资应根据具体岗位和情况确定）；从事技术、管理岗位的劳务工，视情适当增加待遇。

第三节　人力资源的合理配备

一、市场营销部人力资源的合理配备

在会议型饭店中，市场营销部通常承担会务、房务及餐饮三方面协调的角色，并且本身也是分工合作、协同运营的部门，因此，其人力资源的配备布局对饭店至关重要，主要可从以下三点阐述。

（一）总监的配置

市场营销部每天发出经营信息，作为饭店维持正常运行的主要目标与任务。市场营销总监则通常被称为"不是总经理的'总经理'"，是整个会议、餐宴、客房市场的总协调人和饭店创收的总执行人。一个合适的市场营销总监能让会议、餐宴、客房三者协调一致，形成联动效应。

总监须具有较高的外语水平、良好的文化背景、敏锐的市场反应能力、诚恳耐心的工作态度以及全盘协调的能力，能使饭店业务有条不紊地运转；还须具备吃苦耐劳的优秀品质，尤其是要具有对客人投诉与批评的忍受力；有良好的谈判能力和价值观念、产品观念和质量观念。

市场营销总监召开晨会时，应把详细会议行程书面通知餐饮、会议、客房、前厅、安保、工程、财务等相关部门,使其能万无一失地做好服务工作,并给予支持与帮助。

总监的工作情绪会影响全体员工的工作质量,所以,总监对接待任务的布置安排以及给客户的建议,应符合饭店的接待能力,既不做力不能及的承诺,也不能有畏难懒散、怕担责任的情绪。

（二）助手的配置

总监应配备若干名助手,如总监助理、市场部经理、销售部经理、预订部经理等,来执行总监派发的工作。

助理既是专家又是能手,深懂饭店业务知识,熟悉硬件软件配置,能及时发现管理系统中存在的问题并预测易发生的错误,使饭店提高服务品质、改善服务态度、总结服务流程,向上级领导与有关业务部门反馈客人的需求,提出好的建议和创新意见。

部门经理既要领导好团队,又要使部门工作符合总监的要求,做到与总监高度统一,及时针对具体业务部门乃至一线操作岗位提出正确要求,使每个业务流程环节均得到落实。

（三）会议专员的配置

会议专员专门负责会议的跟踪执行,直至完成任务。会议专员须有较好的外语水平、专业化的业务经验和熟练的操作技巧；在会议执行过程中碰到具体问题要灵活应变,善于和会务组、办会人员及时沟通,事前熟悉会议召开时间、地点和所使用的场馆。

优秀的会议专员不放过任何细节,包括嘉宾名录、主要领导的背景情况、VIP 客人的特殊要求等。其应变能力、办事能力和协调能力应高于会务组或办会人员的工作水平,这样才能运筹帷幄。

接到任务后,会议专员应把自己的姓名和各种联系方式交给会务组或办会人员,并 24 小时保持与会议同步运转。

一般情况下,会议专员负责 2—3 个小型会议。每个会议结束后,要仔细核对合同,检查整个会议发生的费用,写出书面报告并及时向总监汇报。重要会议结束后需整理并书写报告,将整个会议的服务质量、客人反应、存在问题、会议费用等写成报告,向会议总监或总经理汇报,从而不断总结经验。召开大型、特大型会议时,应由两个以上的会议经理合作完成；接待元首级会议,整个饭店应以总经理为组长成立工作小组,由市场营销部派出总监来负责执行工作。

由此可见,市场营销部的人力资源配置将影响到整个饭店运行的效率和服务质量。

二、会议部人力资源的合理配备

（一）组织架构

1. 组织机构

会议部经理下设主管、领班两个层级,其管理原则是层级负责制,下级服从上级,配合开展工作。

2. 主要分工

会议服务班组主要为与会客人提供会场会议服务及铺台、茶歇、VIP 接待服务等；

会议型饭店管理

礼仪服务班组主要提供礼仪服务；AV服务班组主要为各种演出、宴会、会议提供视频、音频技术保障服务；仓保服务班组主要提供后勤保障服务。

（二）合理配备

会议部通常和餐饮部进行人力资源的优化整合。一般白天举办会议，晚上举行餐宴，时间错开有利于将会议部和餐饮部人员灵活调配使用，从而节约人力成本。

会议召开期间，一般无须大量服务员在现场；会议前期准备阶段和会后宴会阶段则需较多服务员进入现场。

服务员不一定都使用全职员工。在会议旺季，饭店往往从其他饭店或专业劳务公司有偿调用。如果是官方召开的大型会议，可由政府部门组织志愿者提供支持。

大型、特大型展会往往要在饭店举办宴会，于是经常出现从甲会场到乙展厅、从甲展厅到乙餐厅、再从甲餐厅到乙会场辗转搬迁的复杂情况。展厅和会场会产生废弃物、器材设备、宣传用品等，需要在短时间内进行清扫和整理，这就需要饭店方配置专门PA，做到只要场地一空下来即刻上前清扫。清扫过程中尤其要注意将地板地毯细灰清洗和垃圾分类清运一次性完成。

基于篇幅有限，本节主要阐述市场营销和会议部人力资源的合理配备要求。关于其他部门人力资源的配置，笔者主要举一例：在电子商务时代，订房工作除了传统部分外还包括网络预订整理、网页更新、网上报价修改和网上新产品推介等。如合理安排，300间房的饭店，其订房部至少需要5人。

第四节　会议型饭店的行政管理

一、行政管理的相关要求

有一次，某地旅游行业召开工作会议，旅游行政主管部门通过邮寄信件的形式将会议通知发到各相关饭店。信件被送到办公室后，因未及时开封，导致会议通知失去时效性，领导未能及时参加重要会议。该事件的发生是由于未执行好信件处理流程，造成时间管理失控，无法对整体工作进行计划，也间接地体现出饭店行政系统高效运行的重要性。

会议型饭店的行政由行政总监（总经理办公室主任）负责，下设秘书。日常工作烦杂琐碎，接电话、收传真都要小心谨慎，因为小事往往牵涉到相当重要的事务。会议在组织筹办和召开过程中，常有事先难以预料的突发事件。会议型饭店24小时运转，极具动态性，对行政办公室管理的时效性提出了高要求。

首先，强化时间观念。时间是重要资源，无法再生、积存与取代，应树立明确的时间观念。只有明白时间对饭店的价值，才能合理地运用时间，高效地完成任务。

其次，熟知岗位业务。行政人员要充分了解自己的工作范围、任务以及对整个饭店有整体的、全面的认识，清楚各部门分工，高效地处理各类问题。

再次，分清轻重缓急。对工作进行合理分类，将设定的目标编排出处理顺序：第一优先是重要且紧急的事；第二优先是重要但较不紧急的事；第三优先是较不重要但却是紧急的事；第四才是常规的例行工作。

最后，利用先进技术，使各种现代设备逐步应用到办公室来，由人与设备共同构成服务于某种目标的人机信息处理系统，尽可能充分利用现代高科技资源与信息网络，提高工作效率和质量，辅助决策以取得更好的效果。不少会议型饭店的自动化办公早已成为习惯，高层管理人员向员工发 Voice Mail（语音电子邮件），员工将自己的工作任务表放在局域网上共享，进行在线培训，召开各种办公会议，合同、报销等流程也通过网络完成。

二、行政管理的信息服务

某天下午，一个重要会议在某国际会议中心举行，主办方希望饭店总经理在大堂门口迎接重要贵宾，以凸显 VIP 礼宾待遇。但由于时间、地点等细节被错误地传达给总经理，没有顺利地接到 VIP 客人，引起主办方不满而投诉。这说明维持完善的信息链、确保信息传递畅通的重要性。大型会议在饭店召开，要完成 VIP 客人的迎接、招待和礼送，总经理办公室（以下简称总办）必须及时掌握相关客人抵店时间、进店通道、会议地点和名称、离店时间。确定信息来源的可靠性后，立即将其传达给总经理或相关部门。

信息是事物的运动状态和关于事物运动状态的陈述，时间、地点、人物、事件构成信息的"四要素"。会议型饭店的总办是信息处理中心，其主要职能之一是对信息的"四要素"进行分析、处理并进行有效的内外沟通。每天会有大量信息传递到办公室，这些信息有来自企业内部的，也有来自住店客人或与会者的，还有来自店外和社会上的。作为信息枢纽，办公室对信息的管理和处置显得尤为重要。在行政管理实践中，要注意抓好以下三个环节。

其一，捕捉信息源头。会议从筹办到召开的信息发布和传播过程中，有时出现政出多门、主办协办主次不分等现象。总办人员要善于甄别筛选，以主办方信息为主线，及时掌握事件起始信息源的准确性，避免事倍功半。

其二，紧跟信息追踪。有时候，计划不如变化快，会议进行过程中常有意料之外的事件发生。总办人员必须将信息的跟踪贯穿于整个过程，保证"信息链"的源头不枯竭，以提高应变的及时性。可以引入表格化管理，将信息要素分门别类地用表格的形式表达出来，为决策和执行提供前瞻信息。

其三，重视信息反馈和沟通。在管理学中，沟通是指人员在内部以及内外之间，凭借一定的媒介，交流传递思想观点、情感信息，以达到相互理解、协同合作的一种管理活动。会议召开的规模有大有小，时间有长有短，办公室人员要及时与客户沟通，将每次会议服务或阶段性服务的结果反馈给客户，以检验饭店控制与修正系统的执行力。因此，饭店行政管理必须建立一条"信息链"（见图 8.2），保证信息传递的及时性与来源的可靠性，其中，"信息链"的建立基础是有效的沟通。

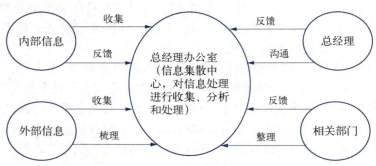

图 8.2　会议型饭店信息链示意图

总办人员应着重记好 VIP 客人与会的时间节点、车辆牌号、个人爱好、秘书名单、通信电话等，还要掌握各政府部门的主要电话、车辆、领导名单，并在每一次重大活动后，及时代表饭店征求意见、互通信息。所有工作的完成都依赖于沟通，它是信息传播的桥梁，只有对方把所传递的信息全部接收并且正确理解，才能建立准确的信息系统。

三、行政管理的保密工作

某日，某国领导人入住饭店，因其是秘密访华，故一概谢绝媒体采访，境外媒体则千方百计地打听搜集相关信息。与会期间，参会人员有两次将会议资料遗忘在会议室，员工发现后及时交还相关人员，受到主办方称赞。

然而，也是在这次接待中，参与现场服务的某员工在与家人通电话时，透露了部分内容，被有关部门截获后遭到问询，最后被饭店辞退。可见，做好保密工作不仅事关单位信誉，更与个人生活息息相关。

会议型饭店服务对象以政府机关、学术团体、商务机构、协会组织为主。接待大型会议时涉及的机密，不管是政治、商业、学术等信息，还是任何与其相关联的衍生信息，均不得对外泄漏，避免酿成泄密事件，给个人、单位甚至国家安全带来损害。总办有责任和义务监督和提示相关部门做好保密工作。

会议型饭店涉密范围大致可分为以下几类：一是企业等机构的经营策略、价格政策、客户档案等商业秘密；二是专业会议（如学术研讨会、政策制定会、要事议决会等）的秘密；三是大型政治接待中的任务计划书、出席人员名单、时间节点等接待工作秘密。总办可会同安保等职能部门，根据会议型饭店的特点制定和完善保密制度，针对不同类型会议接待提出保密工作要求。对于专业会议秘密，要教育员工履行保密义务，做到不该看的不看、不该听的不听、不该问的不问，尽可能配置资深员工在一线当班，并对现场服务频率作适当限制，避免过度服务对会议产生干扰。

对大型政治接待任务要制定专门纪律，重大任务的时间节点、重要贵宾名单、抵离时间、进出线路、场馆布置等信息均不得外传；有关涉密信息的文件、资料、U 盘等一切载体均不得带离办公场所；接待预案应设定密级，由总经理办公室根据总经理批示下发到一定范围，任务结束后统一回收；涉密任务书和计划书应指派专人传递。

思 考 题

1. 为什么说扁平化管理有助于提高工作效率？
2. 请模拟制定一份会议型饭店的组织结构图。
3. 简述薪酬的基本结构和市场定位原则。
4. 简述当前饭店可实施的用工制度。
5. 为什么说行政管理在会议型饭店中非常重要？
6. 会议型饭店如何建立畅通的信息渠道？

第九章

会议型饭店的财务管理

澳门新濠影汇酒店

本章导读

　　财务管理是会议型饭店经营管理极为重要的组成部分,在确保饭店良好运营过程中起关键作用。会议型饭店承办会议时,经常会遇到需要饭店垫付前期准备资金的难题。如何尽量减少垫付资金量?在会议项目合同确定后,如何确保客户预付资金及时到位?会议举办过程中,如何把会议的每项经济业务处理清楚?这些都是会议型饭店财务管理的关键所在。另外,采购供应工作要及时满足饭店各部门的物资需求,控制和降低营业成本、费用成本及工程维修成本,特别是在接待大型会议和宴会时,更需要高度重视、严格把关采供工作。

第一节 会议型饭店的财务管理

财务部一般设会计部和信用部。会议型饭店把采购供应部纳入财务部管理,称为"大财务管理"。

一、财务部的职责

执行总经理的经营管理指令,向其负责并报告工作。全面负责饭店的财务管理工作和财务所辖部门的日常管理工作,并实施会计核算基础工作规范化和强化财务内部监管力度。参与饭店的经营活动、基建投资、更新改造等重大项目的决策讨论,参与对重大经济活动和重要合同协议的事前研究、流转会签,认真做好可行性分析报告中财务专属章节,为总经理决策提供依据。

负责组织落实饭店全面预算管理体系中各项财务经济预算指标的编制,检查财务预算执行进度情况,定期开展财务预算分析工作,考核经营成果,分析经营中存在的问题,督促各部门贯彻实施预算计划,并及时向总经理提出财务管理建议。负责做好经营性资金流管理,正确合理地调配资金,加速回笼应收款项,提高资金使用效率;加强成本预算、费用控制和财产物资的管理,组织定期开展对固定资产、低值易耗品和库存物资的检查盘点,确保饭店财产物资的合理使用和安全管理。

负责先行在授权范围内审批饭店的费用预算、采购预算和资本预算等各项计划,并报总经理审批同意后落实执行,涉及重大资金开支项目,直至报请上级公司审批;负责饭店信用政策和物价政策的制定、信用权限的审批、经营物价的检查;协调解决各项对外纳税申报。负责建立符合饭店行业规范要求的内控制度体系,明确内控目标、严格内控要素和设置内控方法,在上级公司授权饭店的经营职权范围内,加强对货币资金、采购与付款、销售与收款、工程项目、成本费用、预算、固定资产、存货八大循环的流程控制和监管,并指导各部门做好上述循环的财务管理工作。

二、财务部的业务流程

会议型饭店每天要发生大量现金的收付工作,如何确保饭店经营性现金流入的及时和准确,从而保证财务货币资金安全?这就要求财务部成本费用核算等重制度、重流程,才能保障在饭店内发生的每一笔业务都能正确无误地核算准确。

会议型饭店应设立总收款制度。每日 9:00 开始集中收款,核对交款单据和现金、票据的相符情况,清点无误,解交银行。后即刻交由财务记账人员编制相关会计凭证,入账后及时与当日各类试算平衡报表进行稽核,最晚于每日 16:00 之前核准现金流,如发现异常,当即可通知相关部门责任人员予以更正。

会议型饭店管理

（一）会议前期垫付资金管理

会议前期垫付资金按照该会议支付金额规模来划定：一般20万元以下的为小型会议；20万—100万元的为中型会议；100万元以上的为大型会议。小型会议召开前应争取全额付清，尽量不要垫付前期资金；中、大型会议从合同确定至召开前预付款不低于总额的70%（可分次累积），中型会议在会后5个工作日内支付30%余款，大型会议在对账确认后10个工作日内付清余款。

（二）会议预付金的到位确认

对于举办会议前预付款项的确认，是保证饭店既得经济利益的重要条件，尤其是针对通过会议中介机构和旅行社等举办的经营活动，必须予以高度关注。鉴于现在电子汇款、网上银行、异地支票通兑等新型支付平台的开通，确认预付款项到账与否的反应时间大大缩短。只有到款情况真正落实，才能落单开展经营准备。若因是国际会议，款项是从境外汇入，这就需要会议型饭店与境外召开会议的单位或国内第三方服务公司共同明确付款方，可由外方直接将会务费汇入饭店账户，也可委托服务商代付，以确保信用，当会议召开后，依据合同将会务费汇入饭店账户，饭店方要注意汇率和兑换时间，避免造成损失。

（三）会议期间明细账务管理流程

会议型饭店的财务管理与一般饭店的不同点在于，大量会议营业收入是通过餐饮、客房及各类服务（如代收代付费用、款项）的发生而形成的。饭店每天有多个会议同时召开，每个会议会务费用支出消费的类型、支付方式、承担对象等都不尽相同；尤其是接待同时包含会议场地租赁、客房使用和餐饮消费等综合费用的大型会议，就更加烦琐。

因此，为了准确处理相关明细账务，以上海国际会议中心为代表的会议型饭店普遍引入了"会议专用账户"流程。

市场营销部根据已签订的合同，下达任务通知书至各经营服务部门，在明确服务内容、细节和收费标准的同时，确立一个会议代号作为该次会议的专用账户，一般在前台结账系统内以假房形式存在。其主要功能是及时汇总、归结、反应所属会议范围内消费内容和付款进度的情况，便于饭店财务内部稽核和信用掌控。

各经营服务部门在完成各自服务后，依据任务书的经济标的，在客户现场确认的情况下，通过所属收银点联网POS机进行入账处理。对于客户临时要求增加的服务内容，市场营销部会议项目经理可以作出权限规定范围内的妥善处置，并于事后确定服务价格予以入账。财务夜审、日审分别逐日对收入情况进行二级稽核，财务信用主管对收款情况进行跟踪确认。

会议结束后，直接从会议专用账户输出的账单，具有逐笔、序时、明晰的特点，方便客户查询和最终确认，从而减少了由于对账时间推延带来的付款延迟，保证了饭店的资金运转（见图9.1）。

（四）会议型饭店的财务管理评价指标

会议型饭店经营业绩财务评价指标有以下七个。

第九章 会议型饭店的财务管理

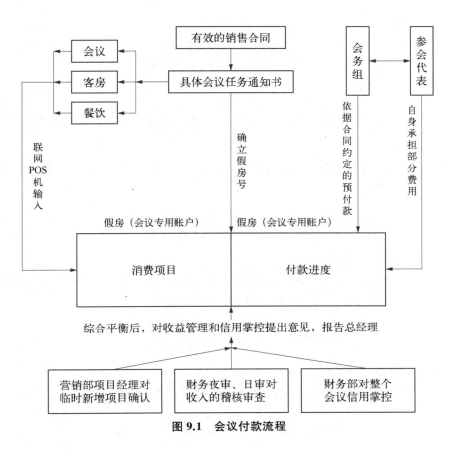

图 9.1 会议付款流程

1. 平均出租率

$$平均出租率 = \frac{全年累计出租客房数}{全年累计可供出租客房数}$$

2. 平均房价

$$平均房价 = \frac{全年累计客房收入}{全年累计出租客房数}$$

3. 每间可出租房平均收入(REVPAR)

每间可出租房平均收入(REVPAR)指标反映每一间可出租客房每日实际的收入水平。

$$每间可出租房客房平均收入 = \frac{全年累计客房收入}{全年累计可供出租客房数}$$

或：

$$每间可出租房每日客房收入 = 出租率 \times 平均房价$$

4. 人均创收

人均创收是饭店年营业收入除以年平均员工人数，反映饭店每位员工每年为饭店

277

创造的营业收入。

$$人均创收 = \frac{年营业收入}{年平均员工人数}$$

其中，

年平均员工人数＝(期初主业员工人数＋期末主业员工人数)/2

5. 人均创利

人均创利是饭店年经营毛利润除以年平均员工人数，反映饭店每位员工每年为饭店创造的经营毛利润。

$$人均创利 = \frac{年经营毛利润}{年平均员工人数}$$

6. 人均创税

人均创税是饭店年度上交的各项税收总额（包括国税、地税的各项税种）除以年平均员工人数，反映饭店每位员工每年为社会创造的税收。

$$人均创税 = \frac{年度上交的各项税款总额}{年平均员工人数}$$

7. 经营毛利润率（GOP）

经营毛利润率是饭店年经营毛利润与年总销售收入的百分比。

$$经营毛利润率 = \frac{年经营毛利润}{年总销售收入} \times 100\%$$

饭店经营毛利润包括客房、餐饮、康体娱乐等配套服务所形成的利润。不包括外包项目等利润、对外投资以及营业外活动所形成的利润。饭店总销售收入是指上述饭店主业项目的销售收入。

第二节　采供供应的任务和作用

一、会议型饭店采购部的主要任务

根据最新任务动态，合理安排好采购工作，严格把好新进供应商的资格审查关，保证质量，降低成本，做好市场询价的督察工作，根据饭店大型会议、宴会及重要任务信息，做好应急预案，摸清市场供货情况，保持与厨房等相关部门的密切联系。

会议型饭店采购分为一般采购、补仓采购和生鲜采购。一般采购为各部门所需非日常消耗品、杂项（包括突发或意外）采购。补仓采购指财务部门补充仓库采购，主要包括日常消耗品、共用品（包括粮油、调料、干货、饮料、文具等消耗品）。财务总仓一般以最少库存存放物品,且按照前几年同期使用量进行比较,预算出当年下个月的采购数量。生鲜采购主要指厨房、餐厅和酒吧采购,按要求将原材料(如海鲜、蔬菜、鱼肉、水果等)经验收合格,入库手续办理后直接送到用料部门。部门按订购需要填写采购申请单,经部门领导同意签字送采购部,采购部经理核准后报总经理办公室,由总经理签字生效转为采购单。随后采购部人员通过联系相关供应商或实地考察市场,确定订单需求,下单采购。供应商最终以采购订单为准进行送货。选择供应商应从物资品质、开列价格、交货时限和服务质量四个方面来考察,考察对象以三家以上为宜,有条件的饭店可增选两到三家作为后备。

二、会议型饭店采供工作的特殊性

(一)采供部工作的特点

1. 灵活机动、弹性掌控是会议型饭店采供工作的重要特点

会议型饭店的经营规模一般较大,不仅能举办成百上千人的大型会议,还能胜任同等人数甚至更多人数的大型宴会、冷餐会、酒会及婚庆宴席等的接待工作。但是随着人们社交活动平台外延越来越大,来饭店从事各种活动的趋势愈加明显,对物资的需求量也就愈加庞大,从而给饭店采供工作带来压力。因此,采供部必须具备物资辨别和掌控能力,才能实现对供应商的有力调度,保证全面覆盖和及时供应,并快速有效地应对突发需求。

采购一般按照申购单执行,但是客人需求是变化的。以某国际会议中心为例:采供部经常接到厨房任务书的补单,要求在最短时间内增加供货数量。一般宴会,以50桌为例,出现5桌左右波动是正常的;如果是200桌的较大宴会,10桌左右的波动在所难免。甚至有的客户在宴会前数小时还定不了确切人数,这就给厨房准备和物资采购带来极大挑战。

2. 大型、特大型活动中物资采供的复杂性

承接大型、特大型活动时,会议型饭店的物资准备工作一般分为以下两个阶段。

一为会议准备阶段。从工程到餐饮、房务、会议等各部门,很多物品需要添置更新,涉及面很广,要求也很高。采供部要在规定的时间内解决供应和备货问题,并要统筹兼顾、全盘考虑,碰到问题应妥善处置。

二为会议召开阶段。在这一阶段中,采供部须应对客人要求变动引发的原料采购变化;客人临时提出的要求,使得物资采购需要马上进行,这也对供应商选择提出了更高的要求。

例如,某组织亚洲国际年会召开期间,参会代表团所在国的宗教习俗和其他国家都不相同。其中,甲代表团的穆斯林提出宴会包房内应设置祈祷室进行祷告,要求饭店提供祈祷用跪毯和净手水。根据该国习俗,须提供特制羊毛地毯,然而饭店羊毛地毯存量不够;对使用何种品牌的净手水,饭店也很难定夺。究竟是用纯净水还是矿泉水?考虑到该代表团所在国的国际关系,究竟是用美国品牌、欧洲品牌还是国内品牌?都是必须关注和协商的,否则,很容易产生不必要的纠纷。

3. 采供安全直接关系到会议的成功与否

采供安全包括日常经营采供安全和大型会议采供安全。

日常经营采供按照采购程序和要求进行，大型会议特别是接待元首级领导的会议则有特别采供要求及流程，具体表现在如下三个方面。

（1）部分食品采购必须在会议召开前若干个星期实施（视食品采购特点而定），并取得供应商的有关证明，如营业执照复印件、产品质量保证书等，并由供货商法人代表签字。

（2）鲜活食品和时令蔬菜的采购必须在当天进行，并有两人以上严格鉴定验收或请卫生监管部门人员现场协助检测鉴定。

（3）提前采购干货食品、饮料酒水和烟草罐头等，不得向供应商说明用途；进货后入仓封存，做到专进专用、严格管理。

（二）采供部的作用

1. 成本控制

会议型饭店营业收入中12%—15%的成本费用由采供部控制使用，主要涉及食品原料、器皿布件、物料用品、工程维修材料等。为有效控制成本与质量，饭店通常与供应商战略合作，采取定向定量的购货形式。采供部进货渠道相对集中在几家供应商，采购量也相对集中，从而能以量压价、降低成本。总之，货比三家、价平物优是采供工作必须遵循的原则。

2. 保障供给

会议型饭店的特点是管理运营复杂、客人需求多变、物资供应量大，要做到合理衔接、避免差错，保障供给是关键所在。可以说，采供部的高效运作是保障支持饭店各经营部门顺利工作的先决条件。为此，采供部必须做到以下四点。

（1）严格要求供应商遵纪守法，服从饭店需求。
（2）严格要求部门工作人员律己清廉，爱岗敬业。
（3）严格工作流程，重制度建设、重凭证权责、重操作规范。
（4）严格掌握接待任务要求与时间节点，保质保量及时做好保障供给。

思 考 题

1. 会议型饭店的财务管理与一般旅游饭店财务管理有哪些方面是不同的？
2. REVPAR是指什么？如何计算它？
3. 你是否理解开设会议"假房号"及操作流程？请简单解释。
4. 简述会议型饭店采购工作的特殊性。
5. 采购工作为什么要严格采购管理流程？

第十章

会议型饭店的日常安保与应急管理

昆明云安会都

本章导读

近年来频繁发生的恐怖事件,如印度尼西亚巴厘岛大爆炸、雅加达丽兹卡尔顿酒店和万豪酒店人肉炸弹袭击、泰国普吉岛劫持绑架、全球新冠病毒大流行等,给饭店业乃至全球旅游业带来了不可估量的损失。会议型饭店往往是当地甚至一个国家的标志性建筑物,一旦因为安保上的疏忽造成重大安全事故,影响的是整个国家的安全形象,所以,会议型饭店的安保应急和突发事件管理甚至反恐防控都是非常必要和紧迫的。本章通过描述和剖析案例的方法对此进行讲解。

第一节 会议型饭店的安保管理概述

会议型饭店的安保部负责制定各项安全管理制度及规定，报请总经理核准后发布实施，并监督落实；进行安全检查，对安全隐患提出解决办法，通知有关部门限期整改直至隐患消除，对已发生的安全事故查明原因，提出处理意见；负责警卫工作，维护饭店安全环境，加强重点要害部位的安全管理；做好大型宴会、会议、重要来宾和住店客人安全及内部保卫工作。

一、会议安保的层级和类别

（一）常规会议的安保

常规会议通常指在饭店召开的企事业单位会议、行业协会专业会议和学术交流讨论会议等无部长级以上重要领导和国内外知名人士参加的会议。此类会议往往包含研讨会、签约仪式、推广路演、中西式宴会、自助餐和文艺汇演等活动，一般无需动用警力，主要安全保卫任务由饭店安保部承担。

大型会议往往附带展览，称为会中展。这种形式的展览给会议场馆的安全保卫管理带来挑战。饭店必须为此增加安保力量，守护名贵展品和相关重要器材。如果在核心城市区办会布展，由于白天交通拥堵，通常需要在深夜运输物品，同时，展会方为节约会场使用经费（夜间费用便宜）和时间，也赶在深夜搭建会议设施和展台，从而加大了饭店安保的难度，也加重了工作量（需补充配备夜班人员或延长工作时间）。

（二）重要会议、峰会的安保

重要会议一般分为省部级领导出席的会议、副总理级领导出席的会议以及国家元首级领导出席的会议。在国际上，最高级别的会议是由各国元首参加的多国会议，这类会议通常被称为"××峰会"。

对于重要会议，首先必须取得会议主办方的信息；如某些会议需要保密，安保部应事先与会议部协调妥当，保证人员安排、服务方式、会场布局、设施设备都达到保密要求，确保会议安全、圆满地召开。

对于省部级领导出席的会议，其饭店场外安全保卫一般由本省市公安和警卫局负责，饭店内部由安保部负责。副总理级以及国家元首级领导出席的重要会议或峰会，其安全保卫应严格按警卫级别由政府和地方共同负责，并按照国家公安部门制定的要求，适时增加饭店安全保卫工作的力量和力度。

接待重要会议或峰会，还要了解是否有前任高官或国内外知名人士参会；安保部应及时与外事、统战、警卫部门保持良好沟通，以确保迎候规格、避免接待失礼、消除安全隐患。

（三）大型会议的安保

国际上通常将1 000人以上的会议认定为大型会议，其特点是人员群进群出，流动性大。接待大型会议的宴会、演出活动时,要关注群体集散安全、主要领导和VIP客人的安全、场内客人物品财产的安全,尤其要防止无关外来人员混入;宴会、演出结束时,要协助会议工作人员及时清场,发现客人遗留物品和被客人损坏的物品,都应该及时知会办会方。在举行各类大型活动或会议前,饭店安保部应对会场进行安全检查,确保疏散通道畅通,疏散门能够全部开启,并准备好手持扬声器和其他通信设施、手电等协助疏散用品,确保其能有效使用。

在活动或会议正式开始前,饭店安保部应再次向举办方了解参加人数,并在各疏散出口等重要位置安排适当数量的保安人员。在参加活动人员陆续抵达饭店期间,应安排专人观察是否有作案嫌疑人或不法活动迹象。

若在活动或会议进行过程中发生突发事件,在现场服务的饭店相关管理人员应立即向安保部报告,并要求在场人员保持冷静,服从饭店保安人员的指挥,或向公安机关请求支援。如发生停电等事故,还应通知工程部启动停电应急预案。

在开始播放疏散广播后,各出入口的保安或服务人员应用手持扬声器等设备提示客人携带好贵重物品,防止发生拥挤、推搡、跌倒以及踩踏事故,引导客人疏散到安全区域,并安排人员安抚客人。等现场人员全部疏散完毕后,安保部应安排人员对各出入口做好警戒,防止发生趁机哄抢和冒领现场遗留物品。

大型会议的安全保卫还要注意以下事项。

(1) 会议注册时,要明确重要参会客人身份。

(2) 做好客人入场的安全验证工作,必要时升级警卫系统,在会场门口安置红外线勘测仪和X光检查设备。

(3) 做好会议召开时会场门口的安全保卫工作。

(4) 确保会后疏散和撤离的安全。

(5) 安保部要通过对讲机与监控部门联络,针对会场、电梯、通道和饭店门口进行跟踪反馈,直至客人离开饭店。

二、会议型饭店安保工作的特殊性

会议型饭店的安保工作与其他类型饭店相比,具有明显的规模性、集中性、流动性和警惕性。

(1) 规模性。常出现所有会议场馆、客房和餐饮场所被各类会议客人使用的情况,大批客人集体出入、办理入住和退房加大了安保工作的强度。

(2) 集中性。如9:00开会,大量客人会在8:30左右进入各会场;用餐往往集中在12:00;如有晚宴,也会在同一时间启用餐饮场所,造成高峰时段安保工作的繁忙和集中。

(3) 流动性。大型会议通常设有分会场,特别是VIP客人会多次移动,且与用餐地点不在同一楼层,使得参会客人交叉流动,造成安全保卫工作的空间流动性。

(4) 警惕性。VIP客人出席会议,都有事先约定的会客与接见程序,安保部门要防止各种意外因素对其产生不必要的干扰。从整个会议来讲,安保部门要重视会议流程中的每一个环节安全,防止骚扰分子、恐怖分子混入会中并造成恶性事故。

三、会议型饭店安保工作的人防技防体系

(一) 人防体系

加强组织建设,重视内紧外松的工作方法是构建安保人防体系的重点所在。安保部应加强人员力量的配置和调整,注重组织建设,严格要求部门人员做到做好以下六点。

(1) 应具有现场疏散客人的组织经验和指挥能力。
(2) 应掌握足够的消防知识。
(3) 应具有良好的职业素质,准点严格巡逻。
(4) 应具有良好的安全管理意识和处置突发事件的应变应急能力。
(5) 应具有良好的"慧眼识敌"判断能力和快速反应能力。
(6) 应具有训练有素的反恐防恐实战能力以及相关器械使用技能。

(二) 技防体系

技防体系主要表现在硬件设施的完善(科技含量的提高)以及人防技防相结合这两个方面。

1. 硬件要点

(1) 监控指挥中心设备齐全,整个大楼监控系统基本无盲区。
(2) 消防设施先进,报警和水泵启动系统的反应敏感度高。
(3) 安保人员在客人区域应佩带耳机,巡逻区域应使用可持式对讲机,必要时佩戴电警棍。
(4) 紧急疏散广播系统设备良好。
(5) 重要会议有使用 X 光物检机和红外线安全门勘测仪条件。
(6) 客房有氧气面罩和手电筒。
(7) 客房电视频道有消防知识介绍。
(8) 客房 SOS 系统和烟感喷淋系统良好。
(9) 电梯可设楼层安全授权系统和大楼区域门禁系统。
(10) 配有 AI 人脸识别系统等设备。

2. 人防和技防的结合

(1) 掌握每日住店和参会 VIP 客人的情况。
(2) 掌握未来一周将接待的任务和 VIP 客人情况。
(3) 保持与公安机关的联络。
(4) 客人登记住宿做到"人证合一",并迅速传递相关登记信息。
(5) 动态管理,加强巡逻,关注会场尤其是小会场客人的物品器材安全。
(6) 监控中心是会议接待的服务管理枢纽和信息传递中轴,应确保其正常运转。
(7) 重点时期、重要会议,会议型饭店可增设防爆警犬上岗巡逻,提高安保级别,这也是当前反恐防恐的有效措施。

第二节　会议型饭店的日常安保

会议型饭店的日常安保体系是强化管理的基础,也是会议场馆长治久安的重要保证,主要包括以下八个方面。

(1) 建立安保制度,规范安保服务,配备安保人员,必要时聘请专业安保人员,加强重要会议的保安。

(2) 采取各种措施或系统,如录像监控系统,加强安保工作。能提供大型重要会议时公安警卫系统的据点服务。

(3) 饭店应和急救中心建立快速联系通道。应对常见病症设有简易处置手段。制订急救紧急预案。

(4) 制订防火预案。进行日常性防火检查,消除火情隐患。

(5) 制订防疫指南。配合政府相关部门制订疫情防范流程与实施。

(6) 加强施工管理,要求施工人员在指定范围内工作,督导其在收工前仔细检查工作现场有无留下火种或易燃物品,每日自行清理留下的物品,保持施工现场整齐清洁。加强质量管理。控制噪声影响。

(7) 完善保密制度,根据会议主办方要求提供相应的保密服务,制订相应的保密措施,必要时提供保密电话线路。

(8) 确保安全防范。饭店应在与会议主办方的合同范本中注明安全条款以及相应的法律责任,并就安全相关问题提醒主办方。

一、门岗管理

(一) 仔细做好对出入人员的询问和查验工作

(1) 对会议客人要主动询问参加什么会议,并做好验证工作。

(2) 对前来洽谈业务的客人,首先要问清是否有预约,如有预约,要为客人打电话联系销售部人员进行确认。送快件、邮件及其他物品的人员,须到门卫室登记备案,由门卫与相关部门联系。

(3) 所有饭店聘用的外来劳务工及租赁场地的工作人员,须统一到安保部办理临时出入证件方可进入饭店。对会议搭建单位已办证的施工人员,应将其指引至员工通道进入,其他办证、退证、会展退押金、送快递等人员也应指引到员工通道进出。

(4) 关于物品出门检查事宜。如是会议客人,应指引到会议部办理;如是其他客人,应指引到不同部办理;客人出门单办好后,应仔细核对出门物品,如无异常,才可以通知放行。

(5) 关于会议疏散工作。要确保大量客人散场时人流畅通无阻,将主要的旋转门设置为敞开状态,并指引客人乘自动扶梯或电梯,维持好散场秩序。

(6) 门卫等人员发现可疑人员,应立即报告监控人员进行跟踪,并通知巡逻人员跟进了解。提醒客人保管好自己的物品,看护好饭店内各类摆设,防止被损坏或发生偷盗。

(二) 阻止闲杂人员进入大门

(1) 精神异常者进入前就应将其阻挡在门外。如已进入,就要采取措施在不影响其情绪的情况下设法劝离;如有随同人员,则请随同人员将其尽快带离。

(2) 发现兜售物品的商贩,应第一时间将其阻拦在门外。

(3) 醉酒者的进入也会给其他客人造成不便,要设法将其劝离,如有随同人员,则请随同人员将其带离。

(4) 发现乞讨者,应尽快劝离,不能让他们在饭店周围出现。

(5) 衣冠不整者不得进入饭店,以免有损形象。

(6) 禁止店外快餐食品(盒饭、汉堡等外卖食品等)随意进入会场,特殊情况除外。

(7) 门厅范围内为禁烟区域,如客人要吸烟应指引客人到就近吸烟处。

(8) 严禁客人将易燃、易爆、易腐蚀物品和宠物带进饭店。

(9) 如发现客人在门厅内追逐、打闹、挂牌寻人,应予以制止。

(三) 外来(临时)务工及来访人员进出的制度

(1) 所用外来(临时)的务工人员必须在人力资源部管理下,至安保部办理临时出入证,并有对口部门出具的务工原因说明。

(2) 所有外来(临时)务工人员都必须从饭店规定的出入口进出,并按规定路线到各自的工作岗位,不得在客人活动场所闲逛或逗留。

(3) 所有外来(临时)务工人员办理出入证后,在进出饭店时必须主动出示临时出入证,并礼貌配合门卫的问询。

(4) 进出饭店时如忘带证件或遗失证件,必须在进门登记簿上签名,并及时到安保部补办证件。

(5) 对来饭店联系业务的客人,进出时必须在员工通道警卫室办理来访登记手续,并由门卫通知相关部门到场接待。

二、车辆进出管理

加强车辆管理、严格监控外来车辆是饭店日常安全管理的重要工作之一。

(1) 员工的车辆进入饭店,要验清停车牌,无牌车辆禁止入内;督促员工进出饭店时下车推行。

(2) 所有外来接送货物的车辆进出须登记检查。若有地下车库,车辆进入时须看清车辆高度,确认车辆不超过限高;并礼貌地问清其来饭店的意图,及时与有关部门联系确认后方可放行;对进入物品必须认真检查,核对送货单,发现易燃、易爆、有毒等违禁物品,禁止进入,查验工作必须在监控摄像头下进行。

外来车辆可分为两种:一种是长期为饭店送货、送布件、送绿化的,这种车辆必须登记固定车号、驾驶员身份证等;另一种是临时外来车辆,这种车辆必须由相关部门派员到饭店车辆出入口接送并登记。外来接送货物的车辆驶出车库时,如车上装有货物,则要核对出门证、送货单与车辆带出物品后才予以放行。如车上有饭店内部物品且无证无单,应扣留并及时上报。车辆进出必须由相关部门派员至现场确认并全程陪同,接送货物的人员须自觉配合安保人员检查,装卸货物的车辆须按指定地点停放。违反此规定,安保部有权阻止该车辆再次进入饭店。

(3)工程部外来施工的车辆到车道后,应打电话联系工程部有关人员,待工程部人员到场确认后方可放行。如工程部需用易燃、易爆、易腐蚀物品,则及时上报,确认后方可放行。同时做好进入登记工作,并报监控跟踪。

(4)应注意 VIP 客人车队情况,及时通知接待 VIP 客人的定岗人员,做好各岗位之间的协调工作。VIP 客人的车辆停放在监控设备下,并有安保人员看管,保障车辆安全。

三、监控和消防控制中心管理

监控和消防控制中心是饭店安全保卫工作技防体系的心脏,加强操作流程管理是人防技防合一的重要保障。

(1)监控人员听取当天工作安排,清楚地了解一天活动的详细节点及内容。领取对讲机,检查对讲机信号是否畅通,耳机是否完好,并对话试机。认真与上一班岗交接,使工作有连贯性。

(2)监控和消防控制中心是 24 小时通达上岗值班,包括用餐时间从不间断人员。上岗后对设备进行检查,发现故障及时报修,确保设备运行正常。不得随便触摸电源开关,电脑和操作台上的警铃不得擅动。

(3)在监控室的操作台前,要密切重点注视重要任务,防范重点区域视频上的动向,发现异常情况及时报告。监控应设置授权范围,对不属监控人员授权的探头不得随意翻看。

(4)监控室发现警报器报警时,要及时与消防专职人员联系并及时派员奔赴现场协同处理。夜班做好交接班记录。

第三节 会议型饭店的应急管理

会议型饭店的安保应急管理主要指突发事件的事前预案、事中应对与事后归纳,这里主要讲台风、水旱灾、地震等自然灾害以及火灾、停水停电停气、电梯故障、公共卫生事件、意外伤亡、恐怖袭击暴力事件、经济诈骗事件的预防与应对。

一、突发事件的概念和应急管理措施

(一)突发事件

突发事件指在饭店区域内突然发生的对客人、员工和其他相关人员的人身和财产安全造成或者可能造成严重危害,需要饭店采取应急处置措施予以应对的火灾、自然灾害、饭店建筑物和设备设施事故、公共卫生和伤亡事件、社会治安事件等。突发事件的

应急管理应贯彻预防为主、预防与应急处置相结合的原则,将其贯穿于饭店管理的全过程,创造安全和谐的饭店环境。

(二)突发事件的应急管理具体措施

1. 危机发生时的处置

先遇到或发现突发事件的员工,应及时向饭店相关部门及上级领导汇报。汇报内容应基于当时的实际情况,尽可能多地提供各种相关信息,尤其是事件发生的时间、地点、涉及人员、简要经过和可能的原因,对人身、财产、饭店、周边社区可能造成的影响,需采取的行动和已采取的行动等。部门负责人或值班人员在接到突发事件报告后,如获悉有人员死亡、伤员需救治、设备设施严重受损、明显存在安全威胁等情形时,应立即向总经理汇报,必要时拨通报警电话。

总经理或其授权代表在接到突发事件报告后,应尽快赶赴现场进行实地调查,并视情况安排总机或采用其他方式通知饭店应急处置指挥机构的相关人员共同调查并参与商讨,及时汇总分析各种信息,对可能造成的影响进行评估,决定是否上报上级突发事件应急机构、公安机关或消防机关、管理公司及业主公司和对媒体进行披露等。

总经理是突发事件应急管理的第一责任人,应成立应急指挥机构,起到协调、统一领导以及快速决策的作用,并根据自身特点,制订符合实际情况的应对危机预案。针对突发事件的性质、特点和可能造成的危害程度,对突发事件具体细分等级,制定应急管理程序与制度。应坚持客人和员工安全至上的原则,首先应最大限度地保护客人和员工及其他相关人员的生命安全,其次应最大限度地保护财产安全,尽量避免或减少损失。

危机发生时,各部门和各岗位可视情况需要,立即组织开展力所能及的应急救援和采取紧急控制措施,并立即向饭店突发事件应急管理指挥机构汇报,由其统一领导应急处置工作。各部门负责人应坚决执行各项指令,并及时提供相关的专业建议。事件发生现场的部门负责人应保证与应急管理指挥机构的有效联络,根据指令在现场带领员工实施各项处置工作,并及时通报现场情况。

制订相应的应急沟通计划和公共关系处理流程,指定相应的部门与人员,负责在应急管理期间,与员工、客人、上级主管单位、相关政府部门及机构、新闻媒体等的信息沟通事宜。

及时向客人和员工发布有关采取特定措施避免或者减轻危害的建议、劝告;组织营救和救治受伤人员,转移死亡人员;视情况需要,转移、疏散并撤离易受突发事件危害的客人、员工,并妥善安置和采取其他救助措施。

2. 危机发生前的预案

饭店在筹建、重建或装修改造时,应在功能规划上充分考虑预防、处置突发事件的需要,统筹安排应对突发事件所必需的设备和基础设施建设,合理确定应急避难场所。有条件的饭店可以在消防控制中心建立突发事件控制中心,便于所有信息和指令的传递。

定期对容易引发各类突发事件的危险源、危险区域和工作环节进行调查、登记、风险评估,定期检查本店各项安全防范措施的落实情况,掌握并及时处理本店存在的可能引发突发事件的问题,明确提示和要求有关部门、员工及客人采取相应的安全防范措施。

员工应熟悉本岗位的突发事件预防与应急救援职责,掌握相关的应急处置与救援知识,按规定采取预防措施,进行各项操作,服从饭店对突发事件应急处置工作的统一领导、指挥和协调。由本店员工组成的专职或者兼职应急救援队伍在现场执行任务时,应佩戴相应的识别标志,听从现场指挥人员的命令。建立健全突发事件应急处置培训制度,对店内负有处置突发事件职责的员工定期进行培训,对本店员工和客人开展应急知识的宣传普及活动和必要的应急演练。

饭店应为本店的各种交通工具和相关场所配备报警装置和必要的应急救援设备、设施,注明其使用方法,并显著标明安全撤离的通道、路线,保证安全通道、出口畅通。应以自检和配合上级主管单位与相关政府部门及机构检查相结合的方式,定期检测、维护其报警装置和应急救援设备、设施,使其处于良好状态,确保正常使用。

饭店应在消防、电源线路设置、电器设备使用、特种设备使用、危险物品管理、建筑施工等方面严格执行有关安全生产的法律、法规,加强日常维护、保养,保证安全运行。

在重点要害部位、设施和设备上,设置便于识别的安全警示标志。尤其注意要在客房内的显著位置张贴或放置应急疏散图、客人安全须知等安全提示;在落地式玻璃门、玻璃窗、玻璃墙等设施的显著位置设立警示标志;在店内设置能覆盖饭店所有区域的应急广播系统、特殊区域的应急对话设备等。

建立健全应急物资储备保障制度,完善重要应急物资的监管、储备、调拨和紧急配送体系。明确应急检查清单的内容、应急联系的相关部门与机构和相关人员的联系方式,以及需要配备的各种应急物资等。

3. 危机发生后的总结

建立突发事件信息收集系统,通过相关制度的制定和程序的实施,要求各部门和所有人员及时、客观、真实地报告突发事件信息,严防迟报、谎报、瞒报、漏报和传播虚假信息等现象的发生。

应对突发事件造成的损失进行评估,对经验教训进行总结,及时查明突发事件的发生经过和原因,总结突发事件应急处置工作的经验教训,制订改进措施。

二、各种突发事件的处置方案

(一)自然灾害

自然灾害指以自然变异为主因的危害动植物及人类的事件,包括风暴、海啸、台风、龙卷风、水灾、旱灾、冰雪灾害等气候灾害,以及地震、山体滑坡和泥石流等地质灾害。

在汛情或极端气候到来前,饭店应组织人员对防汛器材、防汛设施、避雷装置、污水泵、机房等重点要害部位等进行检查和维护,确保各项设备运转正常;在地下车道口、地势较低的出入口及其他重点要害部位门口准备沙袋;对建筑物顶部、门窗、外围悬挂设施等部位进行检查和维护,并作加固或清理处理。

若获知汛情或极端气候现象出现,饭店应安排人员赶赴现场核查情况,并视情况决定是否通知总机及时启动应急联络程序,调集人员进行堵漏、排水工作,对重点要害岗位、库房等区域,增加人力及防汛器材和工具,防止次生灾害发生,下达转移物资指令,启动应急救援预案。

工程部应视情况决定是否切断受灾区域的电源,要及时组织人员携带工具到达现场抢险,对严重积水的部位,抽调排水设备进行排水。安保部应根据指令对发生汛情的岗位增派人员执勤,劝阻无关人员进入受影响区域,安排人员在楼层进行巡逻,防止不法人员进行破坏,防止盗窃及恐慌骚乱,维持公共区域的秩序。在室外值班的安全员,应检查饭店外墙的玻璃窗是否关闭,将外围用电和电源关闭,以免造成短路火灾。其他受事故影响的部门应组织人员做好对客人的安抚解释工作,根据指令疏导客人离开受影响区域。其他人员随时准备协助医务人员抢救伤者,及时与保险公司进行联络。

处置地震的应急原则为:长期准备,立足突然;统一指挥,分工负责;快速反应,自救互救。根据应急情况,制订疏散方案,确定疏散路线和场地,有组织地对客人及工作人员进行避震疏散。当饭店所在区域人民政府发布临震警报(包括有感地震和破坏性地震)后,即进入临震应急期,饭店应及时组织开展临震应急工作。

当饭店所在区域及其邻近地区发生地震并有明显震感时,饭店应及时组织开展有感地震的应急处置工作,并根据当地政府和上级部门传达的信息和指令,安排人员做好地震信息的传递和宣传疏导工作,防止地震谣传,稳定客人及工作人员的情绪。当饭店所在区域发生破坏性地震时,饭店应立即组织抗震指挥部。抗震指挥部应即刻进入指挥一线,启动抗震救灾指挥系统,并成立抢险救灾组、医疗救护组、治安保卫组、疏散组、宣传组等工作小组。工作侧重点为组织客人及员工疏散、开展自救互救、预防和消除地震次生灾害。

(二) 火灾

成立突发事件应急处置中心以及消防控制中心,便于发生火灾时统一处各种突发事件和协调安排各个部门。任何员工若发现有异常的燃烧味、烟雾或火焰等迹象,应先观察火情,并在第一时间报告饭店消防控制中心。

饭店突发事件应急处置指挥机构应及时全面了解具体情况,决定是否下达向消防机关报警、疏散人员、转移财物等指令。及时组织店内应急救援队到指定地点集结,合理分配人力,安排灭火组控制、扑救火情;安排抢救组抢救重要物资、危险品;安排疏散组疏散现场人员;安排救护组负责对现场伤员、残障客人和行动不便的客人进行救护、转移。

饭店消防控制中心在获知报警信息或发现烟感、温感等报警设施启动时,应立即安排人员赶往现场,甄别火情,组织现场人员扑救初起火灾,并视情况决定是否按火情级别通知电话总机启动相应的紧急联络程序;同时,还应视情况及时启动灭火设施、应急广播系统、疏散照明系统、防火卷帘系统、防火门系统以及排烟、送风系统,监控报警系统其他报警点。

在火灾发生时,各部门应按照上级命令统一行动,各司其职。在负责紧急处理的人员到达之前,各部门员工应尽可能留在现场,并与消防控制中心随时保持联系,以便及时提供具体的火情信息。同时,应尽可能使用安全、快捷的方法通知火情周边处于危险区域的不知情者,并视情况使用离现场最近的消防器材控制火情。当饭店下达紧急疏散指令后,要保持各通道畅通,疏散客人及员工到建筑物外指定的安全区域,并及时反馈执行情况。

安保部负责人应迅速到临时指挥部协助指挥,并安排人员组织现场扑救和人员疏散工作,报告火势情况,监视火势发展,判断火势蔓延情况,维持店外秩序,保障消防车通道顺畅,加强对饭店所有出入口的监控,阻止无关人员进入饭店。工程部应安排负责人视火情关闭空调、停气、断电、启动应急发电机等,确保消防电梯正常使用,解救电梯内被困乘客,保证喷淋泵和消火栓泵供水等,确保应急发电机正常运行,消防水源正常供应和排烟、送风等设备正常运行。

前厅部应通知电话总机确保店内通信畅通,打印住店客人名单,维持饭店大堂秩序,清除门前障碍。客房部应安排人员迅速清理楼层内障碍物,统计各个楼层的客人人数,对来电询问的客人做好安抚、记录工作。

餐饮部应安排人员立即关闭所有厨房明火,安抚就餐客人。人事部应及时通知医务室做好救护伤员的各项准备,迅速统计在店员工人数,安排宿舍管理员组织在宿舍的员工随时待命。财务部应组织外币兑换处及各收银点和各下属办公室的员工收集和保管好现金、账目、重要单据票证等,通知电脑机房做好重要资料的备份、保管工作,做好随时根据指令进行转移的准备。饭店总经理办公室应及时向饭店所有承租店家通报情况,集结饭店所有车辆,随时按要求运送伤员,做好饭店重要档案的整理及转移准备。

火灾后,饭店应安排人员拍摄受影响区域,协助前台及财务部门整理损失清单并上交饭店,以便送至保险公司。在必要检查之后,经总经理同意采取补救措施,将受影响营业区域恢复成正常状态。按顺序在记录本上记录所有细节,准备好目击证人和相关人员名单,协助在调查中需要援助的人员。

(三) 电梯故障

若发现或获知电梯因发生运行故障而停机,饭店监控部门应立即确认是否有人受困,并尝试用呼叫电话与轿厢内乘客联系;劝告乘客不要惊慌,静候解救;建议乘客不要采取强行离开轿厢等不安全措施。

通知工程部维修人员按相关操作规程到现场开展解救工作,安排大堂经理等相关人员到事故地点与被困乘客进行有效的不间断沟通,请客人安心等候,协助配合解救。

协助乘客安全离开轿厢后,饭店应及时安排人员安抚乘客,并询问其身体有无不适。对受伤或受惊吓者,应按相关规定及时安排医务人员实施救治。饭店应及时安排工程部电梯维修人员联系厂家对故障电梯进行全面检修,确保电梯运行安全。

(四) 公共卫生事件

公共卫生事件是指突发性重大传染性疾病疫情、群体性不明原因疾病、重大食物中毒以及其他严重影响公众健康的事件。

公共卫生事件的预防必须以各部门以及每位员工的积极预防为主。饭店应教育全体员工养成良好的个人卫生习惯,加强卫生知识学习,提高自我保护意识和自救能力,不食用不洁食品和可能带有传染病病原体的动物。饭店应定期对员工进行身体检查,做到"早发现、早报告、早隔离、早医治"。若员工在店外被发现患有传染病或疑似传染病，员工本人应及时根据状况的严重程度及医生的建议向饭店汇报；若员工在店内得知自己患有传染病或疑似传染病，员工本人或发现其症状的员工应立即向饭店汇报。若员工被确诊已患传染病，饭店应视情况及医生的建议，决定是否对与之接触过的员工或客人进行相关检查。相关人员应做好保密工作。患有传染病或疑似传染病的饭店员工应待医院及饭店医务室确认无恙后方可上岗。

饭店各部门应定期开展卫生清扫，积极消除鼠害、蚊、蝇、蟑螂等病媒昆虫。采购部应把好食品采购关，不购买未经检疫的动物、肉食及制品，对购进的禽畜类生物及制品，应严格验收登记，一旦发现问题，应立即停止食用；应把好生产、加工、运输、贮存关，做到食品加工"当日生产、当日销售、当日食用"，运输工具天天消毒，食品储存、加工生熟分开。工程部应加强对饭店空调系统的管理，保持良好的通风换气，定期对电梯、公用电话等公共设施和用具进行消毒。

当发生突发公共卫生事件时，饭店突发事件应急处置指挥机构应立即召集相关人员听取情况汇报，视情况决定是否向相关疾控中心、公安机关及上级部门报告。饭店医务室在接到报告后，应立即了解相关人员的病情，如经总经理授权，应立即报告疾控中心，配合防疫部门及时做好消毒、监测、隔离工作，将疫情控制在最小范围内。

如果突发公共卫生事件发生在饭店公共区域、餐厅或客房等店内区域，最先发现情况的员工应立即报告饭店，并由饭店派人与客人联系。负责与发病客人交涉的人员应做好自我保护工作。饭店应及时安排相关人员陪同医务室医生前往询问客人相关信息，采取必要的救治措施，等待疾控中心专业人员到达并配合行动。如传染病客人不配合工作，可通知安保部协助或由安保部上报有关部门。

客人被送往医院后，饭店应视情况决定是否采取保护或消毒措施，如客人被确诊患有传染病，饭店应及时对其使用过的器皿、客房等进行严格消毒，清查与之接触过的员工群体，确认易感人员名单，按要求进行隔离观察，确保其他员工和客人的安全。如病人被确诊为重大传染病病例，饭店应根据传染病传播程度或防疫部门的要求，采取部分或全部封闭措施，并根据封闭范围和在岗人员情况，成立由总经理领导的指挥部，组成对客服务组、生活保障组、后勤供应组、安全警卫组、医务救护组负责饭店部分封闭期间的正常运转。

（五）意外伤亡

伤亡事件是指除凶杀外的所有意外伤亡事件，包括因自杀、工伤、疾病、意外事故等造成员工或客人伤亡的事件。

饭店员工发现饭店区域内有人身意外伤亡事件发生，必须立即报告安保部，同时注意保护现场。安保部接到报告后，应记录时间、地点、报告人身份及大概伤亡性质，如工伤、疾病、意外事故等。接到报告后，安保部经理应立即到现场，同时通知值班经理（大堂经理）和医务室，如涉及设备导致的工伤，应通知工程部。饭店总经理由安保部负责人通知。如遇死亡事件，饭店应向公安机关报告。

安保部到现场后，应立即设立警戒线封锁现场，疏散围观人员。如是设备导致的工伤，由工程部关停有关设备，由安保部和医务室人员确定伤亡结果。如人员未死亡，应立即组织抢救，安保部酌情向伤员了解情况，大堂经理和医务室人员联系就近医院和急救中心；如确定人员死亡，应立即将现场与外界隔离，遮挡尸体并注意观察和记录现场情况。如明显属于凶杀或死亡原因不明，应按凶杀案程序处理。如确定是意外死亡，应进行拍照，访问目击者和知情人，隔绝围观，遮挡尸体并保护现场，立刻报告公安机关并配合勘察。

如事件涉及员工，由安保部和人事部共同负责处理善后工作；如事件涉及客人，由安保部和值班经理共同负责处理善后工作，如清点客人财物等。安保部负责调查或协助公安部门调查、记录事件发生经过及处理情况。工程部负责恢复有关设备。行政部负责提供药品、车辆。客房部负责清理现场。

（六）恐怖袭击暴力事件

处置恐怖袭击、抢劫、凶杀、枪击、绑架等暴力事件时，饭店应根据违法犯罪行为的具体情况，采取有效措施及时处置。在处置过程中，应采取有利于控制事态、有利于取证、有利于缩小影响、力求最小限度受损的处置原则。处置要及时，应尽可能把违法犯罪活动制止在萌芽状态。若发现人员有犯罪倾向，应及时采取控制或教育的措施，并视情向主管安全部门反映，尽量减少暴力事件的发生。

如发生暴力事件，饭店突发事件应急处置指挥机构应及时全面地了解具体情况，通知电话总机启动应急联络程序，下达指令封闭区域，保护现场，向公安机关报告，疏散现场周边人员等。

在应急处置过程中，安保部应及时安排人员设置警戒线，控制相关出入口，协助公安部门对第一发现人及时进行问讯记录，做好证据保留工作，调取监视系统中相关的影像资料。若犯罪嫌疑人正在威胁他人生命，现场的最高管理者要设法稳定其情绪，控制事态发展，等待公安人员前来处置。如有伤者，应向急救中心求援。在急救中心专业人员未到达前，医务室人员应携带必备急救药品到指定地点对伤者进行紧急救治。如有伤亡人员需送往医院时，应安排人员随同前往，并做好医院就诊的各项记录。前厅部等相关部门应及时调取客人受伤害的资料，上交饭店突发事件应急处置指挥机构。总机要确保通信联络畅通。安保部人员参与转运死伤人员，并对客人遗留在公共区域的财物进行统计和保管。

（七）经济诈骗事件

宾客入店时，必须填写临时住宿登记单，预交住房押金。前台服务员应严格执行公安机关关于住宿客人必须持有效证件（护照、身份证）办理住房登记手续的规定，对不符合入住要求的不予登记，并及时报告安保部和前厅部经理。对使用支票付账的国内宾客，应与支票发出单位核实，发现情况不实时，应设法将支票持有人稳住，速报安保部，待安保部人员赶到后一起进行处理。

住店宾客在饭店的消费金额超过预付押金金额时，饭店可根据情况要求其追加押金或直接结算。饭店各岗位收银员应熟悉银行支付款的"黑名单"，严格执行检查复核制度。收取现金时，应注意检查货币特别是大面值货币的真伪，如发现假钞，及时报告安保部，由安保部和财务部出面处理。

发现持有假信用卡、假币者，应采取以下措施：同发卡银行联系，确定信用卡真伪，一经确认是假信用卡或假币，立即将其假信用卡、假币、护照或其他证件扣留；及时通知安保人员到场控制持假信用卡、假币者,防止其逃离或作出危害员工安全的行为;打电话报告值班经理、财务部和安保部。经安保部初步审理,视情况报告公安机关。

（八）恐吓电话及可疑爆炸物

饭店接听恐吓电话时,应冷静、礼貌地倾听,不打断来电者,并故意拖延时间,当来电者还在线时,接听人应当用事先规定的暗号通知其他人员,并记下来电显示号码。获知店内发现有客人遗留的包、纸箱及其他可疑物品后,应立即安排人员携带防爆毯等工具赶赴现场识别检查,设置警戒,并严禁触摸、移动可疑爆炸物。如怀疑为爆炸物,应马上向饭店报告,并要求总机启动应急联络程序,安排人员封闭现场,疏散现场周边人员,控制相关出入口,对可疑人员进行询问、监视。对第一发现人及时进行问讯记录,做好前期的证据保留工作。工程部应立即关闭现场附近可能引发恶性事故的设备设施,撤走周围的易燃、易爆物品,及时准备饭店平面图及必备的设施,做好停水、断电、关闭天然气及抢修的准备工作,并对店内重点要害部位进行认真细致的排查。前厅部应及时准备在店客人名单,有效维持饭店大堂和公共区域的秩序,及时清除门前所有障碍物,确保店内通信系统畅通。

事件发生后,如被要求发布新闻,须经总经理批准。新闻发布须根据饭店应急处置指挥机构的统一口径进行。新闻发布由饭店公关部或总经理办公室负责,但仅限以下内容:对事件的一般描述,报告事件、地点、受伤或死亡人数(不提人员姓名),更多详情需等调查结果出来后再发布。

（九）停水、停电、停气

若根据各种信息反馈,店内停水、停电、停气是店外原因引发,饭店应安排人员联系设备及水、电、气的供应方,说明饭店目前出现的具体情况,详细询问事故的破坏程度和修复时间,并立即向饭店突发事件应急处置指挥机构报告。在故障排除后,应组织人员到相关区域巡查,恢复设备运行,维修受损设备,落实改进措施。

若发现或获知在没有事先通知的情况下,店内发生停水、停电、停气等现象,饭店工程部应立即向相关机房通报情况,安排专业人员携带专用工具到现场查看,检查店内是否存在其他停水、停电、停气现象。若发现机房设备出现了严重故障,工程部应立即向饭店总经理等高层领导报告,指示相关机房启动应急方案,赶往相关机房现场指挥,要求总机启动应急联络程序。各部门负责人接到报警后,应立即返回岗位,随时准备接受相关命令。经确认,停水、停电、停气问题在短时间内无法解决时,饭店应安排专人向相关部门求援,并立即启用临时发电机、临时供水车等救援设备。

在应急处置过程中,饭店工程部应视需要,安排专业维修人员分别前往解救电梯内被困乘客;前往配电室启动应急发电机以保障事故照明、消防设施设备用电;前往事故现场进一步查明原因,留守观察,及时反馈。安保部应重点关注监控系统、消防系统等运转情况,依照指令,在饭店各出入口及相关区域增加人手,加大巡视密度,做好事故现场的警戒工作,控制现场,防止发生混乱。

前厅部应及时向饭店突发事件应急处置指挥机构提供住店客人资料,并安排人员做好对客人的解释、安抚及客人要求和意见的反馈工作,看管好客人的行李,确保店内指挥通信畅通。餐饮部应要求所有当班服务员及厨师保持冷静,并采取相应措施稳定就餐客人情绪,向客人说明情况,争取得到客人谅解。若客人要求离开,应安排服务员给客人照明、指引道路,防止造成混乱。餐饮部负责人及厨师长还应根据指令,及时制定对策,调整菜单,提供易于制作的食品。

停电时,客房部应组织人员携带手电筒等应急照明装置赶往楼层巡视,为客人进入房间和离店提供照明。停水时,客房部应从库房或其他场所调集矿泉水,当应急送水车到饭店后,及时给客人提供必备的生活用水。采购部应购买柴油等物品以保证应急发电机正常运行,并联系购买饮用水及食品等,为应急处置提供保障。财务部应组织外币兑换处及各收银点和各下属办公室的员工收集和保管好现金、账目、重要单据票证等,通知电脑机房做好重要资料的备份、保管工作,做好人工处理相关服务的准备。其他各部门应坚守岗位,管理人员应在现场进行督导,及时向饭店突发事件应急处置指挥机构反馈情况,服从统一指挥。

思 考 题

1. 为什么说会议型饭店的安全保卫工作有其特殊性?
2. 简述常规会议、重要会议和峰会、大型会议的安全保卫工作的特点。
3. 什么叫作突发事件?请列举5种以上突发事件的名称。
4. 饭店发生人员困梯事件时应该怎么处置?
5. 说说你对饭店恐吓电话的观点和认识,如果你所供职的饭店发生此类事件,或者是你接到此类电话,你会怎么处置?

第十一章

会议型饭店的工程服务与节能降耗管理

澳洲黄金海岸星亿酒店

本章导读

　　会议型饭店承担的接待任务重、规格高、影响大,对动力配置、强弱电组合、软硬件维修保养的要求非常高,这就决定了工程部门在支持保障方面的重要程度。如今,不少饭店在图纸设计阶段就从结构与功能上考虑到了大型会议接待的特殊性,在建造实施中又结合会议型饭店、绿色旅游饭店的评定标准进行工程施工,减少了以后经营定位的盲目性,有利于今后的会议市场开拓。同时,最新修订的中国旅游饭店星级评定标准中大大加强了对绿色环保、节能降耗的考评力度,其所占分值比例增大,也侧面说明了饭店行业绿色节能的发展趋势。

第一节　会议型饭店的工程服务管理

一、会议型饭店工程部的职责

会议型饭店的工程部主要负责饭店用能供应和维修费用的预算管理,制定全店能源消耗计划、节能措施、用能制度和技改规划,并负责组织和督导各用能部门落实各项计划和制度,做好能耗控制和统计分析工作,抓好能源节约的考核与奖惩工作,组织协调各部门贯彻落实设备设施管理和维修保养制度及技术培训工作。

工程部应贯彻"让客人完全满意"的服务宗旨,在部门员工中确立"后台为前台服务"的思想,着重抓好各部门设备设施的报修维修工作,不断提高维修工作质量和效率,提高硬件成新率,保障饭店各项经营管理工作的正常开展。根据会议型饭店的特殊性,配合好销售部门与客人关于会议通讯及网络方面的要求制定技术方案,并为住店客人、会议客人提供网络或电脑方面的技术支持,保障能源供应。保障电、汽、燃气、冷热水、冷热空调的供应工作,做到使用部门无投诉,客人无投诉。

二、会议型饭店的工程部工种岗位设置

会议型饭店的工程部要具有较强的技术力量配置。一般在岗位设置上会考虑使用四个值班工程师来完善维修保障的基本队伍。

(1) 强电工程师1人:持有高压上岗证的电工。
(2) 空调工程师1人:持有制冷空调工上岗证的员工。
(3) 暖通工程师1人:持有锅炉、水暖、给排水上岗证的员工。
(4) 机修工程师1人。

应根据饭店规模大小,合理配置值班工程师和相关员工。

二、报修及维修程序

(一) 报修原则

(1) 报修单的接单人为第一责任人,所接报修单的报修内容与实际不符或超出本人的维修范围,需其他工种配合时,不推诿,尽力解决。若不能解决,接报人应积极主动地联系及协调其他人员帮助完成,不在前台人员或客人面前推诿。

(2) 短时间难以处理、暂不处理不影响使用或不会造成影响的报修单,应及时报部门,由部门安排维修计划或与前台部门协商另行安排处理。

(3) 报修单不能完成的,要及时将信息反馈班组及报修中心,报修中心要及时与前台部门沟通,由于工作有难度或因无配件而会耽搁维修的报修单,报修中心要及时报有

关主管，耽搁时间长的要报部门。在实施无纸化、自动化办公系统的会议型饭店中，报修的流程往往得到优化和完善，效率也随即得到提高。

（二）报修中心接到报修时的操作

工程部报修中心在接设备所在部门的报修单或客人的报修电话时，应按工作流程实施，比如说："您好，请讲。"接完电话后应说："谢谢！"然后立即通知有关班组，并做好记录，有关班组维修人员到报修中心取报修单并及时赶赴现场，急修（包括客人的报修）必须争取在10分钟内赶到现场，工程人员到客人区域进行维修时，必须衣着整洁，工具箱中带好常用工具及有关配件，并带好手套、鞋套、白布及刷子、垃圾袋、微型吸尘器。

（三）维修人员处理"非客人报修"客房的服务

工程部维修人员接到报修单在赶往客房期间，及时联系客房部主管或服务人员开门，进入客房要套好鞋套，带好手套，故障处理完要注意做好落手清、无痕迹，并将产生的垃圾装入垃圾袋带出，如有浮尘，也可请客房服务员吸尘，要求平时准备好成套备件，在现场尽量不做拆装加工修理工作。当发现故障与报修内容有误，所带配件不对或没有配件时，应呼叫工程部急送配件。当发现故障处理难度较大，需要较长时间，比如需要其他工种或他人配合，处理时间可能要超1小时的，要征求客房部门意见，必要时当坏房处理，故障处理完请客房服务员验收签字，并向报修中心汇报完工，每日报修单交班组汇总报修中心。

（四）维修人员处理"客人报修"或客房中有客人时的服务

对于客房的报修，工程部维修人员要争取在10分钟内赶到现场，进入客房一定要先敲门（要有客房服务员陪同），注意礼貌用语（先生/小姐，您好！）或向客人表示歉意（打扰了，对不起等），要向客人简要说明来意并征得客人的同意，处理客人的报修动作要快，故障排除时间不超过15分钟，如果故障处理时间较长，要征求客人的意见或建议客房部给客人换房，离开时要征求客人的意见，例如："先生，这样你觉得可以吗？还有什么需要我做的吗？"如无需要，跟客人打招呼告别。

（五）处理饭店后台区域报修服务

工程部维修人员在赶到后台区域现场进行设备维修或设备故障处理前，先要征得有关部门现场工作人员的同意及配合，尽量不影响或少影响各部门的现场工作，如果影响较大，要与各部门现场工作人员协商或另约维修时间。若通过检查发现设备损坏严重，需要较长维修时间或缺少零配件时，要及时告知报修部门，无论结果好坏，都要给予报修部门答复。现场维修与各部门员工之间要加强沟通，注意礼貌用语，尽量不添麻烦。

（六）处理饭店客人区域报修的服务

工程部维修人员接到客人区域报修赶到现场后，不要影响客人的活动，客人在现场时，要与客人打招呼并征得客人的同意（或者通过前台服务人员与客人协商），工作过程中要规范操作，注意言行举止，勿大声喧哗，尽量不要发出大的声响，在进行天花及顶部维修或更换灯具时，要设置安全警示，避免落物砸到客人，在客人经过时，要主动避让并注意礼貌，工作完毕要注意落手清，必要时通知PA清除维修过程中散落的垃圾，客人在现场时,要礼貌地告知客人已完工并征求客人意见,由于维修给客人带来不便要表示歉意。

三、工程部为会议客人提供服务的程序及注意事项

(一)谈判期间提供咨询服务

举办会议、展览及宴请的客人往往在硬件上会提出各种要求,销售、餐饮等部门往往也会在洽谈的过程中请工程部人员参加,提供咨询。在咨询服务过程中要急客人所急,想客人所想,积极为客人排忧解难,当客人提出的要求难以满足或存在不妥当时,要帮助修改方案并提出可行性建议供客人选择,要把现场情况详细介绍给客人,并将能提供的服务及收费情况也明确地告诉客人。

如果客人的要求违反相关条例,造成饭店设施损坏,带来不安全因素的,要坚持原则并及时明确告知客人,但要注意方式方法,道理要讲透,争取获得客人的理解及支持。无论在何种场合,给客人提供咨询时,要尊重客人,不要与客人发生争执。比如不少会议或者展览的主办方要求增加使用设备或自带大量设备进场,如带来不安全因素的,就需要工程部耐心与其协商。

(二)会议准备期间提供服务

会议准备期间,工程部人员需根据任务单在现场为客人提供服务,如供电、放吊杆、布信号线、建电脑网络、铺设地毯、搭同声翻译室及现场督导等服务。在现场提供服务时,要注意人身安全及现场设施设备安全,发现不安全因素要及时加以制止,如供电超负荷、吊挂超重、进场设备超重、野蛮施工造成现场设施损坏及背景板、舞台后是否预留安全通道并符合消防规定等。制止时要注意方式方法,争取客人的配合,不要与其发生争执,必要时及时向安保及部门领导反映情况。客人在搭建过程中发生困难时,工程部现场人员应在力所能及的情况下提供帮助。

(三)会议举办期间的现场服务

会前,工程部人员要到现场通过销售人员或会务经理与客人取得联系,明确客人对会议进行的不同时间段的灯光控制、温度设置等要求,并进行调试请客人予以确认。尤其是举办大型、特大型会议时,工程部人员应带好对讲机(或手机)和应急工具到现场提供服务,熟悉应急方案,注意仪表仪容,着装整洁,要选择便于观察的隐蔽地点,集中精力关注会议进程,发生故障时处理动作迅速敏捷,忙而不乱。客人合理的临时变化及要求,工程部人员应尽量予以满足。

(四)会议场馆的技术保障

会前,要做好严密周详的预案,一旦出现突发事件,现场工程技术人员有足够准备处理事故。负责会场强电、弱电、空悬吊物、空调测温(一般控制在 22℃—24℃左右,测温工作要有移动性,并及时与机房联络)和 AV 调音、放映等保障工作的技术人员,应持有相关专业资格认证。重大会议召开时,工程部负责的直达电梯、自动扶梯、自备发电、配电房和 UPS 备用电系统要全面发挥作用,必须与安保部监控中心联网,确保更快更好地发现问题、解决问题。

（五）重要贵宾的接待保障服务

工程部接到会议任务通知书后，应及时做出预案并通知有关人员提前赶到 VIP 活动场所，检查落实相关工作，如布置风格、装饰效果、灯光舞美、音像质量、环境温度等；有关班组布置好水、电、气、动力、运行等系统设备检查工作后，还要及时到现场检查落实重点部位的保障工作；有关班组要提前完成上级安排的任务、检查维修好设备并安排好值班，保证设备的正常运转；VIP 客人进店后，工程部各级人员要做好应急准备，听从统一指挥，有条不紊，一丝不苟。活动结束后，要总结经验并存档。

（六）意外困梯事件处理

报修中心在接到安保关于电梯关人的通知后，要立即报告部门经理，同时通知班组人员和电梯保修人员，并做好记录；工程部班组人员要以最快的速度赶到轿厢所停层面，与赶到电梯机房的保修人员一起排除故障（注意不要引起还未被解困客人的恐慌，从接到通知到解困，时间不宜超过 20 分钟，对解困后的客人一定要表示歉意及关心）；工程部管理人员接到报告后应及时赶到现场进行督促，安保监控中心不时地做好被困人员的安抚工作，并召集有关人员分析故障原因，报告总经理；报修中心要对故障原因做好记录并存档。

（七）在公共区域遇到客人时的服务

工程部人员在饭店公共区域遇到客人时要注意礼节礼貌，主动微笑与客人打招呼，比如"先生/小姐，您好。"日班维修是在万不得已情况下进行，一般公共区域维修应当在 23 点后进行。当工作影响到客人时，应及时停下手中的工作或主动让路，让客人通过后再恢复工作，并向客人打招呼："对不起，打扰了。"当在走道行进时，后面有客人跟着，应及时停下避让到一侧，并向客人打招呼，等客人通过后再走。迎面碰到客人也要避让及招呼。当有急事需赶时间，在超越客人时一定要招呼，比如："先生/小姐，打扰了，是否能让我们先走一下？"在客人没有同意的情况下，不得超越客人。

（八）重要机房在接待来访客人时的服务

工程部机房是饭店的重要部位，非工作人员和外事人员入内都必须办理登记手续。机房值班人员要注意礼貌待客，外来人员进入机房参观或检查工作时，机房值班人员见到应立即站立起来，或是停下手中的工作，并及时微笑地与来宾打招呼，比如："先生/小姐，您好，请您出示参观证或工作联系单好吗？"然后请来宾在登记簿上备注进出时间并签名。值班人员应热情做好主动接待与介绍，并及时回答来访人员的提问。如果是检查人员，值班人员应跟随并及时记录检查出来的问题。来访者离开时，应主动送到机房门口并说"谢谢指导。"

（九）主动征求意见

工程部员工每完成维修工作后必须征求对方意见，这是改善服务的重要环节。报修项目完成以后请有关部门验收时听取意见，处理完客人报修时询问是否还需要帮助。工程部质检员、工程部经理以及主管要定期或不定期地主动上门听取各部门对维修质量、维修速度、礼节礼貌等的意见，发现问题及时整改。

第二节　会议型饭店的绿色环保和节能降耗

目前，我国高星级饭店的能源使用种类较单一，以电、油、气、水为主，单位消耗量非常大，平均每1 000平方米建筑面积每年要消耗1 000吨标准煤，能源费用占总成本的20%—30%，中档星级会议型饭店的能源费用稍低一些。会议型饭店的能耗不同于传统星级饭店，其楼体结构、设施设备、会场空间、灯光照明及产品使用有诸多特殊要求，导致能耗量通常高于单一功能的饭店。多年来，会议型饭店的平均能源费用占营业总收入的8%—10%，有的饭店高达13%，成功实施节能降耗技术改造的可以降至6%—8%，当然，这个比例还将与饭店营收能力有直接关系。笔者根据多年来的实践总结，对会议型饭店的节能降耗归纳如下。

一、管理节能

管理节能的主要措施是提升员工的节能意识，完善饭店的节能制度，强化用能设备经济运行及技术管理，控制最大容量和契约限额，同时做好负荷平衡和避峰填谷，提高用电功率因素，降低无功消耗。饭店所有部门都装了能耗计量表具，各部门设立能耗考核台账，把节能落实到部门和个人。同时对各部门电、水、气的消耗常规性地在全店范围内公示通报比较，激励全员节能。即使是二线（后台）的非能耗大户，也对空调、照明开关、温度设置、办公室电器静态关闭等进行控制，做到节能无盲区。

如今不少会议型饭店与供电部门签订合同，实行"合同制"，即超标和高峰期用电收费较高。这样，饭店就会采取各种方法填谷避峰、节省用电。如夏季的8:00—11:00是高峰，那就规定会议场馆从6:00前开始开空调，到8:00关空调，8:45再打开，迎接9:00开始的会议。这样既保证会议场馆凉爽，又节约了能源。会议过程中，温度是变化的，客人也会提出不同的要求，于是饭店建立了大设备两级控制制度，规定中央空调机组在开启和变化时要经过两级同意，同时也尽量避免因制度死板而招致客人投诉。

工程部机房对空调和照明进行总监控，建立严格的照明、空调开关和温度设定使用管理制度，合理设定空调温度和开关时间，对开启大容量空调机组和用能设备建立报告制度。确保店内外温差不超过10℃，如盛夏室外36℃高温，饭店大堂保持26℃即感觉凉爽，机房应根据户外气温进行设定，以节约能源。工程部还可设立自动控制中心对会议场馆温度和照明进行现场管理，根据议程安排进行调整，避免出现会议结束许久而空调、照明未及时关闭的现象（见图11.1、11.2）。

合理设定室内空气温、湿度和新风量，适当增大送回风温差和供回水温差。过渡季节尽可能使用"免费空调"全新风工作。清洗地毯时使用的机械耗电量较大，如在夜间清洗，照明用电消耗更大，饭店可以根据实际情况在日间对部分空闲会议区域的地毯进行清洗，以节约照明用电。洗衣房主要设备用电量极大，可安排夜间用电低谷半价时进行衣物洗涤，降低用电成本。

图 11.1　饭店配电房

图 11.2　饭店区域配电系统

二、技术节能

（一）制冷制热系统的能量循环和回收节能

1. 制冷系统的设备使用和能量回收

会议型饭店在安装使用冷气空调机组时，可根据楼宇总体面积和使用情况，设计使用制冷系统，因建筑物庞大，制冷系统通常用离心式约克 YORK 机组、开利 Carrier 机组、普通型热泵机组和溴化锂燃气机组等。

（1）经改造后的开利Carrier机组。这种机组运行时不需要将冷却水拉到淋水塔上去冷却循环，而只要将冷却水单向封闭式循环，先经过板式热交换器互感交换，再从板式热交换器的另一端将被交换热以后的热水注入热水储水箱，再从热水储水箱用变频水泵打进具有楼宇水压的热水储水罐（见图11.3—图11.5）。开利Carrier机组的冷

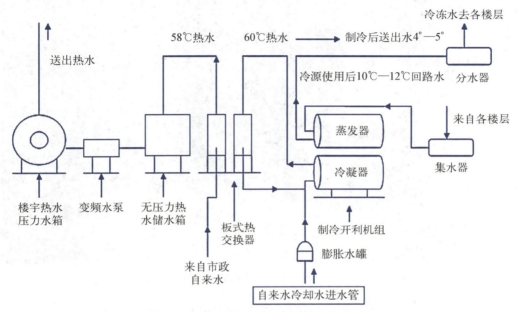

图11.3　改造后的开利机组的工作原理

图11.4　开利机组

图 11.5　无压力热水保温水箱

却水缺水部分是靠单向自来水进水补充的。一台开利机组回收热水的水温约在 60℃，完全达到浴室用水。如每天以开机 18 小时计算，约每天可回收 200 吨 60℃ 的热水，当水箱达到或超过 60℃ 经水温开关动作后，机组自动降速或停机。一家有 400 个房间和 850 位员工的饭店，1 年约 8 个月的热水可完全满足使用。

（2）500RT（冷吨）瑞士（SWEP Tranter）板式热交换器。饭店在冬天供冷节能改造使用板式热交换装置为佳。冬天利用室内外温差，用板式热交换进行冷热交换，实现冬天供冷，以满足冬天部分会议场馆、宴会厅、厨房等需要供冷的需求，实现冬天不开冷水机组，大量减少了能源消耗（见图 11.6）。

2. 制热系统的设备使用和能量回收

会议型饭店的热能使用要大于制冷能量，因为除了饭店、会议场馆空间大小，夜间使用时间较多以外，整个大楼的热水是 24 小时供应，365 天使用。由于过去对热能的使用都会出现二次转换、中途损耗严重。目前，在我国大中城市中推广锅炉制热。使用柴油、天然气，这不仅是环保的需要，也是交通、运输、输送的一项改革。但作为饭店来讲，成本增长极快，况且热能源的使用又不像用电，还有谷峰之分。

在会议型饭店的管理中，加强对热能使用的管理，不仅要从制度上，而且要从硬件上进行技术改造。笔者曾考察了英国剑桥大学的锅炉房，第一感觉就是锅炉房内不热，无人操作，全自动电脑房远程控制。

（1）图 11.7 展示的美国斯特朗芬模块燃气锅炉是封闭式水循环热水炉。它的工作原理是大楼需要用多少热水，它会自动变级，燃烧多少模块，打破了锅炉烧出蒸汽、蒸汽

图 11.6　板式热交换器

图 11.7　美国斯特朗芬模块燃气锅炉

图11.8　供洗衣房使用的小型锅炉

转换热水、热水进入巨大的储水罐的工作原理。采用这种新型设备,每个模块炉的产热量约8万大卡,这样若是22台模块炉的总产热量约180万大卡,由于是实时调节,调节精度为二十二分之一,因此,从每一个模块到整个群组可始终保持在全负载最佳运行状态,有效率达90%。天然气耗能量可节约20%。

（2）图11.9展示的是燃气锅炉和可进行技术改造的部位。美国克雷登（Clayton）

图11.9　美国克雷登立式盘管节能燃油燃气锅炉

立式燃油气锅炉的优点是启动快、出汽快、蒸发量大。但由于锅炉受热面积小、较矮，会引起烟道热量外排温度高、速度快、耗能大。鉴于这种情况，可以进行烟道部位水冷管技术改造（见图 11.10），以使锅炉载体外第二次利用烟道余热再次受热，达到节能效果。锅炉体外二次受热部位表面可受温度约在 180℃，受热可利用长度可设计在 3 米左右，若是一个 10 万平方米的会议型饭店，在冬季需启用锅炉 2—3 台，仅余热就可提供热水量达 70% 左右。经测算，改造后可节约天然气 7%—8%。上海国际会议中心 2008 年年初完成锅炉烟道余热回收，实现冬季饭店生活用热水 50% 由烟道余热回收装置供给，其他三季平均每天回收 25 吨 60℃ 的生活热水。

图 11.10　锅炉烟道余热回收节能可改造部位

当然，如果使用其他蒸汽锅炉，同样可以实施以上方案。

3. 集中供冷供暖

在现代新兴城市或新区的城建发展规划中，大力提倡应用能源集中供给系统，这种系统的应用对于大大降低二氧化碳排放、保护自然资源的控制使用和环境保护都起重要的作用。会议型饭店的建造，如正在这样一个规划区内，政府会要求饭店建设者执行这一能源使用模式。

集中供冷供暖也是政府通过商业营运模式完成和实现的。政府会在区域发展的中心位置建设一座能源生产厂房，然后向四周扩散布设管网。当能源接送至饭店设备房内，再通过二次板交技术进入饭店管网，这个交换过程饭店需要通过计量吨位数、立方数等方式进行付费。集中供冷供暖可以减少产能设备用房、产能设备添置和维护成本的投入，但能源使用一般要支付年度用量保底数，日常营运单位成本较高（见图 11.11）。

图 11.11　集中供冷供暖冷热水循环系统

（二）灯具选购与照明控制

1. 节能与效果

节能灯耗能少于白炽灯，但切勿不分场合、不顾需求地到处安装，还要看功效和适用性，不能单讲"省"字。如高档国际会议厅要达到富丽堂皇、金碧辉煌的效果，需要高亮度灯具和不同光谱色温的搭配，不能全用节能灯。另外，客人书桌、梳妆台、盥洗台处的照明要首先考虑舒适、便利、光亮，卫生间的盥洗台面顶部，放置强光灯照明，既方便了客人，也凸显出大理石台面的典雅。

会议型饭店可尝试在客房、会议场馆、餐厅等使用三基色节能灯、高效长寿命陶瓷金卤灯、LED 灯及各种高光效节能灯具，运用先进的智能化分布式照明调光技术，改造餐厅及会议场馆的照明。近年来，LED 灯光设计正在不断创新，未来大部分光源可以由 LED 光源代替，包括调光。

2. 节能与美观

由于节能灯造型基本相似，美感不足，会议型饭店如大量安装节能灯，容易给客人带来档次较低的感觉误解，所以，必须对节能灯进行美观包装。客房节能台灯灯泡外附上各种灯罩，增强了美感。餐厅采用智能节能调光技术后，可设置多种场景，光线舒适、柔和、高雅，尽显欧陆品位。

3. 节能与灯具

事实上，节能灯是现在和今后必须选择的一种灯具，如从实用角度出发，可选择各种可利用的光源。LED（发光二极管）是一种有广泛替代性的光源，可使用在大堂、走廊等处，能大量节约能源。以"安全出口"指示导向灯为例，8 瓦灯管加变压器为 10 瓦能耗,寿命8 000小时,灯管价格较低;而LED虽然贵,但能耗仅1瓦,寿命为5万小时。前些年,上海国际会议中心对各楼层损坏严重的930个应急照明灯和诱导灯进行了节能改造,用1瓦功耗的长寿命LED灯替代8瓦的日光灯。原每盏灯每年更换2根8瓦进口灯管,年节省7 000多度电,年节省维修费用2.6万元。

4. 照明控制

调光是光电控制的主要内容。以往调光技术主要用于白炽灯,而节能灯、日光灯的调光较少见。如今节能灯与日光灯的调光技术也已成熟。使用飞利浦调光整流器,一般2—3年收回投资,但每年能节约50万—60万元。会议型饭店可在餐厅和会场两大高能耗场所进行全面调光控制。采用新产品、新技术,尽管电压有变化,但并不会降低灯泡的使用寿命。

会议场所的光电控制具备较高的技术含量。所有大小会议室都由白炽灯、日光灯和节能灯科学地组合而成,顶灯全是节能灯、光槽全是LED灯带。再加上配套的反光罩,不仅调出强烈、柔和、高贵、典雅等多种不同的场景灯光,还可以上下微调,充分满足客人对会议场所光环境的要求。此外,会议室可以安装红外人体感应装置,做到人进灯亮,人离开后过一段时间灯自动熄灭,避免了照明能耗的浪费。

(三)技术改造

锅炉、空调、燃气、燃油使用和水排放超过照明耗能,成为会议型饭店的最大能源支出。会议型饭店可对中央空调冷却水的热能和锅炉烟道余热进行回收利用,满足全店的热水用量。管道里排出的水温度一般很高,直接排出去造成浪费,可采取延伸管道长度和外包夹层注水吸温的方式对其进行利用。

(四)废水利用

会议型饭店对每天的排水进行处理使之成为中性水,把溢出限位的清水用来冲洗马路和灌溉绿化,实现浇绿化、洗车及地面冲洗保洁等用水全部来自污水处理后的中水。通过技术改造,一个有400间房间的会议型饭店,可利用的溢水每天有300吨,不仅节省开支,也充分利用了水资源,是一项造福后代的绿色工程。

综上所述,会议型饭店的节能潜力巨大。会议型饭店的管理,最终要归结到社会效益和经济效益上去。加强对能源的管理,是当前社会提倡节能降耗的总体要求,也是创建绿色饭店的需要,更是实践科学发展观的重要举措。然而,眼光不能只盯着节能降耗,饭店是现代服务行业,顾客始终是第一位的,节能降耗必须在保证服务质量的基础上进行,不能因节能而降低客人体验的期望值和舒适度。就某些具体服务项目而言,为了提高客人的满意度,饭店还要兼顾投入和产出的关系,增加投资和提高能源供应的质量,要做到节能降耗与顾客满意高度统一。

会议型饭店节能降耗增效

上海国际会议中心(东方滨江大酒店)地处上海市浦东新区陆家嘴金融贸易区,

会议型饭店管理

坐落于美丽的黄浦江,毗邻东方明珠电视塔,与外滩万国建筑群隔江相望,是一家以会议见长,融餐饮住宿、观光娱乐为一体的五星级豪华会议型饭店,总建筑面积 11.5 万平方米,拥有高级花园房、豪华临江房、行政套房、总统套房等各类豪华客房 273 间,还有大小不等、风格各异的会议室及多功能厅 30 间。自 1999 年开业以来,出色地完成了诸多国际性特大型会议活动的接待工作,在海内外享有盛誉,如 1999 年《财富》全球论坛、2001 年 APEC 系列会议、福布斯全球行政总裁会议、全球扶贫大会、上海合作组织峰会、2010 年世博会多场国事活动、2014 年亚信峰会国事活动、2018 年中国进口博览会国事活动等重大国际会议的接待工作。此外,众多跨国公司和世界知名企业(如 IBM、HP、Oracle、SUN、Volkswagen 等)也纷纷在此举办千人以上特大型、高规格的会议和宴会。

评价一个会议型饭店是否成功,不仅要看它的经营业绩,也要看它在经营业绩上升的情况下能否有效控制和降低能耗,提高资源的综合循环利用率,减少污染排放,对环境和社会作出贡献。多年来,上海国际会议中心始终把节能降耗工作放在企业发展的突出位置,从企业自身发展的需要到履行社会责任、实践科学发展观及走可持续发展的高度,充分认识节能降耗的重要性和紧迫性,并组织实施各项节能降耗管理和各项节能技术改造工作,综合绩效卓著。2000 年,其能耗占营业收入的 13%;2008 年,营业收入增至 2000 年的 3 倍,能耗却降到 6%,节能量相当于上海一家中等规模四星级饭店全年的纯利润,真正做到了节能、增效、创收。目前上海国际会议中心被评为上海市节能增效示范单位、绿色照明示范单位、循环经济试点单位。

在节能与投资上,上海国际会议中心对会议区域楼面的小壁灯进行了改造,原均为 25 瓦白炽灯,数量众多且 24 小时照明,能耗很大。后委托厂家专门开发 3 瓦节能小壁灯,节省了大量电费。虽然该次定制节能灯要 10 元/只,而 25 瓦白炽灯仅需 2.2 元/只,但半年节省的电费就可以收回投资。2008 年,上海国际会议中心由相关单位协助投资立项,对建筑的小球体内光外透泛光照明进行了改造,同样光效 36 瓦的 LED 光源替代 150 瓦的金卤灯,年平均节电 2 万度。现在还有若干饭店运用光控和声控原理对楼层走道灯实施控制,在这里不再一一列举。

思 考 题

1. 请简述会议型饭店工程部的主要职责。
2. 意外停梯事件发生时工程部需要做哪些工作?
3. 为什么说绿色环保节能管理是会议型饭店经营管理的一项重要工作?
4. 管理节能主要有哪些措施?
5. 如何处理照明节能与美观效果之间的关系?

第十二章

案例精选

三亚海棠湾红树林度假酒店

一、"两强"相遇争地盘,避实就虚解危难

岁末年初,不少饭店生意清淡,但对会议型饭店来说,由于其特定的硬件支撑和接待能力,这时往往是争创收益的冲刺良机。跨国公司、研发机构、企业集团纷纷"扎堆"举办各种公关答谢、产品推介、营销表彰,通过路演、展览、宴请、会议等途经进行品牌造势,以巩固和拓展市场。对会议型饭店来说,如何在完成主体接待任务的情况下,兼顾衔接好每个细节显得非常重要。

12月中旬,国际会议中心同时接待了世界著名跨国公司(以下简称A公司)的产品推介会和另一家全球知名的直销公司(以下简称B公司)的表彰年会。前者会展带客房的消费额近180万元,后者1 300余人年会加宴请消费总额200万元。"两强"相遇,同在国际会议中心,在展区和宴会厅的共用出入口分别设置广告,各为其主,为抢占公共区域的广告发布场地打起了争夺战。分别负责这两个大型活动的市场营销部和餐饮部卷入其中,当起了劝和的"老娘舅"。

负责A公司接待的销售主管Kevin介绍,由于事先疏于对公共区域设置广告的严格界定,A公司以先入为主的优势,在底层展厅的落地玻璃窗和出入口门厅以及通向7楼宴会大厅的电梯过道,分别设置了醒目的A公司广告牌和注册咨询台,而这里却是B公司来自全球1 300余名直销精英到达7楼宴会大厅的必经之路。B公司会务组极为不满,觉得如此一来,进了大门等于进了竞争对手公司的门,而不是来参加自己公司的表彰年会。于是,B公司在出入口门外两侧立柱上试图以B公司广告进行包装造势,但遭到A公司的强烈反对,双方为此相互"较劲"。

A公司认为,我公司在底层办展,理当在底层进行广告宣传,B公司不应在我公司出入口主柱上设置广告。B公司则认为出入口是到达7楼宴会厅的公共通道,作为公司一年一度的表彰大会,理应在门口设立广告,以增加气氛的隆重和热烈。于是,就在底层电梯入口处和门外一侧马路上设置了该公司的平面广告。A公司觉得虽然自己的产品推介会已近尾声,但是B公司这样做会冲淡自己会议的气氛,于是,针锋相对地在出入口两侧也竖起了该公司广告,并雇请安保人员集中守在入口处,试图以人墙来阻挡B公司入场。

一时间。"两强"互不相让,场面极为尴尬。此情况反映到饭店高层后,饭店方觉得A公司和B公司都是饭店的老客户,不能为此而激化矛盾甚至损害各自的企业形象。为妥善兼顾两家公司的利益,由饭店高层出面向A公司指出派安保拥堵入口的做法有悖安保职责范围,同时也有损A公司的形象;同时说服B公司为解决通道出入场的问题,主动配合饭店提出从边门进场,避免与A公司在撤展时发生冲突。

为弥补缺憾,表达诚意,饭店管理层在边门入口处夹道欢迎B公司与会代表入场。17:00多,正是A公司撤场时,也是B公司晚宴报到进场时,由于饭店方的补救,B公司1 300余名与会代表陆续进场,和着夹道欢迎的掌声穿过通道乘电梯到达宴会大厅,他们全然不知这幕后的商战演绎得如此激烈!

会议型饭店管理

[案例分析与总结]

（1）两个或两个以上大型活动相遇，并在同一时间节点和同一出入口会合，应对布展、广告等作出严格界定，并制作界定图在合同中标注清楚。

（2）大型、超大型会议的谈判需 2 人以上参加，并提高谈判授权代表的级别，如市场营销总监亲自参与谈判。

（3）出现"两强"较劲的情况，饭店的善后补救工作首先要坚持原则，不偏袒任何一方，既兼顾客户利益，又要使双方看到饭店的真诚所在，有利于维护各方企业的形象。

（4）对 B 公司主动配合饭店解决矛盾的做法，饭店方立即作出了反应，组织管理团队在门口夹道欢迎，增加了友情服务项目，起到了较好的弥补效果。

二、一次拥挤的自助早餐

2009 年 1 月下旬，两个大型会议同时在国际会议中心举行，致使客房全满。翌日清晨，因两个会议的客人都集中在 8:00 左右用餐，造成自助餐厅异常拥挤，严重影响就餐质量，遂引起两个会议的会务组投诉。

市场部经理 Kevin 分析之后发现，导致事故的原因有两个：一是两个会议分别由不同的销售人员负责，共占用客房 190 间，其余为旅游团队和散客房间。两位销售人员未把自助早餐时间岔开，所印制的会议指南上也忽略了用餐时间；二是两个会议均在 8:30 准时召开，致使大多数客人选择在 8:00 用早餐。

此时，Kevin 立即联系餐饮部商量对策，并请来会务组的两位工作人员协调，最后决定补发两种颜色的早餐券，用餐时间上岔开 20 分钟，并在会议客人的房间中换上新的会议指南，同时为 190 间会议用房增补一次水果，且附上致歉信。致歉信的内容为："尊敬的贵宾，今天早上您用早餐时，由于我店安排上的疏漏，致使出现拥挤，耽搁了您的宝贵时间，在此深表歉意。从明天起，您可以参考新会议指南，执新餐券选择时间用餐。谢谢您的合作，给您添麻烦了。"接下来的几天，客人自觉有序用餐，会议得以顺利进行，会务组极为满意。

[案例分析及总结]

在国际会议中心，经常会出现一天内多个会议同时举行的情况。客房爆满、用餐拥挤也时有发生。市场部应根据会议时间、入住人数统筹安排客人错峰用餐，提高客人用餐质量和满意度。

在本案例中，市场部及时发现导致出现事故的原因，提出可行的补救措施并附上致歉信，顺利解决了高峰期用餐拥挤问题。市场部的一系列补救工作，得到了会务组的认可。

三、怎样处理好布展现场纠纷？

20:00 左右，某房地产开发商的楼盘路演展台的搭建商在拆台过程中，施工用脚手架碰坏了饭店展厅内同声传译器的红外线发射装置。安保部值班人员到达现场了解情况后，要求搭建商负责人梁先生先写下事发经过，然后通知大堂张经理、会议部张主管、

A/V设备组李主管到现场协调解决,最后梁先生赔偿人民币3 500元解决此事。

[案例分析及总结]

(1) 搭建人员在拆除灯光设施过程中粗心大意,移动脚手架时顾下不顾上,是造成脚手架撞坏同声传译器发射装置的主要因素。

(2) 饭店现场看护人员事先未提示搭建人员移动脚手架时应注意天花板上发射装置及四周情况。

规范的处置程序如下。

(1) 安保部接报后,应迅速带好相机赶到现场,了解情况后要求过错方写下事发经过。

(2) 安保部人员应在确认事由后通知相关人员(如大堂经理、工程部或销售部人员)到场解决,并在现场予以配合。

(3) 处理完毕后,应将情况报告及取证照片交与相关部门,同时请现场员工写一份情况报告。

发生类似事件,必须要求肇事方写好事故经过,并及时通知工程部核价,以便取得证据。某些搭建单位损坏设施设备后,得知设备价格昂贵会与饭店方人员特别是工程部人员发生矛盾,而不愿写下事故经过,从而对安保部取证不利。

四、一场由撤展引发的冲突

22:00左右,在展馆进货通道处,参与第三届医疗器械展的两家搭建公司在撤展过程中发生了矛盾。甲公司工人在运输过程中,不慎踩坏乙公司的灯箱一只,双方在洽谈解决过程中言语过激,发生冲突,后甲公司负责人拨打"110"电话,警方到场后将双方带回警署处理。

[案例分析及总结]

(1) 甲公司开出的赔偿价格过高,乙公司人员无法接受,导致矛盾激化,是事件的主要原因。

(2) 饭店现场看护人员未及时劝阻,帮助双方负责人协商解决,而是甲公司直接呼叫"110",寻求警方解决问题,引发事态扩大。

规范的处置程序如下。

(1) 安保人员发现事态后,应立即向双方了解事发原因,且有效隔离双方冲突人员的接触,并通知双方负责人制止各自公司的人员,共同稳定冲突人员的情绪,同时进行调解。

(2) 若经调解双方人员未能达成一致,且已拨打"110",安保部值班人员应立即向夜值经理汇报情况,并将此事移交"110"处理。

(3) 安保人员应在店外远离大门处等待警车到达,避免警车开至大堂门口引起住店客人的注意。

五、布展搭建过程中的信息不对称

17:00左右,国际游艇展搭建人员进场,并在展厅地面上进行标示、划分摊位。安保部值班管理员在现场检查时,发现施工人员手中的摊位标示图纸与送至安保部审批的图纸有出入,存在较多差异。随即通知值班主管立即与搭建负责人联系,要求存有差异之处暂时不要施工,无差异区域可以继续,避免重复工作。经搭建负责人同意后,值班主管立即通知饭店负责此次活动的协调人员与主办方负责人到场,后经双方协调并重新统一图纸后再行施工。

[案例分析及总结]

(1) 主办方为取得消防部门同意办展的批文,其送审图纸会按消防规定安排展位。但在实际布展时,办展方经常会超越消防规范进行发挥。

(2) 消防部门同意办展的批文下达后,主办方往往会从经济效益方面考虑对原始图纸进行违规更改,忽视了消防安全,从而埋下消防隐患。经常发生的是展区公共通道的减少和通道宽度的缩水。

规范的处置程序如下。

(1) 参展方进场时,安保部值班人员应立即拿原始图纸与搭建方施工图纸进行核对,发现不符之处立即指出,这样不易发生矛盾。

(2) 在搭建时要不定时地对现场进行检查,防止实际搭建与图纸又有差异,同时加强监督力度,要求其规范施工。特别在用材料方面,必须坚持防火质量。

(3) 发现问题后,应立即开具整改通知书,规定整改时间并请对方负责人签字确认。

(4) 整改期间应对整改部位不断督促,加快进度。若超过时间,需另开整改意见书并注明警告。

六、会议会展户外大型广告牌的管理

10:30 左右,展馆门口"国际卡通形象商品展"的一块立式铁架广告牌被大风刮倒,砸坏两辆出租车,同时将路过的一名与会客人擦伤。安保人员到场后立即保护现场,维持交通秩序,并在拍照取证后,电话联系主办方负责人到场,由其与受害者自行协商赔偿事宜,同时要求主办单位立即拆除广告牌,或立即加固广告牌。

[案例分析及总结]

(1) 广告牌安放安全系数未达到要求,且主办单位无专人现场看护。

(2) 安保人员未对广告牌进行严格彻底的安全检查。

(3) 搭建单位在安保部登记时,安保部应发出一份搭建要求书面通知书,要求达到抗风和坚固的标准。

规范的处置程序如下。

(1) 发生类似事件,安保人员应立即赶赴现场采取应急措施,拍照取证并疏散人群,维持交通秩序并与饭店相关部门(如销售部对口负责人)进行联系。

(2) 尽快通知搭建单位负责人赶赴现场,共同协商解决。

(3) 如有人员受伤,应立即送医院就诊,并记录伤者资料,以便肇事方做好理赔工作。处理完毕后,须跟踪双方协商内容及结果,做好记录并通知搭建方立即拆除广告牌或重点加固广告牌,消除隐患。

(4)上交一份完整的事故及处理报告至部门。

七、热忱服务弥补会场设备不足

10:00,2号会议室正举办一个30人的回字形会议。会议开到一半时,有位客人出来说会议室里太热了,服务员告知客人会马上通知工程部调整温度,并说明中央空调降温会比较慢。为缓解客人等候的焦虑,服务员打电话到工程部后,立即用托盘将冷毛巾和冰水递送给与会人员。客人们很高兴地连声说谢谢。看着客人满意的笑容,服务员心里也十分欣慰。

某会议厅将要举行200人的课桌式会议,由于上的是培训课,因此,使用投影屏幕时需要及时调灯光。但是由于开关不在会场内,会议厅的灯光无法由主讲人来控制,客人提出要服务员手工帮忙操作。为满足客人需求,服务员在会前配合客人彩排一次。会议开始后,专门配备两名服务员负责,一名负责调灯,一名在会场观察灯光是否正确,圆满地配合客人完成了整个培训会议,获得了客人的啧啧称赞。

[案例分析及总结]

由于会议场所均为封闭式,室温要适度,大冷、大热都不行,且要有新风,不可以太闷。亮度也必须根据客人的需要来调整。有时在硬件方面暂时不能满足客人需求时,可以考虑从精细化服务上予以弥补,往往也能达到较好的效果。

八、会议搭建物品准备的规范化

12月13日,"创造科技 构架未来"主题活动在会议中心举行,主办方聘请专业搭建公司雇佣数百人协助搭建现场。20:00,搭建商欲将搭建材料运至七楼,由于物品过大无法走货梯,两次向饭店提出走自动扶梯未能得到允许,并被搁置近1个小时。该公司现场主管董小姐非常生气,直接向总经理投诉。总经理接到投诉后,立即通知安保部经理,要求马上解决此事,安保部经理经调查发现,经办人在办理搭建许可证时未向客人说明进场物品的尺寸大小问题,导致搭建方未能按照货运梯大小设计舞台板块。最后,饭店破例允许搭建商从自动扶梯搬运。

[案例分析及总结]

在大型展会的搭建准备工作中,事前沟通非常重要,尤其是需要定制设备的会议会展,往往需要根据饭店现场情况进行制作,多和主办方确认各种细则事项,可以防止遗漏和缺憾。

九、会前多保养,会间少担心

亚太地区银行峰会召开前夕,工程部会同电梯设备保养厂认真地对电梯的运行系统和电脑集控板系统进行了测试,在重要会议召开期间继续投入使用。会议召开当天,安保部监控中心严格监视电梯运行的指示灯,电梯机房也有技术人员蹲点留守,开动专梯的是礼仪班组服务员，整个服务程序有条不紊地执行着。

但是11:30左右，监控中心发现电梯节奏发生问题，3号梯满载客人后突然不能启动，两分钟后才恢复正常运转。客人和礼仪服务员困在电梯内两分钟后，电梯门在原处打开，众人鱼贯而出。电梯机房的技术人员迅即赶赴现场调查原因，发现是因为搭载人数众多，最后一个客人进电梯时比较拥挤，导致背对着门，无法挪动，而大衣后角卡在两扇门当中，因电梯门有红外线探测，门虽已关上，但红外线被衣服隔开，造成未及时启动。

[案例分析及总结]

重要会议前，对电梯进行重点检测非常重要。电梯驾驶员和礼仪引导员一定要控制电梯的载客人数，尤其是重要会议的客梯。电梯门关好后要检查和提醒客人不要靠在门扇上，要转身过来站立。

十、会议现场地面的承重安全问题

日本针织机械设备展览会前一天23:00左右，大批搭建物品进场，次日凌晨数台大型针织机也到位了。9:00，饭店分管工程的副总在检查展馆时发现大型针织机的每平方米机重大大超过地坪每平方米300公斤的负重，且重力还不在地板主梁上，随即要求立即采取补救措施，以免在现场发生安全事故。

[案例分析及总结]

布展前，会展公司已将图纸交安保部，但安保部对饭店的建筑结构不熟悉，并且没有将图纸转交工程部进行专业审查。现场也缺乏搭建督导，应对设备采取重力分散的措施，避免发生地坪沉陷的严重事故。应在大型针织机底座下面，再搭建一大面积平台，并把位置移到靠近地板主梁的地方和立柱附近，以解决负重的分散和梁柱的受应力问题。

附　录

附录一：会议饭店建设与运营标准

扫一扫,查看相关资料

附录二：中国绿色旅游饭店标准

扫一扫,查看相关资料

附录三：绿色旅游饭店评定细则

扫一扫,查看相关资料

附录四：会议型饭店的礼仪规范

扫一扫,查看相关资料

附录五：会议型酒店服务规范——会议服务

扫一扫,查看相关资料

参考文献

1. 阿博特,德佛兰克,王向宁.会展管理[M].清华大学出版社,2005.
2. Milton T. Astroff, James R. Abbey.会展管理与服务[M].宿荣江,译.中国旅游出版社,2002.
3. 朱承强.饭店客房管理[M].旅游教育出版社,2004.
4. 邹益民.酒店整体管理原理与实务[M].清华大学出版社,2004.
5. 肯·谢尔顿.领导是什么[M].王伯言,译.上海人民出版社,2000.
6. 张士泽,张序.现代酒店经营管理学[M].广东旅游出版社,2000.
7. 吴克祥,周昕.酒店会议经营[M].辽宁科学技术出版社,2001.
8. 王大悟.酒店服务学[M].黄山书社,2003.
9. 贺湘辉.酒店培训管理[M].中国经济出版社,2004.
10. 艾略特·艾登伯格.4R营销[M].企业管理出版社,2003.
11. 四川省旅游星级饭店评定委员会.旅游星级饭店设计与建设指南[M].中国旅游出版社,2007.
12. 刘海莹,许峰.会议中心设计、运营与管理[M].旅游教育出版社,2012.
13. 理查德·H.彭奈尔,劳伦斯·亚当斯,斯蒂芬妮·K. A.罗宾逊.酒店设计规划与开发[M].广西师范大学出版社,2015.
14. 林壁属.现代饭店管理概论[M].东北财经大学出版社,2016.
15. 国家会议中心编写组.服务的力量[M].中国商务出版,2016.
16. 张斌,王伟.中国金钥匙服务哲学[M].五洲传播出版社,2017.
17. 李勇.互联网+酒店[M].人民邮电出版社,2017.
18. 苏杰.人人都是产品经理——写给产品新人[M].电子工业出版社,2017.

后　记

　　从业16年,想写一本关于会议场馆领域的书,但写书是一件耗时巨大、既累又烦乱,对自身能力、知识水平和见解都挑战颇高,并且可能还需要看一点点缘分的事,它可能需要在对的时间,遇到对的人,身边拥有对的环境,才能够更好地推进。

　　一直到2016年,遇见原上海国际会议中心总经理王济明先生,在他的指导和贡献下,2019年才着手动笔。首先,专题研究会议型饭店的书籍在行业中很少,本书编写一方面是受到近十年中国会议业蓬勃发展和国际会议纷纷来华举办的触动;另一方面是在多年工作中发现不少会议型饭店在业务上频遇痛点,既有前期定位不明,也有后期经营不善导致,如何提升会议型饭店的整体竞争力和将成熟的经验进行梳理传播成为动笔的主要念头。其次,王济明先生编著的《会议型饭店精细化管理》出版已有十年,中国饭店业在此期间发生了巨大大变,因此需要重新修订。再者,受上海应用技术大学会展经济与管理专业教材编写组王晶老师的邀请,正需一本新版《会议型饭店管理》作为教材。基于此,经历了两年编写与修订,本书终于得以面世,或许要归功于这段特殊时期让我有更多的时间进行思考与整理。

　　此书的出版,首先感谢苏州国际博览中心让我走进了会议圈、展览圈和酒店圈,在筹建苏州金鸡湖国际会议中心和苏博诺富特酒店时激起了我浓厚的兴趣,于是,我便利用各种渠道与资源,大量阅读会议型饭店资料,出国考察行业,分别借鉴国外各类型饭店、会议型饭店、会议中心等管理经验与本土结合,不断思考研究,逐渐形成了我个人的观点与看法;其次感谢国际展览业协会亚太区主席仲刚先生创立的UFI CHINA CLUB,让我有更多出国参会和考察国外先进会议场馆及设施的机会,拍摄了大量案例图片供本书使用。同时,也要感谢ICCA原亚太区总监Noor和他的团队,他们给了我很多国际数据资源。

　　本书是我第一本参编之书,虽勉力而为,但恐仍有疏漏之处,期待大家不吝赐教、建言。希望本书能让初入行者、在校师生及相关从业人员切实地从中收获到一些价值和启发,我将倍感欣慰。

　　最后,我也要对我的家人、诸多朋友、提供案例图片的酒店同仁和前辈们以及出版社的老师们表示由衷的感谢。相信本书采用彩色印刷将会呈现给读者更好的体验与感受。

胡　俊
2021年12月31日
于琼海·博鳌

图书在版编目(CIP)数据

会议型饭店管理/王济明,王晶主编. —上海:复旦大学出版社,2022.7
ISBN 978-7-309-16122-9

Ⅰ.①会… Ⅱ.①王…②王… Ⅲ.①饭店—商业企业管理 Ⅳ.①F719.2

中国版本图书馆 CIP 数据核字(2022)第 027146 号

会议型饭店管理
HUIYIXING FANDIAN GUANLI
王济明　王　晶　主编
责任编辑/王雅楠

复旦大学出版社有限公司出版发行
上海市国权路 579 号　邮编:200433
网址:fupnet@fudanpress.com　http://www.fudanpress.com
门市零售:86-21-65102580　　团体订购:86-21-65104505
出版部电话:86-21-65642845
上海丽佳制版印刷有限公司

开本 787×1092　1/16　印张 20.75　字数 467 千
2022 年 7 月第 1 版第 1 次印刷

ISBN 978-7-309-16122-9/F·2875
定价:80.00 元

如有印装质量问题,请向复旦大学出版社有限公司出版部调换。
版权所有　侵权必究